EN LOS REINOS
DE TAIFA

JUAN GOYTISOLO

EN LOS REINOS
DE TAIFA

Seix Barral ⚒ Biblioteca Breve

Primera edición: noviembre 1986
Segunda edición: noviembre 1986

© Juan Goytisolo, 1986

Derechos exclusivos de edición en castellano
reservados para todo el mundo:
© 1986: Editorial Seix Barral, S. A.
Córcega, 270 – 08008 Barcelona

ISBN: 84-322-0557-5

Depósito legal: B. 40.073 - 1986

Impreso en España

I

EL LADRÓN DE ENERGÍAS

Al instalarme provisionalmente con Monique en su apartamento de la Rue Poissonnière abrigaba de nuevo el designio,
tantas veces discutido con Castellet y Elena de la Souchère,
de crear una tribuna de discusión común a la oposición
interior y el exilio abierta a las corrientes literarias y políticas de la cultura europea. Mi primera idea en aquel quince
de septiembre de 1956 que, sin saberlo, iniciaría un alejamiento de decenios de Barcelona y España, había sido
proponer a Mascolo la organización de un comité de intelectuales antifascistas franceses solidarios de tal empresa.
A los pocos días de mi llegada, Monique y yo fuimos invitados a cenar a la Rue de Saint-Benoît con un grupo de escritores a quienes Mascolo había informado del proyecto:
no sólo su compañera Marguerite Duras y los íntimos del
clan sino también autores como Edgar Morin y Roland
Barthes, cuyas *Mythologies,* publicadas regularmente en *Les
Lettres Nouvelles,* había devorado en Garrucha semanas
antes. Pero, con gran consternación mía, la charla de la
cena se centró en las posibilidades concretas de un atentado
contra Franco. El magnicidio parecía factible en una plaza
de toros: alguno de los comensales había asistido a una corrida presidida por el dictador y afirmaba que el blanco era
fácil. La policía no recelaba de los turistas: un tirador de
elite de aspecto extranjero podría ocupar una de las tribunas
cercanas sin despertar sospechas, disparar y escabullirse
entre el gentío aprovechando los primeros instantes de
confusión. La idea sedujo igualmente a Jean Cau, entonces

secretario de Sartre: semanas después, en el curso de una discusión política en la Rue Poissonnière, afirmó con aplomo, casi con arrogancia que se sentía capaz de organizar él solo, en pocos meses, el estallido de una revolución en España. Con todo, pasada la exaltación momentánea, favorecida en nuestra sobremesa de la Rue de Saint-Benoît por el consumo generoso de alcohol, mi plan de Comité no prosperó. La Historia corría de prisa, el mundo entraba en un período rico de acontecimientos y la brújula política de Mascolo y sus amigos se orientaría en seguida a nuevos polos de atracción. La crisis interna del sistema soviético en Polonia y Hungría, la nacionalización del canal de Suez por Nasser, la ofensiva del FLN en Argelia acaparaban los titulares de los periódicos y la causa española secundaria, modesta, cesó bruscamente de interesar. Mascolo fue a Varsovia y regresó de allí en un estado de gran exaltación a la vez sentimental y política, enamorado de una dama joven polaca que se reunió temporalmente con él unos meses más tarde y con quien viajamos Monique, él y yo a Chartres y Chinon durante un largo fin de semana: cuando fuimos a visitarle a su vuelta, el vodka Wyborowa había sustituido a la manzanilla y en vez del fondo musical flamenco que sucedió a sus vacaciones hispanas, escuchamos ya desde el rellano de la escalera un coro melancólico, casi quejumbroso de melodías eslavas o bálticas.

La rebelión de Budapest y su aplastamiento por los tanques soviéticos sacudieron entre tanto la firmeza de nuestras convicciones. Monique militaba aún en el PC francés y yo seguía frecuentando en París a algunos camaradas de Luis, miembros de la agrupación universitaria barcelonesa. El espectáculo de millares de manifestantes resueltos a asaltar el vecino local de *L'Humanité* nos resultaba a los dos chocante y penoso. El barrio había sido acordonado por la policía y, al bajar a curiosear a la calle, descubrí a uno de los compañeros de lucha de Reventós y Pallach, el sindicalista Ramón Porqueras, gritando consignas antisoviéticas. Su vehemencia me desagradó: lo ocurrido en Hungría me parecía confuso. Si, por un lado, Mascolo, Marguerite Duras y, en general, los escritores franceses que conocía denunciaban el imperialismo ruso y hablaban de un nuevo Cronstadt, por otro, mis amigos españoles sostenían impertérritos que se trataba de un levantamiento burgués, fruto de un minucioso complot contrarrevolucionario. No sé si Octavio Pellissa o uno de sus camaradas había ido a la conferencia de prensa de uno de los primeros fugitivos de Budapest, un individuo obeso, decadente, cubierto de anillos, de acento francés aprendido en la infancia con institutrices o nurses, en los antípodas de aquellos milicianos heroicos fotografiados con dramatismo en las páginas de *Paris Match*: un reaccionario cabrón, decían, a quien la nueva sociedad había expropiado sus bienes y que, no contento con salvar su feo pellejo, se atrevía a criticar desde París las grandiosas conquistas populares. Más expuesta que yo a la indignación reinante en los medios intelectuales, la fe de Monique en el Partido se desvaneció: * recuerdo que la acompañé, en calidad de consorte, a una reunión de la célula de su barrio en la callejuela de la iglesia de Bonne Nouvelle, junto a la escalera que luego filmaría Louis Malle en *Zazie dans le métro*. Los temas de discusión fijados eludían toda mención a los sucesos de Hungría y, más que a una asamblea de revolucionarios, tuve la impresión de concurrir a una junta parroquial o de Acción Católica ocupada en la programación o cumplimiento de tareas minúsculas. Mi alusión al informe de Jruschov, publicado en la prensa burguesa pero no la comunista, causó un embarazoso silencio: aunque conocido sin duda por una parte de los asistentes, no había recibido el placet de la dirección y desde el punto de vista oficial no existía. Si, cediendo a las presiones amistosas de sus compañeros de célula, Monique renovó su carné del Partido, cesó de participar en sus actos y se distanció paulatinamente de él.

En las primeras y ajetreadas semanas de mi estancia en París entré igualmente en contacto con algunos exiliados

* Sus amigos Claude Roy, Roger Vailland y J.-F. Rolland abandonaron entonces las filas del PCF.

españoles y viajeros procedentes de la Península situados entonces, en su mayoría, en la órbita del PCE: Tuñón de Lara, Antonio Soriano, dueño de la librería española de la Rue de Seine, Eduardo Haro Tecglen, Ricardo Muñoz Suay, Alfonso Sastre y Eva Forest, Juan Antonio Bardem. A los pocos días de mi llegada, Mascolo me llevó al despacho de Maurice Nadeau, director de *Les Lettres Nouvelles* para que le expusiera mi idea de una revista en castellano destinada a romper el cerco de la censura: primera de una larga serie de iniciativas al respecto que concluyeron de ordinario, después de discusiones inútiles e interminables, vetos, exclusiones, enfrentamientos, con el carpetazo y olvido del proyecto, de puro cansancio, no sin haber provocado antes entre los participantes en el mismo unos sentimientos de encono y amor propio herido difíciles de cicatrizar. Aunque Nadeau aprobó calurosamente el plan, no disponía de medios para financiarlo y nos aconsejó una gestión con Albert Beguin y Paul Flamand. Tras una visita mía al primero, acudimos con Mascolo y Muñoz Suay al despacho del último. Flamand, a la sazón director del Seuil, nos recibió con cortesía. Mientras yo exponía en líneas generales el alcance político y literario del intento advertí que mis argumentos o, por mejor decir, la viabilidad del esquema, no convencían a mi interlocutor. La empresa, tal como se la presentaba, era pura filantropía política y no podía interesar a ningún editor responsable. Tras esperar vanamente respuesta por espacio de unas semanas, arrumbé el fantasioso proyecto y decidí aguardar para resucitarlo la hipotética ocasión en la que una favorable evolución de las cosas en la Península pusiera naturalmente a España en el candelero.

Por estas fechas —octubre de 1956— conocí en el café de *Deux Magots* a Eduardo Haro Tecglen, corresponsal del diario *Informaciones* y autor, según averiguaría luego, de un divertido análisis de la censura española y las originalísimas concepciones en la materia del ministro del ramo, Rafael Arias Salgado, recién aparecido, sin su firma, en la revista *Esprit*. Con ese aire de conocimiento y misterio de quien está en el meollo o sancta sanctorum de la organización, Ricardo me dio a entender que Haro era «de confianza» —un sésamo ábrete o palabra mágica que en meses y años sucesivos los miembros del Partido musitarían a mi oído con insinuante y halagadora complicidad. Otro de los primeros aureolados con ese prestigio encubierto, casi sibilino fue, para sorpresa mía, el cónsul general de España, Enrique Llovet. Recuerdo que Muñoz Suay y Bardem, antes de presentarnos, me dijeron que con él «podía hablar a mis anchas». Con su santo y seña, expuse a Llovet el proyecto de la revista; pero su afable cautela me desanimó. Unos pocos meses después, cuando ya había desistido de la empresa, nos invitó a cenar a su casa a Monique y a mí, en vísperas de mi proyectado viaje a Almería.* Su esposa, hija del escritor y traductor de Oscar Wilde, Ricardo Baeza, mantenía posiciones mucho más liberales que las suyas y, contrariamente a la vieja práctica leninista de la infiltración —caballo de Troya— del adversario, era partidaria de una ruptura pública con el Régimen que pusiera fin, de manera abrupta y sonada, a sus ambiguas funciones de diplomático. Una especie de euforia de la que todos participábamos nos inducía a creer que los días de Franco en el poder estaban contados. En el lapso de un año, el Partido había extendido el radio de su acción clandestina a las diferentes ramas de la vida cultural del país, conquistando en ella unas posiciones e influencia que no volvería a alcanzar en lo futuro; pero el fenómeno se limitaba, como los hechos se encargarían de probar, a un sector muy preciso de la clase intelectual, sin propagarse, como entonces creíamos, a los protagonistas históricos de la revolución, el proletariado y los campesinos. El acercamiento pasajero al Partido de un puñado de funcionarios y miembros de la clase dirigente española era y sería interpretado no como una operación de ruptura in-

---

* El martes 12-2-57, según la agenda de Monique. Cada vez que en adelante mencione una fecha, me referiré a aquélla.

dividual cuya fuerza centrífuga se hallaba en función directa a la de un orden social inmóvil y su inexorable gravedad, sino como indicio general de que la descomposición interna del franquismo había llegado a las esferas del poder, convencidas ya de su cercano hundimiento y el advenimiento de una sociedad nueva en la que el PC desempeñaría naturalmente un papel aglutinador y protagonista. Las posteriores conversiones casi paulinas de algunos hijos de ministros del Régimen o aristócratas como la duquesa de Medinasidonia entretendrían durante años la esperanzadora pero errónea imagen del país como «una caldera a punto de estallar». No dudo de que este subjetivismo o voluntarismo revolucionarios fueran necesarios al mentenimiento de la estructura y moral de una organización constantemente acosada en su larga y a menudo descorazonadora travesía del desierto. No obstante, la creencia infundada en un discurso elaborado por razones tácticas o de propaganda se convirtió con el tiempo en una forma de espejismo o autoengaño, como verifiqué a mi costa en 1964, durante la crisis interna del Partido que desembocó en la exclusión de mis amigos Semprún y Claudín. Esta ofuscación de la que, quien más quien menos, todos fuimos víctimas resultaba en sus comienzos difícil de diagnosticar. Dentro del pequeño círculo en el que nos movíamos, el sentimiento de que se avecinaban grandes cambios se fortalecía a diario con nuevos ejemplos y experiencias. En uno de los despachos del consulado del bulevar de Malesherbes, Llovet me había presentado a uno de sus colegas, el vicecónsul Rafael Lorente: extrovertido, generoso, impulsivo, dotado a veces de esa simpática e irresponsable extravagancia juvenil que tanto abunda en España, Rafael manifestó gran interés en conocerme. Durante aquel otoño apareció varias veces por la Rue Poissonnière a exponerme sus cuitas personales e inquietudes políticas: a diferencia de mis amigos españoles estaba convencido de que el comunismo no sobreviviría a Budapest y pretendía organizar con gente como yo un partido nuevo, al que jocosamente bautizaríamos «de los señoritos sociales». Una noche vino a casa a pedirme un favor:

quería que le presentase a Pasionaria, discutir y tomar unas copas con ella. Aunque le dije que no la conocía e ignoraba del todo si residía secretamente en Francia o la Unión Soviética, vi que no me creía sino a medias. Luego, algo excitado con el coñac o calvados que yo le servía, me expuso su plan de desembarcar con un puñado de amigos en Fernando Poo y proclamar la República: si resistíamos unos días al asedio de la armada franquista, podríamos reunir allí al gobierno y diputados en el exilio y obtener el reconocimiento diplomático de los países del campo socialista. Si bien no volvimos a hablar del tema ni de su encuentro a solas con Pasionaria, seguí frecuentándolo varios meses hasta que, al recibir otro destino, resolvió abandonar la carrera y, contagiado de mi entusiasmo por Almería, se instaló en el pueblecillo costero de Aguas Amargas y se dedicó a la promoción de sus tierras.

Pero Rafael Lorente era una curiosa y amena excepción en el núcleo de españoles que me rodeaban, imbuidos como yo de un marxismo elemental y tosco, casi siempre a través de las simplificaciones doctrinales de Politzer, y una concepción lineal de la historia fundada en supuestas observaciones científicas. Alfonso Sastre, obsesionado con la idea del compromiso, dudaba aún en aquellos tiempos en solicitar su ingreso en el Partido pero sus vacilaciones no duraron mucho: a su vuelta a Madrid, tras el nacimiento de su hijo, entró en la organización y fue pronto catapultado al Comité Central de la misma. Antonio Soriano y Tuñón de Lara, con un largo pero discreto pasado militante, evitaban hablar de sus lazos políticos y mantenían una posición tolerante y abierta. El futuro publicista y divulgador de temas históricos acababa de dar a la estampa un libro sobre España escrito en colaboración con una hispanista, de quien mis amigos franceses huían prudentemente, llamada Dominique Aubier. La que años más tarde será conocida en mi provincia adoptiva por la *Dame de Carboneras,* vestirá un sari hindú y se paseará a lomo de camello consagrada a la lectura cabalística de Cervantes, manifestaba ya una exuberante pasión hispana, traducía a los cronistas de Indias y, como tuve ocasión de descubrir, recibía a los visitantes en su piso de la Rue de Seine tocada con una montera —fresco hontanar, precisaba, de su inspiración estilística. Tuñón y Soriano soportaban como podían el torrente de su avasalladora elocuencia pero, menos paciente que ellos, me resolví en seguida a evitarla: informada de mi proyecto de revista, había querido tomar cartas en el asunto, decidir de su contenido, determinar quién debía escribir y no escribir en ella. Su intervención alarmó a más de uno y fue probablemente crucial en mi desánimo y consiguiente disposición a arrojar la toalla.

Este empeño y porfía míos en torno a la idea de la revista no cuajaron hasta muchos años más tarde, cuando ya había abandonado en el trayecto numerosas ilusiones y plumas. Aunque mi sociabilidad primeriza se desvaneció con el tiempo y el plan de un trabajo en equipo cesó de cautivarme, me asocié no obstante a la empresa de los *Cuadernos de Ruedo Ibérico* y articulé desde sus orígenes la de *Libre* a sabiendas de que no me procurarían motivos de satisfacción ni convenían a mi verdadero carácter. Como en otros terrenos de mi vida, conseguiría el objetivo ansiosamente buscado en un momento en el que había perdido su anterior aliciente y mis intereses y gustos tomaban un nuevo rumbo. Moviéndome a deshora y aun a contratiempo de la historia, los cambios y novedades de ésta me pillarían menos desprevenido que desganado —como ese cadáver extemporáneo y absurdo de Franco, en cuya muerte había dejado de creer.

Lo que más llama mi atención al reseñar *calamo currente* mis primeros meses en Francia desde una atalaya de casi treinta años es la diferente postura política o, por ser más exacto, el distinto grado de madurez y experiencia de los amigos parisienses y españoles que aparecen en estas páginas: mientras los últimos eran miembros o simpatizantes del Partido, se embebían en la lectura de *L'Humanité* y daban por buenas sus tesis y explicaciones sobre la radiante sociedad del futuro, los primeros habían atravesado ya esta fase, hablaban con repugnancia o desdén de la URSS y ejercían una militancia matizada y compleja que si bien aparecía a mis ojos inoperante e incluso ridícula era no obstante mucho más lúcida y honesta que el daltonismo y sordera moral en los que mis compatriotas y yo destacábamos y destacaríamos. Fuera de algunos casos aislados como Soriano y Muñoz Suay, mi amistad con aquellos «renegados» y excluidos era juzgada con severidad. La relación que me unía a la taifa de la Rue de Saint-Benoît, Roger Stéphane —a quien pronto conocería por Monique— y Elena de la Souchère suscitaba reservas y advertencias de mis compañeros hasta el día en que la necesidad de recurrir a medios de información burgueses como *France-Observateur* o *L'Express* para divulgar y sostener la nueva política de «reconciliación nacional» o la campaña de amnistía en favor de los presos políticos del franquismo, les condujo a revisar su posición y utilizar mis conexiones e influencias al servicio de sus intereses y fines. Pero, en el período que abarca mi relato —el de las repercusiones del informe de Jruschov y la intervención de Hungría—, la «irresponsabilidad», «contradicciones», «doble juego» y «espíritu anarquista» de los escritores franceses de izquierda atraían como un imán las críticas y observaciones mordaces de mis paisanos: ¿A qué obedecía esa preocupación morbosa con los derechos humanos en Polonia y Hungría? ¿No advertían acaso que las pequeñas e inevitables imperfecciones de las nuevas sociedades en los países de democracia popular eran una paja minúscula en proporción a las lacras e injusticias sociales de las supuestas democracias burguesas y su carencia de libertades profundas? ¿No incurrían, al criticar a la URSS, en una burda maniobra de diversión manipulada directa o indirectamente por los agentes del imperialismo? La frivolidad real de la intelectualidad parisiense de la Rive gauche, esa propensión suya, satirizada no sin razón por Genet, a mudar de causa si no de chaqueta obedeciendo al magnetismo de los titulares de *France Soir,* se prestaban a menudo, es verdad, a tales ataques y burlas: meses más tarde, uno de los autores con quien entré en contacto a propósito del Comité de solidaridad con España, después de desentenderse del todo del proyecto, encabezó en cambio, con gran sorpresa mía, un vano y esotérico llamamiento de apoyo al Dalai Lama y los monjes budistas del Tibet con motivo de la invasión china. No obstante, junto a los arranques y rasgos de comicidad involuntaria de estos *animaux malades de la pétition,* como cariñosamente los designara uno de sus íntimos, la generosidad y afán de justicia de Mascolo y sus colegas —opuestos a la vez a la derecha y el Partido, al moralismo de Camus y filocomunismo de Sartre— se manifestaron breve tiempo después de forma eficaz, arriesgada y concreta —en abrupto, saludable contraste con la prudencia y ambigüedad del Partido— si no tocante a España al menos respecto a la guerra de Argelia. Entre los asiduos al piso de Marguerite Duras en la Rue Saint-Benoît —Robert Antelme, Louis-René des Fôrets, Blanchot, Edgard Morin, etcétera— figuraba Madeleine Alleins, esposa de un médico de renombre y defensora apasionada de las causas tercermundistas: integrada desde el comienzo en una de las agrupaciones de ayuda clandestina al FLN como el célebre *réseau* Jeanson, la futura novelista ocultaba dinero, propaganda, armas e incluso a miembros de la resistencia argelina en los domicilios de sus amigos de confianza. A las pocas semanas de mi llegada se presentó en el nuestro por consejo de Mascolo y preguntó si estaríamos dispuestos a custodiar temporalmente los fondos de la organización. Monique aceptó sin vacilar y, unos días después, Madeleine reapareció con un maletón que depositamos en el estante superior de una alacena junto a la puerta de entrada. Durante casi un año, nuestro enlace se asomaba de vez en cuando por casa a recoger las cantidades de dinero que necesitaba y cuyo monto precisaba a Monique, en lenguaje cifrado, telefoneándola a Gallimard. En este caso, yo abría la maleta rebosante de fajos de billetes de cinco mil francos de la época, metía la cuantía indicada en un sobre y se lo entregaba a nuestra amiga cuando a la hora fijada sonaba puntualmente el timbre. Viviendo como vivía con muy escasos medios

—mi única fuente de ingresos se reducía a las notas de lectura que empecé a redactar para la editorial— me lamentaría a menudo con Monique —deslumbrada también por el espectáculo de aquella prodigiosa caverna de Alí Babá— de que el tesoro perteneciera a los combatientes del FLN y no nos hubiera sido confiado, por error, por un agente de Franco, Trujillo o Somoza, para que pudiéramos patearlo alegremente en viajes recorriendo con él medio mundo tras las huellas de Phileas Fogg.

Este primer contacto político con el Maghreb, a través del proceso descolonizador, se intensificó a lo largo de la guerra de Argelia y sus repercusiones odiosas en la metrópoli: discriminación racial, acoso a la inmigración norafricana, toque de queda, asesinatos, *ratonnades*. Tres años y pico después, Monique sería una de los primeros firmantes del «manifiesto de los 121» que instaba a desertar a los reclutas del cuerpo expedicionario, lo que le valdría ser inculpada, con una docena de escritores amigos, de «atentado a la moral del Ejército» e «incitación a los soldados a desobedecer las órdenes de sus superiores»: *On dirait que j'ai fait le tapin devant une caserne!,* exclamó divertida, al recibir la notificación judicial. Al evocar más tarde las vicisitudes de este período y mis posteriores afinidades árabes, comentaría riendo que, si bien no deploraba en absoluto su firma ni las complicaciones que le acarreó —convocatorias, amenazas telefónicas, procesos—, militaría tal vez por «mis» argelinos, en caso de tener que vivir de nuevo los hechos, con un poco menos de celo y entusiasmo.

Pero me alejo de la estricta sucesión del relato. En enero de 1957, a nuestro regreso de un breve y excitante viaje a Italia, apareció la edición francesa de *Juegos de manos* con una documentada y esclarecedora introducción de Coindreau. La novedad que suponía una novela procedente de la España franquista después de quince años de silencio opaco provocó un inmediato y desmedido interés de la crítica, desde *L'Humanité* a *Le Figaro*. Los periódicos y semanarios de izquierda subrayaban, como es lógico, su índole rebelde e inconformista, mi implícita pero indudable hostilidad a los valores oficiales. Pese a sus grandes defectos, limitaciones e influencias, el libro respondía a una espera y fue acogido con entusiasmo abultado: ninguna de mis obras adultas, de *Señas de identidad* a acá, recibiría después ni mucho menos tal aprobación masiva, lo que indica a las claras las servidumbres e imponderables de esa seudo crítica periodística, sujeta en París como en todas partes a una amalgama de prejuicios, modas, intereses y amiguismo que desvirtúa su función y la convierte en una feria de vanidades propicia a todos los éxtasis, a todos los ridículos. Si el estrépito armado en torno a la novela me descubría de forma inequívoca a las autoridades franquistas me otorgaba de pasada cierta inmunidad: en la medida en que el Régimen aspiraba a una respetabilidad europea, no le convenía perseguir a un escritor cuyo nombre «sonaba» en razón de unas obras y actividades culturales que en ningún país democrático serían consideradas delictivas.

Desde mi partida a París habíamos convenido con Monique en que al cabo de tres o cuatro meses volvería a España por una temporada: el tiempo necesario para ponerme al día de la situación en los medios intelectuales y universitarios y recorrer sin las premuras de mi anterior viaje los pueblos del sur de Garrucha. El catorce de febrero tomé el tren en la estación de Austerlitz contento de mí e ingenuamente envanecido con el éxito de mi libro. Si la visión exterior de las cosas predisponía al optimismo e incluso a la euforia, la dura tenacidad de los hechos me devolvió en seguida a la realidad. Tras una estancia alegre y llena de estímulos en la Rue Poissonnière el regreso a Pablo Alcover encogía el ánimo: decrepitud de personas y cosas, frío, luz avarienta, preguntas ansiosas de mi padre, silencio del abuelo, sonrisa patética de Eulalia, opresión difusa, remembranzas penosas, angustia, zozobra, remordimiento. A la inquietud que insidiosamente se adueñaban de mí en aquel cuadro familiar poblado de fantasmas y recuerdos, se agregó la de un suceso acaecido la víspera de mi venida: la detención de Octavio Pellissa. Su caída ponía en peligro el grupo universitario organizado por Sacristán y, directamente amenazado, Luis extremaba sus precauciones. Recuerdo que poco después de mi retorno alguien llamó al timbre muy de mañana, cuando los dos dormíamos en nuestra habitación común de la fachada delantera de la torre. Eulalia se asomó al jardín y vino a avisarnos, con ese sordo presentimiento que la corroía respecto a nuestras nuevas frecuentaciones, de que un hombre preguntaba por él. La noticia nos sobresaltó pero, desmintiendo nuestras aprensiones, el visitante resultó ser no el temido inspector de Jefatura sino un viejo conocido mío de París, el crítico de arte Arnau Puig, enviado desde allí por la dirección del PC a informarse del origen y alcance de la redada en la que habían apresado a Pellissa. Aquella misión un tanto imprudente y chapucera, para que mi hermano le pusiera en contacto con los «cuadros» de la organización, alarmó con razón a Luis: la falta elemental de cautela en unos momentos en los que posiblemente estaba sometido a vigilancia no se compadecía ni poco ni mucho con la exigencia de meticulosidad y rigor de la actividad clandestina. Aunque Octavio resistió con valentía a los «interrogatorios» y fue el único estudiante comunista aprehendido, la operación policial de limpieza se extendió en los días sucesivos a todos los medios de la oposición, desde monárquicos y catalanistas a los socialistas de Pallach y Joan Reventós.

En medio de aquella atmósfera agobiadora, llena de interrogantes y amenazas, procurábamos aparentar una existencia normal: salíamos a cenar con amigos menos comprometidos que nosotros, recorríamos los bares de Escudillers y las Ramblas, nos recogíamos a casa de madrugada. Pero la primitiva excitación de mis correrías barriobajeras había desaparecido: la alegría era forzada, las veladas con putas y maricas en La Venta y el Cádiz resultaban monótonas, cumplíamos con desgana un vacuo, tedioso ritual. Monique telefoneaba a diario y nuestras largas conversaciones en francés intranquilizaban misteriosamente a papá. Un miedo instintivo pero atinado a nuestras frecuentaciones sospechosas le mantenía en vela hasta que regresábamos: al cruzar el corredor de puntillas le oíamos revolver algún medicamento o yogur con su cucharilla, buscar la perilla de la luz, preguntarnos indefectiblemente la hora. Presionado por las circunstancias abandoné el proyectado viaje a Almería: en caso de peligro o nueva redada de la policía, mi estancia en aquella provincia aislada y remota excluía cualquier posibilidad de ayuda o de información. Monique, por su parte, comenzaba a inquietarse de las repercusiones de la politización parisiense de mi novela y, convencido al fin de que sería más útil fuera que dentro, decidí acortar mi visita barcelonesa y regresar precipitadamente a París.

En la creencia de que el primer control policíaco de pasaportes, entre Massanet y Gerona, me exponía inútilmente al peligro de una consulta de los inspectores con los servicios centrales de Jefatura, se me ocurrió la idea, que hoy juzgo pueril y absurda, de tomar el tren en Figueras. Jaime Gil de Biedma, a quien acompañaba a veces de noche en sus más cautas correrías rambleras,* se ofreció a conducirme allí en su automóvil y recuerdo que durante el camino, en el atardecer soleado de dos de marzo, no sé si por el nerviosismo y agitación de un viaje con visos de huida o absorto en nuestra grave conversación sobre el compromiso gramsciano, rozó la rueda de un carro en un adelantamiento y anduvimos a pique de patinar y darnos un batacazo. Tras unas disculpas con el arriero, seguimos el trayecto a Figueras y nos despedimos a la llegada del tren. El examen de pasaportes en la destartalada estación de Port Bou se efectuó sin incidentes: los inspectores estampillaron el mío en silencio y minutos más tarde me hallaba en territorio francés.

El síndrome fronterizo, desenvuelto en mis primeras salidas de España, remitiría poco a poco con la frecuencia de los viajes, conforme aprendía a dominarme, pero sin desvanecerse del todo hasta la muerte del dictador. En años subsiguientes al presente narrativo del relato, cuando cruzaré la frontera en circunstancias potencialmente más arries-

---

* Véase su *Diario del artista seriamente enfermo,* Barcelona, 1974.

gadas, lo haré con mayor flema, con una mezcla de despego, fatalismo y confianza irracional en mi buena estrella que causarán sorpresa en mi entorno. Dicha actitud, como había advertido en el campamento de las milicias universitarias en donde pasé mis primeros meses de servicio militar el día en que decidí escaquearme por las buenas y no cumplir con las prácticas ni ejercicios que más execraba, despertaba admiración por su desfachatez o valentía. Con todo, tanto en un caso como en el otro, no se trataba exactamente de éstas sino de algo más modesto: una incapacidad personal mía de admitir la eventualidad del castigo, mi fe supersticiosa en un destino aparte. Sostenido por ambas, actuaba sin tener en cuenta los riesgos. Hablar entonces de coraje no reflejaría la verdad de los sentimientos con los que afronté mis viajes de 1960 y 61; pero si en los momentos decisivos actué con un aplomo del que me enorgullezco, la amenaza implícita a cuanto se relacionaba con España acabó por infiltrarse en mis sueños. La temprana asociación de mi país a una nebulosa idea de peligro, al lugar en donde podía ser detenido sin causa aclararía tal vez la índole ambigua de mis futuras relaciones con él. Mientras mis colegas europeos circulaban por el mundo con inocente serenidad, conscientes de ejercer un derecho inalienable, yo lo hice durante años en un estado de tensión soterrada, con el presentimiento tenaz y por fortuna erróneo de meterme como Luis en la boca del lobo, de sacrificarme a una deidad canibalesca y saturnal, devoradora implacable de sus hijos más lúcidos. La experiencia familiar e infantil reforzaba aún esa impresión de pertenecer fatalmente a una nación en sempiterna guerra civil y cuyos ajustes de cuentas feroces se transmitían por herencia de forma ineluctable. España simbolizará para mí, hasta bien entrada la cuarentena, no una tierra acogedora y benigna, receptiva o al menos indiferente a mi labor al servicio de su cultura y lengua sino un ámbito de hostilidad y rechazo, de un solapado, acechante amago de sanción. Las cicatrices que dejan las dictaduras y regímenes totalitarios son difíciles de borrar. El proceso de curación es largo y aleatorio: en mi caso, aclara el hecho en verdad elocuente de que, diez años después de la muerte de Franco, me sienta todavía más a gusto en París, Marraquech, Nueva York o Estambul que en las ciudades, lugares y escenarios en donde para bien y para mal se desenvolvieron los fantasmas y miedos de mi niñez y de mi juventud.

En mis cortos viajes a España en febrero y agosto del cincuenta y siete, había expuesto a los escasos periodistas amigos que colaboraban en la prensa oficial los proyectos editoriales de Gallimard: nuestra labor de difusión en Francia de las novelas más destacadas publicadas últimamente en la Península. La lista de obras contratadas incluía a una buena docena de autores representativos de las distintas corrientes narrativas de la posguerra —Cela, Delibes, Ana María Matute, Sánchez Ferlosio, Fernández Santos, etc.— pero esta iniciativa —que en otro país menos cainita que el nuestro hubiera sido objeto de elogios y aplausos— iba a ser acogida en Madrid, como era de prever, con desconfianza y cautela. Algunos escritores no seleccionados y que ocupaban puestos de responsabilidad en el escalafón oficial del Régimen comenzaron a expresar su malhumor y despecho en los periódicos del Movimiento. La traducción de una obra prohibida, *La otra cara* de José Corrales Egea, sirvió de pretexto al lanzamiento de una campaña hostil encabezada por el aún Director General de Prensa Aparicio y su colega de *Pueblo* Emilio Romero. El cese del primero en 1958, si bien abrió nuevos espacios de libertad cultural con la aparición de revistas como *Acento* y la emergencia tímida y a cuentagotas del nombre de algún proscrito, no modificó sustancialmente las cosas.* Coincidiendo con la salida de un manifiesto o panfleto mío en la revista *Ínsula*, «Para una literatura nacional y popular», los ataques de *Pueblo* y *Arriba* recrudecieron: ofendido tal vez por el

---

* Aparicio suspendió temporalmente la publicación de *Ínsula* e *Índice* pese a la prudencia de la primera y notoria ambigüedad de la última.

hecho de que ninguno de los partos de su ingenio figurara en la colección que yo alentaba, Emilio Romero emprendió una ofensiva, a través de sus acólitos, contra «el émulo de Blasco Ibáñez instalado en Francia» cuyas siniestras funciones de «aduanero» impedían según él el conocimiento de nuestros valores literarios auténticos.

El manifiesto de *Ínsula,* producto de una bulímica lectura de Gramsci y no de mi propia y aún modesta experiencia narrativa, originó una pequeña conmoción en las aguas quietas por las que solía navegar la revista a causa de sus críticas un tanto desenfocadas e injustas a Ortega y el desenvolvimiento mal hilvanado pero neto de unas tesis abiertamente marxistas. Lo que me asombra hoy más al releerlo no es el repaso de algo fiambre y repetido después con machaconería por los profesionales del «progresismo» sino el absoluto divorcio existente entre las ideas y consignas expuestas y mi personalidad literaria y producción novelística: ni mi obra juvenil —*Juegos de manos, Duelo en el Paraíso, Fiestas, El circo*— tenía por fortuna nada que ver con la vagarosa y esquemática literatura nacional popular que propugnaba ni mi sensacionalista y chillona promoción editorial europea y norteamericana se compaginaba con el gramscismo un tanto barresiano del que alardeaba. Guillermo de Torre, en su ácida respuesta al panfleto, subrayaría con razón la debilidad de sus premisas y, sin recatarse de los argumentos *ad hominem,* lo flagrante de mis incoherencias. El *enfant terrible* de la burguesía barcelonesa que mi editor neoyorquino, en su estridente lanzamiento propagandístico, comparaba con la figura entonces en boga de Françoise Sagan no se ajustaba en verdad demasiado al yelmo y armadura del ideólogo de provincias que fustigaba el decadentismo, deshumanización y experimentalismo intrascendentes e inanes. La crítica daba en el blanco en cuanto exponía a la luz la doblez de mi personaje o, por mejor decir, el abismo existente entre la realidad y mi impostura: mientras mi obra mostraba la influencia de Gide, Malraux, Faulkner y los jóvenes novelistas sureños, mi panfleto condenaba implícitamente a estos autores y sostenía unos principios y normas situados en los antípodas. Aunque sin admitir en mi orgullo herido las carencias y antinomias denunciadas por mi contrincante, me esforzaré en adelante, al menos por un tiempo, en adecuar mi escritura a los postulados más o menos marxistas que esgrimo de puertas afuera: tras la fallida tentativa de novela social en *La resaca,* tantearé las modalidades del reportaje narrativo y relato breve que, siguiendo las huellas de Rocco Scotellaro, Vittorini y Pavese, desenvolveré con mayor o menor ventura de *Campos de Níjar* a *Pueblo en marcha.* Con todo, las reacciones extemporáneas de otros impugnadores —Julián Marías, con su habitual desgarbo, había achacado indirectamente mi artículo a una conjura internacional antiorteguiana y evocado a este propósito el espectro de «las comunas de Mao»— me autorizaron a interpretar la polémica como fruto de una contraofensiva de la derecha y escamotear así el indispensable debate conmigo mismo. El hecho de que Corrales Egea, Juan Nuño y otros marxistas salieran en mi defensa me dispensaba de reflexionar en la dicotomía de mi conducta y larvada esquizofrenia moral: esa actitud tan común todavía a numerosos intelectuales de nuestra área idiomática de correr tras el éxito y aprovechar las ventajas de las democracias burguesas, obtener becas y enseñar en universidades norteamericanas al tiempo que adoptan posiciones rígidas, jacobinas, extremas en el campo político y doctrinal.

En lo que a mí concierne, el desfase entre vida y escritura no se resolvió hasta algunos años más tarde, cuando el cuerpo a cuerpo con la segunda, exploración de nuevos espacios expresivos y conquista de una autenticidad subjetiva integraron paulatinamente la primera en un vasto conjunto textual, el mundo concebido como un libro sin cesar escrito y reescrito, rebeldía, pugnacidad, exaltación fundidos en vida y grafía conforme me internaba en las delicias, incandescencia, torturas de la composición de *Don Julián.*

El viaje a Almería, demorado por la detención de Octavio Pellissa, lo realicé con Monique siete meses más tarde cuando, tras dejar a su hija en el pueblo valenciano de Beniarjó, volvimos a Garrucha a visitar a nuestros amigos de la pensión Zamora. Durante unos días recorrimos en un pequeño Renault de cuatro caballos las poblaciones y aldeas de las cercanías: Huércal Overa, Cuevas de Almanzora, Mojácar, Palomares, Villaricos. La miseria y abandono que observamos impresionaron fuertemente a Monique: sin las motivaciones personales ni afinidades secretas que me imantaban a aquellas tierras, la idea de pasar las vacaciones, tomar el sol, disfrutar de la vida en un paraje bello y luminoso pero indigente y áspero con la indiferencia reptil de una sueca le horrorizó. Nuestra frecuente discusión sobre el tema arranca de allí: Monique me reprochará en adelante la fascinación estética por lugares, regiones, paisajes cuyas condiciones de sobrevida ofenden necesariamente a toda persona con un mínimo de sensibilidad social. Más coriáceo que ella al espectáculo de la pobreza y atraído de modo oscuro por unas cualidades y rasgos humanos inexorablemente barridos por la allanadora mercantilización del progreso, mi actitud desde luego peca de ambigua. Los sentimientos de inmediatez, cordialidad y afecto que descubro en Almería suscitan en mi fuero interior una contienda insoluble, encarnizada, mordaz. Mis inquietudes morales fundadas en la realidad de una experiencia surgirán entonces: no producto superficial, mimético de mi culpable conciencia de clase ni lecturas marxistas sino de una reflexión que abarca asimismo ingredientes de simpatía y solidaridad. Mi propósito de denuncia se matiza en verdad con el amor y anticipada nostalgia de lo denunciado: la lucha por desterrar la inicua situación reinante en Almería no excluía mi convicción tosca pero real de que la necesaria transformación económica y social barrería al mismo tiempo aquellos componentes de llaneza, querencia, espontaneidad que eran el germen o almendra de mi compromiso. Sin dejarme paralizar por la antinomia, volveré a solas por la provincia con la firme intención de testimoniar. La estética del Sur impregnará en lo futuro mis incursiones en este terreno y reflejará al trasluz el desgarro íntimo o guerra civil entre las vivencias de belleza y subdesarrollo: como advertiré después en uno de mis primeros ejercicios de lucidez, los intelectuales que no estamos formados de una pieza sino de rasgos y atributos diversos, abigarrados y antitéticos, combatimos por un mundo que tal vez será inhabitable para nosotros.

En vez de seguir nuestro camino a Sorbas y Carboneras como inicialmente habíamos planeado, torcimos en dirección a Granada y Málaga en busca de mayor holgura y confort. En agosto de 1958 y marzo de 1959 regresaré sin Monique a Almería, exploraré a pie, en camión y autocar la conmovedora región de Níjar y al concluir en París el manuscrito del libro —condensando en un viaje, por razones de eficacia narrativa, los lances, incidentes y encuentros acaecidos en diferentes itinerarios—, escudriñaré aún en automóvil toda la zona para fotografiar con el director de cine Vicente Aranda los lugares descritos en el relato. Mis viajes posteriores a la región se realizarán en circunstancias difíciles y reacias a mis propósitos: si, por un lado, la detención de Luis, asunto de Milán y escándalo armado por la prensa en torno a nuestro desdichado apellido volvían ilusoria mi libertad aparente de movimientos, por otro, la aparición de *Campos de Níjar,* pese al *nihil obstat* de la censura, había provocado la reacción airada del alcalde de la villa y autoridades gubernativas de la provincia. Mientras en 1959 logré bucear de incógnito en el barrio de cuevas de la Chanca con el subterfugio de buscar al familiar de un compañero exiliado en Grenoble sin despertar sospechas entre sus habitantes ni atraer la atención de la policía, un año después mi presencia no podía pasar inadvertida y ello me obligaba a multiplicar las precauciones: acompañado de Vicente Aranda, visitaré Almería primero con Simone de Beauvoir y Nelson Algren, luego con el cineasta Claude Sautet, sin aventurarme a indagar ni seguir mis encuestas en Níjar ni la Chanca. El temor a comprometer a mis informantes no es en absoluto imaginario como tendré ocasión de comprobar más tarde en los encierros de toros de

Albacete; pero, privada de sus motivos y alicientes, mi estancia en Almería pierde su razón de ser. Cautivo como sus moradores en una difusa atmósfera de libertad vigilada, me siento atrapado con ellos en el interior de la nasa: con una amargura y melancolía difíciles de expresar, renunciaré a volver a ella, desposeyéndome de ese calor, familiaridad y apoderamiento que de un modo instintivo, compensatorio buscaré y encontraré en el Maghreb.

La composición de *Campos de Níjar* cierra un capítulo de mi narrativa en relación a España. Escrito con un cuidado extremo, a fin de sortear los escollos de la censura, es un libro cuya técnica, estructura y enfoque se explican ante todo en función de aquélla: empleo de elipsis, asociaciones de ideas, deducciones implícitas que si resultan oscuras a un público habituado a manifestarse libremente no lo son para quienes, sometidos largo tiempo a los grillos de una censura férrea, adquieren, como observara agudamente Blanco White, «la viveza de los mudos para entenderse por señas». Alumno aventajado en el arte de dirigirme a los sin voz, conseguí la proeza de redactar una obra llena de guiños y mensajes cifrados a los lectores despiertos sin que los probos funcionarios del Ministerio de Información y Turismo —de la información al servicio de la imagen grata al turismo— pudieran agarrarse a nada concreto ni me quitaran un párrafo. Aunque esto constituía un triunfo del que entonces me sentí orgulloso, una reflexión subsiguiente me convenció de que se trataba de un arma de doble filo o, si se quiere, de una victoria pírrica. Para eludir las redes y trampas de la censura, me había convertido yo mismo en censor. Obligado a obedecer las reglas del juego, a actuar en el campo limitado del posibilismo, había pagado un odioso tributo a los cancerberos del Régimen. Como señalaban con razón los defensores de esta estrategia, la frontera existente entre lo prohibido y tolerado no era rígida ni establecida de una vez para siempre: el espíritu de la época, porfía de los escritores, cambios circunstanciales permitían pequeños avances, la liberación de espacios largo tiempo acotados, una serie de logros parciales pero reconfortantes. Con todo, dicho ejercicio imponía al escritor una penosa automutilación cuyos efectos devastadores se revelaban más tarde: acatamiento aun impuesto a la norma dominante, miedo a las propias ideas, conformismo insidioso, cansancio, esterilidad. Al acomodarse a las reglas de la censura, el autor no puede estar seguro de salir indemne, de no exhibir en adelante la marca de sus melancólicas cicatrices y huellas. La idea de deslindar los campos, de dejar al censor su trabajo y cumplir yo el mío sin preocuparme con su existencia se abrió lentamente camino. La práctica de cinco años de posibilismo me había forzado a tragar demasiadas culebras y, como diría mi amigo Fernando Claudín en unas circunstancias bastante similares a las que evoco, todo tenía un límite, hasta el consumo de culebras. Dicha decisión liberadora iba a desencadenar como es obvio una guerra sin cuartel tocante a mi persona y mi obra: después de la salva de acusaciones e improperios orquestada por el Director General de Prensa don Adolfo Muñoz Alonso, cuanto escribiré por espacio de tres años será vetado en España hasta la muerte del dictador.

La absurda prepotencia que los gobiernos oprensivos de derecha e izquierda achacan a la literatura —un honor en verdad absolutamente inmerecido por ésta— impidiendo su difusión y oponiéndole toda clase de trabas, suscita un curioso pensamiento reflejo en los medios opositores que la cultivan: la creencia de que un poema, novela u obra teatral, por el mero hecho de ser o poder ser prohibidos, actúan directamente en la realidad y disfrutan de la milagrosa virtud de transformarla a su arbitrio; una suposición desde luego inepta, ya que el influjo del texto literario en la mente del lector es fortuito y se desenvuelve en general con lentitud y a muy largo plazo. No obstante, un compañero de Partido, a quien *Campos de Níjar* llenó de entusiasmo, había intentado persuadirme en vísperas de uno de mis viajes de que el relato iba «a despertar la conciencia —éstas fueron más o menos sus palabras— de las masas populares de la provincia»; con una exaltación y optimismo a toda prueba tocante a mis facultades esclarecedoras, me incitó a visitar las librerías y centros culturales de Almería, presentarme al personal o responsables de los mismos y discutir provechosamente con ellos del contenido social de la obra. Aunque sin compartir sus ilusiones, decidí seguir el consejo y, una vez en la ciudad, entré en la librería cuyo escaparate me pareció mejor surtido y, con voz sorda a causa de la timidez que siempre me agobia al referirme a mi trabajo, pregunté a la empleada si tenían *Campos de Níjar*. Su respuesta, enarcando las cejas con amabilidad absorta, desvaneció de golpe sus castillos miríficos.

—Perdone —me dijo—. ¿Campos de qué?

Fuera de mis viajes a Almería, dos acontecimientos político-culturales en los que de un modo u otro participé despuntan por su interés a lo largo del período accidentado y a trechos amargo del año cincuenta y nueve: el homenaje a Machado en Collioure y la Huelga Nacional Pacífica del 18 de junio que, según sus organizadores, debía marcar el comienzo del fin de la dictadura de Franco.

En un folleto conmemorativo de la reunión machadiana,* Claude Couffon me atribuye generosamente la iniciativa: «La idea fue de Juan Goytisolo, que vivía entonces en París, en donde después del éxito de la traducción de su novela *Juegos de manos* por M. E. Coindreau, se dedicaba a poner el día la sección de español de Gallimard. Machado era el Dios y modelo de inquietud nacional de toda la poesía de resistencia en el interior. Goytisolo me expuso su proyecto: constituir un comité de honor y juntar en Collioure a las dos Españas». En punto de verdad, la proposición no fue mía sino de mis compañeros del Partido: el amigo y mentor de Pellissa, Benigno Rodríguez —un hombre pequeño, con gafas, feo hasta el atrevimiento pero dotado de indudable simpatía y una personalidad carismática— me había convencido de la oportunidad y trascendencia de conmemo-

* «*L'Espagne au cœur. Souvenirs à propos d'une Anthologie*», París, 1981.

rar el vigésimo aniversario de la muerte del poeta convocando en torno a su tumba a escritores e intelectuales antifranquistas de todas las tendencias en una ceremonia de homenaje a su figura política y literaria. Convertido en portavoz de la idea, organicé con la ayuda de Couffon, Elena de la Souchère y otros amigos el comité de nombres ilustres que debía apadrinar el acto: después de una visita a Bataillon en el Collège de France, reuní, entre otras muchas, las firmas de Marcelle Auclair, Cassou, Mauriac, Sarrailh, Queneau, Sartre, Beauvoir, Tzara mientras mis compañeros del Partido obtenían las de Picasso y Aragon. En esta primera y fructífera cosecha de nombres famosos —una actividad en la que por espacio de unos años sobresaldría— sólo tropecé con una negativa y un semifracaso: el director del Institut Hispanique de la Rue Gay-Lussac, de quien había recabado la adhesión al comité, quiso examinar antes la lista de sus miembros y enrojeció súbitamente de cólera: ¿Qué diablos tenían que ver con Machado y España, dijo, Sartre y Simone de Beauvoir?; Albert Camus, al que Elena de la Souchère dirigió unas líneas encabezadas por un *Cher Maître,* me hizo saber por medio de su secretaria que el calificativo le caía grande y, aunque se asociaba a la celebración del poeta, no deseaba formar parte de un comité cuya composición le disgustaba.

El día veinte de febrero, nuestra comitiva de más de un centenar de personas cogió el tren de noche en la Gare d'Austerlitz. A nuestra llegada a Collioure, nos encontramos frente al hotel Quintana con los amigos venidos de Madrid, Barcelona, Ginebra y otros lugares: Blas de Otero, Gil de Biedma, José Ángel Valente, Costafreda, Barral, Castellet, Caballero Bonald, Senillosa, mi hermano José Agustín... El cortejo se dirigió a la tumba del poeta, cubierta de flores para la circunstancia y don Pablo de Azcárate leyó unas palabras en medio de un tenso, emotivo silencio. Después de una comida multitudinaria, con brindis y referencias a Machado y España, la pequeña multitud se dispersó. Hubo abrazos, píos deseos, fotos de recuerdo, despedidas. Luego, el trayecto de regreso, en un compartimento de segunda, con

Benigno, Isidoro Balaguer, Octavio Pellissa, discutiendo por horas de arte, política, literatura. Recuerdo la pasión de Benigno por esta última y también sus fobias viscerales al homosexualismo de Cernuda, a las primicias teatrales de Arrabal. Rodeado siempre de militantes jóvenes, medio Pigmalión y medio Tiresias, Benigno era en muchos aspectos un comunista distinto que mantuvo conmigo hasta su enfermedad y muerte una viva, atrayente relación personal.

A fines de mayo, viajé con Monique a España durante las primeras conversaciones literarias de Formentor y, concluidas éstas, me detuve unos días en Torrentbó con Maurice E. Coindreau antes de volver a París el 9 de junio. En Barcelona, había asistido a los preparativos de la huelga organizada por el Partido, con el apoyo a menudo simbólico de otras organizaciones antifranquistas: el ambiente en los medios opositores era de euforia y me fui con la impresión de que se avecinaban grandes cambios. En las barriadas obreras e incluso en algunas zonas del Ensanche, las consignas de paro y la «P» de Protesta se multiplicaban: ante la imposibilidad material de borrarlas a diario, los policías transformaban la letra en garabatos a lo Miró, convirtiendo así a Barcelona en una singular capital del grafito abstracto. Un manifiesto firmado por toda la oposión —con la notable excepción del PSOE de Llopis—, distribuido por correo, pegado a las fachadas de los inmuebles, arrojado de noche en las calles por algunos automovilistas audaces, invitaba a protestar contra la corrupción del Régimen y su política económica, exigía un aumento general de salarios, la amnistía de los presos políticos y exiliados, la salida de Franco y una convocatoria de elecciones libres. Luis y sus amigos habían intervenido activamente, con diferentes medios, en este esfuerzo propagandístico: mientras unos estudiantes lanzaban puñados de octavillas desde la cúpula de los almacenes El Águila, otros, encabezados por Ricardo Bofill, repetirían la hazaña en lo alto de la estatua de Colón, al final de las Ramblas. Simultáneamente, intelectuales, escritores y personalidades del sistema a quienes no se podía tildar de simpatizantes comunistas como Menéndez Pidal, Marañón,

Azorín e incluso el general Kindelán, jefe de la aviación franquista durante la guerra, se adherían a la petición de amnistía en una carta dirigida al ministro de Justicia que circulaba bajo mano. Aunque la prensa y demás medios informativos guardaban un mutismo completo, Radio España Independiente transmitía desde Moscú los llamamientos encendidos de Pasionaria. Ante esta proliferación de actos hostiles, la dictadura puso finalmente en marcha el vasto arsenal de sus recursos disuasivos: atraído a Madrid con el pretexto de una consulta de rutina, Julio Cerón, líder del FLP, fue detenido a su descenso del avión en Barajas; una vasta redada preventiva en medios obreros e intelectuales causó bajas en las filas del Partido, felipes y MSC; rompiendo su silencio y reaccionando con histeria al peligro, los periódicos denunciaban la «tentativa de revolución comunista» y desempolvaron recuerdos y fotografías del treinta y seis, ilustrativos de los crímenes y atrocidades rojos.

El clima de confrontación imperante acabó por llamar la atención de la prensa francesa. Aunque desde mi llegada a París, había prevenido a mis amigos de *L'Express* y *France-Observateur* de cuanto se fraguaba, su respuesta fue perezosa y cauta: en España nunca ocurría nada, lo mejor de momento era esperar. Por eso mi sorpresa fue total cuando, la víspera de la fecha fijada para la huelga, Florence Malraux telefoneó para preguntar si me interesaría viajar a España como corresponsal de *L'Express*. Le dije inmediatamente que sí y, tras correr a recoger el billete en la agencia de viajes, agarré el primer avión para Barcelona. Mi estancia allí y en Madrid duró apenas tres días al término de los cuales regresé a París con el aspecto abatido de un torero después de una tarde desafortunada,* para escribir el reportaje titulado «*P* de Protesta», publicado con una entradilla en la que se leía «un enviado clandestino de *L'Express* ha vivido en España el "gran día de protesta" de

* Así lo dirían después Kindelán y Girbau, que aguardaban en el aeropuerto los informes de otro viajero, emisario de la Agrupación Socialista Universitaria.

los resistentes a Franco» y firmado, a fin de envolver su autoría en una nube de tinta, con el seudónimo de Thomas Lenoir. Testigo visual del fracaso de la huelga —tiendas y comercios abiertos, medios de transporte atestados, fábricas trabajando con aparente normalidad— me esforcé en remontarme a sus orígenes y esclarecer sus razones. Sin detenerme ahora en el relato de mis merodeos por las cercanías de la ENASA y España Industrial, me limitaré a reproducir algunos fragmentos del artículo que, aun en su obligada superficialidad periodística, apuntaban a causas más profundas y pueden interesar todavía a algunos lectores de hoy.

Los dos campos permanecen al acecho y un observador extranjero como yo vive en los días que anteceden a la huelga un suspense singular. Dos contendientes: uno, el Régimen, muestra ostensiblemente su fuerza y sus cartas. Los diarios, la radio, los medios oficiales no cesan de proclamar la primera; las segundas se llaman miedo, ejército, policía. Pero las personas que me rodean, todas de la oposición, encarecen la importancia y valor del otro contendiente. De haber vivido exclusivamente con ellas, la fecha del 18 me habría parecido decisiva, resolutoria: todas las clandestinidades transmiten esas fiebres y exaltaciones, como si la conciencia íntima de su debilidad empujara a los hombres que las animan a vivir en el paroxismo de sus esperanzas [...]

El aspecto que ofrecen Barcelona y Madrid con sus calles patrulladas por la policía, el tono cada vez más estridente de los diarios gubernamentales tranquilizan paradójicamente a los promotores de la huelga. En el molde de las fuerzas que exhibe el Régimen creen leer el vaciado de las propias. Aislados, sin conocerse unos a otros, fragmentados en grupúsculos diferentes, sólo tienen un espejo en el que pueden verse reflejados: el dispositivo montado contra ellos. Por mi parte, advierto aquí un segundo error común a todas las clandestinidades: el de medir sus fuerzas —imaginarias— con las que el adversario —*en lo real*— ordena metódicamente [...]

Los dirigentes de la oposición que he logrado ver en Madrid coincidían en admitir el fracaso de la huelga. Las explicaciones que daban eran éstas: en los años precedentes, los movimientos de paro en Barcelona, Madrid, Asturias y el País Vasco consiguieron victorias parciales porque surgieron espontáneamente de la base; esta vez, la orden vino de arriba y el día fue fijado por los estados mayores de los grupos políticos no en función de la situación española sino de la fecha en la que por fin se pusieron de acuerdo [...] La idea de una huelga nacional era de un optimismo fantástico. El analfabetismo político reinante en la Península determina que las masas sólo respondan a propuestas concretas (boicoteo de los tranvías, por ejemplo) con objetivos limitados (reducción del precio de los transportes) [...] El miedo al despido y desempleo —en un período de crisis intensa como el que atraviesa España— ha recortado las alas al movimiento [...]. Pero sobre todo, detrás de las razones tácticas, está la realidad de un país al que veinte años de franquismo han quitado el gusto de la política. Si, parafraseando a Valéry, el fascismo es el arte de impedir que la gente se ocupe en lo que le interesa, Franco, mucho más que Hitler, es un artista en la materia.

La lectura del reportaje al cabo de más de un cuarto de siglo, contrariamente a la de otros textos míos de la época cargados de un indigesto lastre doctrinal, me sorprende agradablemente con su lucidez. Escrito de un tirón y sin consultar a mis amigos, libre de todo filtro o corrección ideológicos, provocó, claro está, algunos roces y piques con mis compañeros del Partido, que lo motejaron a la vez de pesimista y miope. Unas semanas después de su publicación, fui citado, a través de Octavio Pellissa, por dos miembros de la dirección en un café de la Place de la République. Los encargados de discutir mis conclusiones y enmendarme amistosamente la plana resultaron ser Jesús Izcaray y Fernando Claudín, a quien veía por vez primera. Recuerdo que al debatir el problema de si la huelga podía considerarse o no un fracaso, su receptividad a mis observaciones, a mil leguas de la seguridad del sustentador de verdades de que hacía gala su compañero, llamó mi atención: en una organización rigurosamente jerarquizada como todas las que se inspiran en el modelo leninista la versión «correcta» de los hechos circula siempre de arriba abajo y nunca al revés o desde la periferia; según me revelará Claudín años después, mis observaciones y argumentos llovían sobre mojado en la medida en que, habiendo viajado clandestinamente a Madrid a preparar la huelga, pudo advertir las insuficiencias de su trabajo. Curiosamente, yo me había presentado en el piso de Pilar y Eduardo Haro Tecglen sin saber que había servido de escondrijo a Claudín días antes, lo que me aclaró en retrospección el fingido despiste de mis anfitriones cuando les pedí informes de lo sucedido, ajeno del todo a la idea de que la policía podía haber seguido mis pasos. El juego del gato y el ratón del Régimen con los opositores tenía por fortuna quiebros y pausas: gracias a éstos, los múridos podíamos correr sin peligro cuando el gato cazaba fuera y eludir momentáneamente la ratonera o pedazo de queso que aquél, con su omnipotencia serena, nos destinaba.

Un viejo militante del Partido, cuya esposa pasaba mis manuscritos a máquina, me confió unos tres o cuatro años después de la fecha en la que ahora se sitúa el relato una copia del diario de vigilancias de la Brigada Regional de Investigación Social de Valencia, al que el abogado defensor de uno de los comunistas recientemente detenidos y encausados pudo tener acceso y logró microfilmar en secreto en una de las salas del Juzgado: un documento extraordinario, verdaderamente enjundioso y significativo por sus atisbos y calas en los métodos, organización, lenguaje y hasta referencias culturales a veces sorprendentes y agudas de un adversario ubicuo, implacable y omnímodo pero desconocido y abstracto más allá de sus manifestaciones de poder y zarpadas bruscas, compendio y retrato de la lucha quijotesca, desigual, condenada de antemano de los núcleos de la oposición clandestina acechados noche y día en sus suspiros y exclamaciones a media voz por una oculta pero omnipresente red de malsines, escuchas, centinelas, vigías cuya constancia y empeño volvían irrisoriamente patéticos las precauciones y esfuerzos de aquéllos por asegurar su invisibilidad. La inmediatez, casi intimidad entre perseguidores y perseguidos, sus cruces y desencuentros en bares, cafés, avenidas, chaflanes, trazan en filigrana la imagen del juego del gato y el ratón que evocaba antes y confieren al documento de redacción impersonal, desubjetivizada, conforme a los cánones más estrictos del relato *behaviorista,* un alcance a la vez general y emblemático. Cuando en *Señas de identidad* quise mostrar la lid desproporcionada de los amigos de mi alter ego Mendiola con la policía, no encontré mejor manera de hacerlo que insertar ese diario de vigilancia en el cuerpo de la novela: documento real integrado en el texto literario del mismo modo que el artista compone ocasionalmente su tela con materiales y elementos como algas, conchas, trozos de soga, herramientas, en vez de imitar el mundo exterior y pintarlos. El destino y vicisitudes de los personajes adquirirían así un grado de representatividad que desbordaba en el contexto nacional de la trama y situaciones reproducidas en el libro: epítome de mi historia personal y familiar, de la de mis amigos y conocidos y, por encima de ellas, de la de todos los militantes obreros, intelectuales y universitarios antifranquistas caídos tarde o temprano en las redes de la policía en unos años de labor paciente y esperanzas vanas, teje y desteje de lienzos de Penélope, telarañas rehechas y sin cesar aplastadas por las pisadas o escobazos de una remota deidad obstinada y maligna.

La vigilancia, acoso, seguimiento y detenciones descritos en el capítulo cuarto de la novela traducían fielmente mi experiencia de aquellos años. Noviembre de 1958: caída de los dirigentes de la Agrupación Socialista Universitaria, entre los que figuraban Francisco Bustelo, Juan Manuel Kindelán y el diplomático Vicente Girbau; junio de 1959: arresto, proceso y posterior condena de Julio Cerón, Juan Gerona y otras cabezas visibles del felipe. El asedio paciente a los intelectuales y estudiantes comunistas de Barcelona resultaba cada vez más claro y cualquier fallo o error en el dispositivo de seguridad del Partido podía desencadenar de forma automática el tropismo o movimiento reflejo de la policía. Desde marzo del 58, la frecuencia de los viajes de Luis a París, a solas o con María Antonia, había aumentado con regularidad inquietante. La agenda de Monique señala su presencia en mayo, octubre y en Navidades, cuando se alojó provisionalmente en casa y un extraño, chocante y feo estuche de fibra o imitación de lagarto para los objetos de aseo y afeitado, en los antípodas de su personalidad y gustos, me convenció a simple vista de que era el escondrijo en el que ocultaba sus mensajes e informes de correo a la dirección del Partido. Por sus conversaciones con Pellissa, deduje que había visto a Carrillo y acrecentado su actividad y la importancia de sus contactos. Recuerdo igualmente su llegada a la Rue Poissonnière el trece de diciembre del 59, en vísperas del viaje que, en compañía de Solé Tura, Isidoro Balaguer y otros conocidos míos, debía conducirle al fatídico congreso de Praga mientras, con Monique y Florence Malraux, yo iba a visitar a Genet y Abdallah a Amsterdam y gozaba con ellos del espectáculo de los canales, puentes, museos, atardeceres mortecinos, gabarras majestuosas y lentas como caimanes, en un estado precario de arrobo y de dicha.

Pocas semanas más tarde, el siete de febrero, Monique recibió en su despacho de Gallimard una llamada telefónica de Barral desde Barcelona: Luis había caído súbitamente enfermo en lo que tenía todas las trazas de ser un brote de epidemia y su afección parecía grave. La noticia, aunque temida, me anonadó no sólo a causa del mal trago que en aquellos mismos momentos estaba apurando mi hermano sino también del contexto familiar en el que se producía: ese universo fantasmal, angustioso, decrépito de la torre de Pablo Alcover, con tres ancianos —mi padre, Eulalia, el abuelo— abrumados y hundidos por la catástrofe que les caía encima; sentimientos de remordimiento y de culpa por vivir lejos de ellos, preservado de la visión de su angustiosa, asoladora orfandad. Las dos imágenes me hostigaban con pugnacidad intolerable y me precipité en busca de Pellissa, y a través de él del Partido, a averiguar lo ocurrido y obtener una orientación. Según me diría horas más tarde, la dirección no estaba al corriente de las detenciones y, esperando la llegada de informes fidedignos, no podía tomar de momento medida alguna ni aconsejar nada. Abandonado a mis propios recursos, elaboré con Monique y nuestros amigos franceses un plan de acción: dar cuenta a los periódicos y semanarios en los que tenía entrada de la operación policíaca contra un escritor disidente como Luis, cuya novela *Las afueras* estaba a punto de ser publicada en francés por el Seuil, y promover, como en el homenaje a Machado, una recogida de firmas conocidas, esta vez de protesta. Sabía instintivamente que sólo el clamor y, mejor aún, un escándalo de dimensiones internacionales podía salvar a Luis y a quienes, como Isidoro Balaguer y el pintor Joaquín Palazuelos habían caído con él, de una larga estancia en la cárcel. Desde casa y el despacho de Monique en Gallimard, telefoneamos o nos pusimos en contacto con gran número de escritores y artistas, sometiendo a su aprobación el contenido de un texto en el que expresaban su inquietud por la detención de mi hermano y exigían el ejercicio de sus derechos de defensa reconocidos en la Carta de las Naciones Unidas: Picasso, Sartre, Paz, Mauriac, Senghor, Genet, Peter Brook, Gabriel Marcel, Marguerite Duras, Butor, Robbe-Grillet, Queneau, Claude Simon, Nathalie Sarraute y otras personalidades firmaron la carta divulgada unos días después en *Le Monde*. En Italia, por medio de Vittorini, conseguimos la adhesión de Moravia, Pasolini, Carlo Levi y una veintena de nombres célebres. En México, Max Aub, Carlos Fuentes y los miembros del Movimiento Español 1959 organizaron mítines y recogidas de firmas. Gracias a mis amigos de Caracas y de la revista *Marcha* obtuve igualmente manifiestos de condena de numerosos escritores de Venezuela y el Cono Sur.

Teniendo en cuenta la prevención y suspicacia de los medios informativos «burgueses» a cuanto de cerca o de lejos oliera a comunismo, traté de desvincular la presentación del caso de Luis y sus amigos de su participación en el congreso de Praga. Jacques Grignon Dumoulin, periodista de *Le Monde* especializado en temas de España, redactó un artículo en el que, conforme a mis sugestiones e instancias, exponía e interpretaba las detenciones como una advertencia de las autoridades a los intelectuales juzgados «tibios u hostiles al Régimen»; una medida tan extemporánea, agregaba, inducía a creer que, pese a su evolución en el campo diplomático, el gobierno franquista no había «perdido, en el interior, ni un ápice de su intolerancia». Otros comentarios de la misma línea aparecieron en *L'Express* y *France-Observateur* dando nuevo empuje a la recogida de firmas y manifestaciones de solidaridad.

Las noticias que tenía de Luis por conducto de José Agustín no eran alentadoras. Transferido de Jefatura a la cárcel Modelo de Barcelona, había sido enviado al cabo de unas semanas a Carabanchel, lo que dificultaba la regularidad de las visitas. En casa, la atmósfera era opresiva y mi padre daba a quien quería oírle una versión *sui generis* de los hechos, insistiendo en nuestro historial familiar de derechas y estricta educación religiosa: blanco de los reproches envenenados de alguna de mis tías, se defendía como podía y protestaba de nuestra inocencia. Un día me llamó a París, alarmado: había recibido la visita de un inspector de policía la mar de educado, todo un caballero, que le dio nuevas reconfortantes de Luis; el asunto no era grave y podía resolverse, le dijo, pero desde fuera yo estaba politizando las cosas con firmas y artículos y ello no hacía más que perjudicarle y agravar sus problemas. Con voz temblorosa me pidió que impidiera hablar de él a la prensa francesa mientras desplegaba los argumentos de defensa que, como descubriría mucho más tarde, utilizó en un memorial dirigido a las autoridades. Aunque entonces carecía de mi actual experiencia de las dictaduras, atrapadas siempre en el dilema de acallar la disidencia con métodos coercitivos y mantener de puertas afuera una fachada de respetabilidad, mi intuición de que el silencio era el mejor cómplice de los sistemas opresores y únicamente la denuncia reiterada de sus abusos podía dar fin a éstos salió reconfortada del lance. Si la policía había despachado a uno de sus funcio-

narios a casa para que mi padre ejerciera presión sobre
mí y me quedara quieto, ello indicaba que mi actividad
perturbaba y, por consiguiente, había que proseguirla. Esta
demostración *a contrariis* de los efectos de la movilización
exterior por la libertad de Luis se vio reforzada aun cuando,
rompiendo el silencio de la prensa en torno al asunto, el
diario *Pueblo,* órgano de los llamados Sindicatos Verticales
dirigido por Emilio Romero, manifestó su malhumor en dos
editoriales titulados «La moda francesa de la joven literatura española» (29-2-1960) y «Tergiversación» (15-3-1960).

El anónimo autor de los mismos se sorprendía de la
extraña devoción de la prensa francesa por el autor novel
de *Las afueras* y denunciaba la boga de la literatura española traducida no en función de su valor sino «como testimonio de la oposición a la España de hoy»; luego, aludiendo
a mí de manera obvia, escribía: «hasta hay una aduana que
expide certificados de ello, a la que es muy difícil escapar;
y el escritor aduanero se apellida igual que el último joven
escritor glorificado». Dos semanas más tarde, en respuesta
a una breve nota de *L'Express* inspirada por mí, pero de
cuya ilustración sensacionalista no era responsable, el editorialista volvía a las andadas justificando el interés del
periódico por nuestro apellido en la misma medida, decía,
en la que éste gozaba «de un trato de favor en cierta prensa
extranjera, que no se deriva tanto de sus actividades literarias, por las que los autores "suenan" en las librerías, como
de ciertas actividades políticas en las que se anda más cerca
de "sonar" en las comisarías». El 24 de marzo, repliqué en
el semanario francés * a las acusaciones del diario de Emilio
Romero, con una defensa del realismo de nuestra novela
que, vista con la prespectiva de hoy, no me parece totalmente desencaminada. Pocos días después, amparándonos

---

*   *«Pueblo» et la littérature.* El texto, publicado igualmente en
México con el título un tanto provocador de «El realismo de los
novelistas españoles irrita a los inquisidores de Francisco Franco»,
decía entre otras cosas: «En una sociedad en la que las relaciones
sociales son profundamente irreales, el realismo es una necesidad.
Desde que se levanta hasta que se acuesta el intelectual español

en el derecho de respuesta reconocido en la ley de Prensa promulgada por el propio Régimen, José Agustín y yo enviamos dos apostillas al director de *Pueblo* mientras una cuarentena de colegas de Madrid y Barcelona protestaban en una carta abierta, que sólo sería difundida fuera, contra el estilo de denuncia política empleado en los ataques del diario, expresaban su solidaridad humana y profesional conmigo, exigían la publicación de mi réplica y calificaban mi gestión literaria en Gallimard de «notablemente beneficiosa para la difusión de nuestra literatura en el extranjero». Tras varias semanas de silencio, el portavoz de los Sindicatos Verticales consagró una doble página al asunto compuesta de nuestras cartas de rectificación y de una nueva y extensa arremetida a mis posturas políticas y actividades culturales («La joven ola y otras cosas», 22-4-1960): el estilo, clichés y ataques personales del editorialista —ignoro si se trataba o no del propio director— anticipaban ya los empleados en dosis masivas un año más tarde por la prensa, radio y televisión. Cuatro días después de la publicación de esta controversia insólita, aireada por Romero en un folleto traducido al francés para enmendar la plana a *L'Express* a costa de los fondos sindicales, viajé con Monique a España, en donde debía celebrarse en circunstancias un tanto kafkianas, la segunda reunión literaria de Formentor.

Contrariamente a lo que pudiera creerse a primera vista teniendo en cuenta la acrimonia verbal de los ataques que sufría, mi presunto historial de resistente perseguido por el franquismo no puede prevalerse de ningún padecimiento ni detención. Si prescindimos de un interrogatorio por la guardia civil de Albacete durante los encierros de Elche de

---

cree vivir un sueño. Alrededor de él todo contribuye a desarraigarle del tiempo en que vive y acaba por sentirse como un habitante de otro planeta, caído en su país por equivocación. Este desarraigo provoca un vacío que es preciso colmar, que cada cual colma a su manera. Para los escritores españoles, la realidad es nuestra única evasión.»

la Sierra, mi único paso por comisarías, en agosto de 1958, fue apolítico, casual y poco glorioso: atrapado con Jaime Gil de Biedma y un amigo suyo en una redada preventiva del Barrio Chino, pasamos la noche en vela en un cuartucho mal alumbrado, con un puñado de individuos —borrachos, macarras, chorizos y hasta un joven rubio y apuesto, acusado del extravagante delito de «acompañar a francesas»— en espera de que nos trasladaran en furgón a la Jefatura de la Vía Layetana, para ser fichados de forma indeleble como gamberros y puestos en libertad unas horas más tarde —sin que a todas luces nadie se percatara de quiénes éramos y tratara de explotar el incidente—, gracias a una eficaz intervención del padre de Jaime. ¡Lance escasamente modélico y que, de aspirar a la hagiografía oficial o autorretrato donoso, debería recatar prudentemente en lugar de sacarlo a relucir con inoportuna torpeza en un momento del relato en que mi conducta pública se presta o pudiera prestarse, con aparente descuido y como quien no quiere la cosa, al encomio y ejemplaridad!

No obstante, cuando el domingo 26 de abril aterrizamos en el aeropuerto de Barcelona y entregamos los pasaportes a la policía, el agente encargado de controlarlos retuvo el mío y desapareció con él en un despacho, probablemente para consultar el caso con sus superiores. Monique, situada justo detrás en la fila de espera, había asomado audazmente la cabeza por la puerta entreabierta y sonrió al inspector que, con mi pasaporte en la mano, telefoneaba a Jefatura. ¿Ocurre algo?, preguntó con inocencia fingida. Pero no ocurría nada y el documento me fue devuelto sin explicaciones ni excusas. Mientras, comentando el incidente, aguardábamos la correspondencia con Palma en la sala de tránsito, el funcionario espiado por Monique se acercó a nosotros y, con aire de disculparse de haber sido pillado in fraganti, dijo que seguía con mucha atención mi obra y me deseaba la bienvenida: tras pedir cortésmente el permiso de sentarse a nuestra mesa, encargó unas copas al camarero, se interesó por la situación de Luis y la polémica con *Pueblo,* departió de novela y literatura conmigo hasta que los altavoces nos convocaron a la puerta de salida del avión y nos reunimos excitados y alegres con los demás escritores y editores que se embarcaban con nosotros para Formentor.

Durante las discusiones literarias y sesiones de trabajo consagradas al futuro Prix International, hicimos circular una petición relativa a Luis, que fue firmada por todos los asistentes. La presencia de escritores y personalidades de renombre me confería temporalmente una inmunidad de la que podía aprovecharme, y me aprovechaba, sin rebozo. Con un instinto y cálculo político de los que ahora me asombro —la madurez o simplemente el cansancio me volverían después más mostrenco o zafio— adecuaba mi táctica al margen de maniobra de las circunstancias, sin incurrir en acciones temerarias ni golpes en falso. Careciendo, como carezco, de cristiana propensión al sacrificio, me rodeaba de pretiles y muros de defensa. La mejor manera de evitar la suerte corrida por Luis consistía en plantear al adversario el dilema de recurrir al empleo de medidas drásticas pero perjudiciales a su imagen o tolerar alfilerazos sin perder la compostura, de modo que entre las dos opciones la balanza se inclinara lógicamente hacia la segunda. Aunque no abrigo la menor duda de que los partidarios de la línea dura dentro del Régimen desearan darme un buen escarmiento, no les concedí la oportunidad de hacerlo y las consideraciones negativas que habría acarreado el hecho pesaron siempre más en el platillo que las ventajas de tal decisión.

A mi llegada a Barcelona, pasado el coloquio, después de una noche en nuestra antigua querencia del Cosmos con nostálgicas correrías ramblleras, me asomé como un conturbado y culpable hijo pródigo a la torre de Pablo Alcover: la ausencia forzada de Luis había precipitado a simple vista la decadencia de personas y cosas y el cuadro familiar de los tres viejos me llenó a un tiempo de angustia y consternación. Papá hablaba obsesivamente de una supuesta trampa de los comunistas a Luis, el abuelo callaba, Eulalia acariciaba inescrutable el abrigo de ante y los regalos que le trajimos de París. Antes de ir a Mallorca, habíamos convenido con Monique en que, cuando ella se reincorporase a su trabajo en Gallimard, yo permanecería aún unas semanas en España a fin de ver a Luis en la cárcel, cumplir las diligencias que habíamos planeado respecto a él y viajar por Andalucía con Simone de Beauvoir. El ocho de mayo, la fui a despedir al aeropuerto y, tras un duermevela agobiador en casa, sumido en las peores pesadillas nocturnas, como refiero en una carta posterior, me trasladé a Madrid, en donde me había citado con Florence Malraux tres días más tarde. Recuerdo mi visita a Carabanchel: la cola de los familiares de los presos, en la que coincidí con la mujer de Celaya con un paquete de comida para uno de sus hermanos y la madre de Luis y Javier Solana; la entrevista con mi hermano entre dos hileras de rejas; su aspecto sereno pero desmejorado a causa de la huelga de hambre en la que había participado; mi sensación de impotencia y vacío cuando sonó el timbre y nos vimos obligados a interrumpir la conversación.

El 13 de mayo fui a recoger a Florence en Barajas y pasé a hospedarme con ella en una anticuada pero cómoda suite del hotel Victoria, cuyos balcones daban a la plaza del Ángel. La hija del escritor y entonces ministro de Cultura del general De Gaulle, había conocido a Luis en Formentor un año antes y, con una generosidad y afecto a Monique y nosotros que nunca olvidaré, aceptó mi idea de viajar a Madrid para pedir una intervención de la embajada de su país en favor de mi hermano. La estancia de Florence fue ajetreada y rápida: mis reminiscencias de ella se reducen a una abigarrada sucesión de instantáneas y apuntes. Durante veinticuatro horas corrimos bajo la lluvia del Prado al palacete de la calle de Serrano en donde fue recibida por el embajador poco antes de una cena apagada y triste con un grupo de amigos. El diplomático le había prometido realizar una discreta gestión en el ministerio de Asuntos Exteriores y sus palabras nos inspiraban un cauto, pero lenitivo optimismo. El mismo día de su marcha se cruzó brevemente con Simone de Beauvoir y Nelson Algren y la acompañé a Barajas en un estado de emoción y gratitud difíciles de expresar.

Nuestra partida de Madrid no debía realizarse sino dos días más tarde, de modo que los recién llegados pudieran visitar rápidamente algunos monumentos y lugares de la ciudad. Olvidando el horror de Sartre y el Castor a los crustáceos, llevé a almorzar a la segunda y su compañero al Hogar Gallego, en donde la visión de los caparazones rosados y articulaciones retráctiles de langostas, cabrajos y gambas la indujo a buscar un rincón aislado, distante de los acuarios y cestas en los que el dueño del local exhibía orgullosamente sus manjares y exquisiteces. No sé si aquella noche o la siguiente, organicé también una pequeña cena en su honor con mis colegas del Partido. Como todo el mundo quería conocerla y el número de candidatos a aquélla aumentaba de manera alarmante, mis compañeros adoptaron la resolución heroica pero desatinada de concurrir a la reunión sin sus esposas, a fin de no agobiarla con el asedio e inconvenientes de un banquete formal. ¡Error craso e imperdonable!: apenas instalados en el reservado de un restaurante contiguo a la plaza Mayor, uno de los comensales mencionó el enorme interés de su mujer por *Le deuxième sexe.* ¡Cómo! Era casado y ¿no había traído a su compañera? El Castor volvió los ojos hacia mí y me preguntó si los demás tenían pareja. Le dije que sí, fuera de una o dos excepciones. *Mais voyons,* exclamó ella, *vous dites que vous êtes des antifascistes et vous laissez quand même vos femmes au foyer comme s'il s'agissait de bonnes. C'est vraiment incroyable!* Ni las excusas y aclaraciones embarazadas de los presentes ni sus posteriores exposiciones y análisis instructivos de la situación reinante en España lograron disipar del todo el mal efecto de su bienintencionada conducta machista. Con esa sequedad profesional, nítida y cartesiana que la caracterizaba, la escritora me dijo después que si bien mis amigos la habían impresionado favorablemente en términos políticos, su inmadurez respecto a la condición de la mujer y problemas de la pareja confirmaban sus temores de que la lucha contra los resabios de la sociedad patriarcal sería entre nosotros especialmente penosa y ardua.

No corresponde a mis propósitos referir las ocurrencias, etapas y pormenores de un viaje que nos llevó a los tres y a Vicente Aranda a Granada, Almería, Almuñécar y Málaga por espacio de ocho o diez días. Simone de Beauvoir los describe a vuela pluma en el último volumen de sus memorias y, con mayor humor y facultades fabuladoras —a veces en el límite de lo caprichoso y absurdo—, Nelson Algren trazó una serie de cuadros o estampas del trayecto que fueron publicados meses después en una revista norteamericana. Sin ánimo de sacar conclusión alguna, me ajustaré a una sencilla observación: la pasión minuciosamente descrita en *Los mandarines* parecía ser agua pasada y aun escoltando a Algren por una especie de fidelidad amistosa, el Castor vivía mentalmente con el autor de *El ser y la nada,* al que no dejaba de referirse si algo que oía y veía le interesaba con su inevitable comentario de *Ah, il faut que je raconte ça à Sartre!*

Después de despedirnos en Málaga —y mientras ellos seguían rumbo a Sevilla—, regresé con Aranda a Madrid. Los padres de mi concuñado Luis Carandell me habían brindado alojamiento en su piso de la calle Libertad y allí me sorprendió, el sábado 28 de mayo, cuando me disponía a ver a Luis en Carabanchel, la buena noticia de su liberación. No recuerdo con exactitud si mi primo el notario Juan Berchmans Vallet fue a recogerle a la puerta de la cárcel o nos reunimos posteriormente con él mi hermano y yo, para agradecerle su constante y preciosa ayuda. Pero no se han borrado de mi memoria la larga conversación recíprocamente informativa en nuestra habitación de la familia Carandell ni la visita de parabienes de la señora Solana, cuyo hijo seguía preso. Para no mostrar a las claras que habían cedido a la campaña de protesta centralizada en torno a la figura de Luis, las autoridades excarcelaron junto a él a los asistentes al congreso de Praga menos comprometidos, entre ellos a Isidoro Balaguer, mientras otros detenidos con el mismo cargo pasaron meses y aun años encerrados, en una convincente ilustración de la regla conforme a la cual el silencio ha sido, es y será el mayor cómplice de los abusos y atropellos de las dictaduras. De las historias y anécdotas que nos fueron transmitidas aquellos días por nuestros amigos madrileños, retendré sólo una: la de ese novelista que, arrellanado en su butaca del café Gijón, después de leer en voz alta algún recuadro o artículo de fondo tocante a mi hermano, con su voz recia, cavernosa de antiguo burócrata o jubilado oficial, estigmatizaba las conductas antipatrióticas en «aquellas horas transidas de inquietudes polémicas» y, contagiado de la virulencia afirmativa del editorialista, la avalaba con la fuerza de su carrasposa autoridad:

—Me consta que sus actividades rozaban el delito común.

Tras acompañar a Luis a Barcelona, a su reencuentro alborozador con la familia y María Antonia, regresé el ocho de junio a París.

La euforia provocada por nuestro modesto triunfo había fortalecido mi decisión de proseguir la lucha y aumentado la confianza en las posibilidades de un cambio cercano y radical de la sociedad hispana, por esa vía de «ruptura democrática, antifeudal y anticapitalista» que propugnaba el Partido. Quince días después de mi vuelta a París, estábamos de nuevo en España Monique y yo, con Carole, Florence Malraux, el cineasta Claude Sautet y otros amigos: instalados en el caserón familiar de Torrentbó, recibíamos las visitas de Luis y María Antonia, Ricardo Bofill, Castellet, Barral, Gil de Biedma y otros intelectuales y escritores que pronto integrarían la denominada *gauche divine;* a menudo, nos encontrábamos con ellos en Barcelona y, luego de cenar en el Amaya o en la Barceloneta, medineábamos por Escudillers y Barrio Chino, visitábamos el Cádiz y La Venta, buscando quizá en la pobreza y sordidez del encuadre la confirmación de mis perspectivas catastrofistas. Ignorando la enfermedad pulmonar contraída en la cárcel, Luis parecía poseído de un violento afán de vivir y resarcirse del tiempo perdido; mi crisis larvada con Monique y la tensión de aquellos últimos meses habían acentuado igualmente mis tendencias al trago y aficiones noctívagas. Esa inclinación a la bebida que en un período u otro de nuestra vida padeceríamos los tres hermanos chocaba de frente con el antialcoholismo visceral que desde niños nos había inculcado mi padre. En lo que a mí concierne, traducía un sentimiento de exasperación paulatina ante mis propias contradicciones y la incapacidad personal de dinamizarlas o resolverlas. La dicotomía existente entre vida burguesa e ideas comunistas, afectividad e impulsos sexuales —cuyos bruscos, devastadores ramalazos sufría de vez en cuando durante mis correrías nocturnas— sólo podría superarse, pensaba, en la vorágine de una escalada revolucionaria en la que aquélla perdiera su razón de ser. Aguardando el terremoto y la emergencia de una nueva moral entre sus ruinas y escombros, soportaba con creciente dificultad la obtusa ceguera de lo real a los signos agoreros del cataclismo. Mis cartas a Monique de estos años —tanto de España como de Cuba— reflejan una incontenible impaciencia respecto a un proceso que —a raíz de lo ocurrido en la isla a la caída de Batista— me parecía ilusoriamente a la vuelta de la esquina. La lenta, pero profunda transformación de la sociedad española que se inició aquellos años me pillaría, como a muchos, totalmente desprevenido. Recuerdo mi última visita a Almería en septiembre de 1960 con Aranda y Sautet y nuestro encuentro casual con un grupo de cineastas y actores franceses, deslumbrados por la belleza del paisaje y sus posibilidades futuras: los recién llegados hablaban de complejos hoteleros, estudios de rodaje, instalaciones dignas de una nueva Cinecittà o miniHollywood. El cambio por el que habías apostado ¿era ése?; ¿podían disociarse el bienestar y progreso de la conquista de la libertad y la justicia? Con una angustiosa aprensión y desgarro íntimo dejarías aquella tierra aún pobre y ya codiciada, exhausta y apetecida, rica de dones y no obstante huérfana para no volver a ella sino dieciséis años más tarde, convertido en un ser distinto:

anónimo como cualquier forastero, recorriendo con sigilo los parajes evocados en sueños, ansioso de tropezar con rostros familiares o amigos y escuchando tan sólo, como en la fábula, el ladrido acusador de los perros.

El descubrimiento de la enfermedad de Luis y su retiro simbólico a Viladrau, las trabas y agitación de los últimos viajes a España habían dado al traste con tus proyectos de pasar las Navidades en casa. Como dos meses después ibas a Italia con ocasión del lanzamiento de uno de tus libros, decidiste aplazar el viaje unas semanas y volar a Barcelona desde allá. El once de febrero de 1961 estabas en Roma y, tras unos días de promoción editorial y encuentros con escritores amigos, te trasladaste a Milán, en donde Feltrinelli organizaba una velada cultural en el Teatrino del Corso. Su asesor literario Valerio Riva había aprobado tu sugerencia de ilustrar el tema expuesto en *La resaca* —cuya trama ambientabas en los barrios de barracas barceloneses habitados por gitanos y andaluces— con un documental sobre la emigración filmado sin permiso con una cámara de dieciséis mms. por dos conocidos tuyos que cursaban estudios con Ricardo Bofill en la escuela de arquitectura de Ginebra. Siguiendo tus indicaciones, sus autores, Paolo Brunatto y Jacinto Esteva Grewe, habían recorrido numerosos pueblos y comarcas de Murcia, Almería y Granada, fotografiado zonas rurales medio despobladas y entrevistado a continuación en Suiza a algunos inmigrantes oriundos de ellas; otras secuencias mostraban las chabolas y cuevas que entonces componían en buena parte el cinturón industrial de tu ciudad. El filme, *Notes sur l'émigration,* pecaba sin duda de amateurismo e incurría en simplificaciones histórico-sociales pero Riva estimó como tú que contenía escenas e imágenes de interés y merecía ser divulgado. Para completar la velada, la editorial había programado un recital de canciones españolas de contenido más o menos político, populares en Italia, en los medios antifascistas, desde la época de la guerra civil.

El dieciocho de febrero, después de una breve introducción de Riva y unas palabras tuyas sobre la novela, se proyectó el filme en la pequeña sala atestada de público. Pero, apenas había comenzado aquél cuando escuchasteis dos explosiones sordas y la sala, bruscamente, se llenó de humo. Hubo momentos de pánico, los asistentes corrieron hacia la salida y alguien se puso a gritar: «Un herido, hay un herido». Al punto —todo sucedió con una rapidez extraordinaria—, dos enfermeros milagrosamente surgidos nadie sabía de dónde con su equipo de socorro y camilla transportaron a la presunta víctima afuera, cubierta con una manta. Aunque la escena era absurda, ninguno de los presentes tuvo la idea de detenerles ni seguir sus pasos hasta la ambulancia. Mientras os reponíais de la sorpresa y los espectadores regresaban poco a poco a las butacas convencidos de que se trataba de una provocación fascista, Brunatto y Esteva Grewe salieron acalorados de la cabina de proyección: aprovechando la confusión, alguien había sustraído los rollos de la película y había puesto tierra por medio. El estallido de los petardos e irrupción de los camilleros resultaron entonces perfectamente claros: los ejecutores materiales del latrocinio acababan de cumplir su misión con la eficiencia y maestría de unos profesionales. El día siguiente, la prensa italiana daba cuenta de lo ocurrido con grandes titulares e imputaba la fechoría a los grupos fascistas milaneses, estrechamente vinculados a sus correligionarios de España: una investigación policial de los mismos conduciría el tres de marzo a la detención de cuatro individuos, un ex camisa negra y tres paracaidistas conocidos por su militancia en los círculos de extrema derecha de la ciudad, sospechosos de robo y perturbación de acto público. Pero la identidad real de los inductores —sugerida no obstante por el hecho de que la copia sustraída del filme se exhibiera poco después en España— no lograrías establecerla sino años más tarde. Cuidadosas de evitar un roce diplomático, las autoridades locales se apresuraron a enterrar el asunto: el interrogatorio de los aprehendidos no dio resultado alguno y, poco después, fueron puestos en libertad.

El episodio y, sobre todo, las reacciones de la prensa

italiana al mismo, te habían hecho temer de inmediato su posible repercusión en España. Tus inquietudes, expresadas por teléfono a Monique y a un par de amigos barceloneses al producirse los hechos, no tardaron en verse confirmadas. El 22 de febrero, la totalidad de los medios informativos de la Península publicaban un despacho de la agencia Efe referente al suceso que lo ligaba insidiosamente a un atentado terrorista de la FAI contra el consulado español en Ginebra y la celebración de un «acto de propaganda antiespañola» presidido por Waldo Frank y Álvarez del Vayo en el teatro Barbizon Plaza de Nueva York. Mientras algunos periódicos exponían esa triple agresión de forma más o menos discreta, *Arriba,* órgano oficial del Movimiento, anunciaba en primera plana: «CNT-FAI, Álvarez del Vayo, Waldo Frank, Goytisolo: nueva fórmula del cóctel Molotov contra España» y el titular de *Pueblo* rezaba en tres columnas: «J. G. intenta proyectar un documental falso e injurioso sobre España y un grupo de espectadores protesta y lanza bombas de humo.» El texto de Efe subrayaba la índole comunista del «mitin» de Milán, te atribuía de modo indirecto la autoría del documental incriminatorio, pretendía que los petardos fueron lanzados por italianos patriotas, honestos y dignos. «La prensa comunista —concluía— se muestra indignada por el incidente y denuncia la desaparición de la película durante la refriega, llegando a afirmar que todo ello fue provocado por agentes del Consulado español.» Por las mismas fechas, un artículo de fondo de *El Español,* obra probable de su director Juan Aparicio, salía al paso de su indigna labor «difamadora» en Europa y una inefable crónica del corresponsal en Roma del *Diario de Barcelona,* «La última pirueta de J. G.», te acusaba de haber intervenido públicamente, «con prudentes remilgos y calculada táctica, no para discutir políticamente al régimen de España sino para calumniar a [tu] propia Patria»; después de tildarte de «gánster de la cámara fotográfica o cinematográfica», su autor arremetía contra el «cóctel agrio de palabras, imágenes y canciones de marca soviética, que ofendían a España con el objeto de presentar el libro de un español que [vivía] ricamente en el extranjero coreado por los partidos comunistas».

Pero aquel insólito aluvión de improperios y denuncias impresos era sólo un comienzo. El 28 de febrero, José Agustín informó por teléfono de que la película robada en Milán había sido proyectada la víspera por Televisión Española, acompañada de una respuesta contundente de José Antonio Torreblanca en la que te calificaba de impostor, mercenario y otras lindezas. En realidad, según pudiste averiguar en seguida, se trataba de una versión truncada y amañada de aquélla, con una banda sonora y comentarios que a trechos divergían del original. Como la copia exhibida deformaba gravemente el contenido e intenciones del filme, enviaste cartas certificadas a Efe y a los responsables del organismo televisivo, invocando el derecho de rectificación que te asistía. Pero tus protestas, esta vez, permanecieron inéditas. La divulgación por TVE de la película de Esteva Grewe y Brunatto iba a levantar la veda de una jauría estridente de cazadores en torno a una presa muda. La relectura actual de los recortes de prensa que conservas * y a partir de los cuales compusiste el soliloquio de las Voces en tu primera novela adulta, incita a la sonrisa; un cuarto de siglo atrás, te produjo una mezcla de anonadamiento, tristeza e incredulidad. A veces, la acumulación de términos denigrantes e imputaciones absurdas es tan exagerada que raya en lo grotesco y parece un remedo o caricatura («En esa serie de actos de agresión contra la Península Ibérica resalta la participación como "compañero de viaje" de un joven gigoló llamado J. G., con residencia habitual en París»); otras, el estilo enfático y un tanto familiar a tu oreja del articulista, te trae a la memoria su deliberada inserción o parodia en el *corpus* de *Señas de identidad* («Con más años de residencia en Francia que en España, con más costumbres francesas que españolas, incluso en el amancebamiento (...) sirve lo que le piden. Fabricar

---

* Una colección más completa de los mismos figura en el Archivo de la Biblioteca de Boston University.

estampas de suburbios es sumamente fácil. Unos extras, disfrazados de guardias pueden "apalear a un obrero". Desnudar a un chiquillo, embadurnarle de carbón y sentarlo sobre un montón de estiércol, está al alcance de cualquier desaprensivo. Pero quien hace eso revela tal catadura moral que mejor es no mencionarlo, aunque nos bastaran dos sustantivos y una preposición.») La palma de oro de tan desdichada justa se la lleva quizás el director de *La Vanguardia*, Manuel Aznar, con su editorial del 16-3-1961 «Feltrinelli o el festival de los agravios», un verdadero monumento de demagogia, hipocresía y grandilocuencia que, a falta de poder figurar en la eventual edición de una «Historia particular de la infamia», recibió también la merecida recompensa de su inclusión en tu libro. Pero la lista de ejemplos es larga y para no abusar de los lectores, la interrumpirás aquí.

Ese sordo rencor anidado en la entraña, «toda hiel sempiterna del español terrible», hermosamente evocado por Cernuda lo descubriste entonces. Las injurias vertidas aquellos días y sus consecuencias domésticas —visitas y cartas consternadas de tu padre a los directores de los medios informativos, empeñado quijotescamente en salvar el buen nombre de la familia— te dejarán en la boca un regusto amargo pero te conferirán de rechazo una suerte de inmunidad, transformándote en ese quitinoso ejemplar de escritor que eres hoy, insensible y coriáceo a la perdurable reiteración de denuestos, salivazos y pullas. Si va a decir verdad, la reacción a lo acaecido en Milán prefiguraba de modo simbólico tus relaciones con el fuero secular de la tribu: cuanto vendría luego —escándalo, mala leche, ostracismo— tendría para ti el aire cansino de un *déjà vu*. Lo advertido decenios o siglos antes por otros francotiradores y díscolos, se verificaba puntualmente contigo: quienes en España atacan un día desde la derecha lo hacen más tarde desde la izquierda aguardando la ocasión de hacerlo otra vez desde la derecha —y los atacados son siempre los mismos. Ello te mostraba tempranamente —y sería un descubrimiento de importancia capital— que sólo la persona u obra muertas son dignas entre vosotros de lauros y recompensas. Las que se mantienen vivas molestan y concitan esa forma indirecta de loa que adopta la cara falaz del insulto. Los ascos y aspavientos que suscitarás en lo futuro se limitarán a repetir, a veces literalmente, expresiones y giros acuñados lustros atrás sin hacerte mella; leyéndolos al revés, como aconseja melancólicamente el Poeta, formas superiores de elogio descifrará en ellos tu orgullo. El aprendizaje de los usos y leyes de la tribu no se completará sino años más tarde; pero la lección recibida entonces será una admonición o advertencia cuya impronta no se borrará jamás.

Mientras la prensa franquista se hacía lenguas de la probidad informativa de Televisión Española al ofrecer a la curiosidad de tus paisanos un documento cinematográfico «preparado para engañar a incautos» —pero guardándose muy bien de explicar cómo tu supuesto engendro había llegado a sus manos— las preguntas formuladas por los periódicos italianos quedaron sin respuesta. La intervención de las autoridades hispanas en el hecho no ofrecía duda; con todo, el enigma habría permanecido envuelto en la bruma si la jactanciosa indiscreción de uno de sus protagonistas no te hubiera suministrado tardía e involuntariamente la clave. En otoño de 1965, durante tu primera, fecunda e impregnadora estadía en Tánger, Eduardo Haro Tecglen —que había mudado su residencia a esta ciudad, al ser nombrado director del desaparecido diario *España*— te revelaría que en el curso de una cena a la que asistió el cónsul general en Tetuán, éste se había vanagloriado ante los demás comensales de su bizarra actuación en el asunto; conforme a su testimonio, los autores de la agresión al acto del Teatrino del Corso le habrían confiado la copia del filme y, de acuerdo a las instrucciones recibidas de Madrid, él se encargó de hacerla llegar a buen puerto por medio de la valija diplomática. Tan meritorio comportamiento le había valido una calurosa felicitación de sus superiores, y el ex vicecónsul español en Milán vibraba todavía de entusiasmo al rememorar las divertidas y emocionantes secuencias de su folletín yemsbondesco...

Aunque su triste papel en una trama policíaca cuyas salpicaduras contribuyeron a amargar los últimos años de tu padre justificaría sobradamente la exposición de su nombre y apellidos en la picota, el abrupto disparo con el que acabó sus días en Argentina te mueve a la piedad. Servidor fiel de un sistema del que fue instrumento y hechura, se erigió trágicamente a la postre en su propio e implacable juez. El sagrado terror que te inspira el suicidio te fuerza al respeto: concédele el silencio, y déjale en paz.

El objetivo de aquella campaña desaforada parecía claro: al transformar el acto cultural antifranquista de Milán en un mitin rojo y vincular mi intervención en él con actividades terroristas propiciadas por «el marxismo internacional», las autoridades pretendían amedrentarme e imponerme un exilio forzado. Mi *status* ambiguo de disidente, viajes testimoniales a la Península, simpatías filocomunistas y conexiones con la prensa francesa habían acabado por sulfurar a los jerarcas del Régimen, enfrentados a la disyuntiva de detenerme o seguir tolerando una conducta cuyo ejemplo podía cundir y propagarse a otros escritores y artistas. Abrumándome con un alud de injurias y amenazas veladas, intentaban cerrarme las puertas, hacer de mí un desterrado remoto e inofensivo. Convencido de ello, adopté una táctica similar a la de los aficionados al póquer: engañar al adversario con una falsa apariencia de fuerza, persuadiéndole de que al regresar para ser detenido le estaba tendiendo una trampa. Mientras, durante la detención de Luis el año anterior, había viajado a España arropado con la presencia de personalidades tutelares, resolví hacerlo esta vez a cuerpo, con el simulado descuido o inconsciencia de quien se mete alegremente en la leonera. En vista de que mis escritos de rectificación no obtenían respuesta, había recurrido como otras veces a los buenos y desinteresados oficios de mi primo el notario Juan Berchmans Vallet: con la flema y ecuanimidad que le caracterizan, éste me aconsejó el nombre de un abogado de su confianza, ajeno por completo a la política, y que asesorado con él, pusiera una querella por injurias al omnímodo Director General de Prensa. La empresa parecía absurda y mis posibilidades de llevar el asunto a los tribunales eran a todas luces escasas; con todo, al envidar de aquella manera desviaba la atención del enemigo de mi objetivo principal: volver impunemente a España. El 21 de abril, una semana antes del viaje de Monique a los Encuentros literarios de Formentor, tomé el avión para Madrid y fui acogido por mi primo en el aeropuerto de Barajas. Los trámites de entrada con la policía se desenvolvieron sin incidentes. La misma noche, Juan Berchmans Vallet había agenciado una cita con el abogado a fin de planear una estrategia certera antes de mi anunciada visita al Ministerio. Recuerdo muy bien nuestra llegada matinal a éste y el vasto mural del vestíbulo con las figuras de la anunciación a María por el Arcángel. Si, como señaló en su día Umberto Eco, la cantidad de información que transmite una unidad comunicativa depende de su probabilidad y, cuanto menor sea ésta, mayor será el contenido informativo de aquélla, el Ministerio de Información franquista no podía haber escogido a sabiendas un símbolo mejor: el rubio, rollizo y salutífero enviado del Señor transmitiendo a la ruborizada Virgen la improbable unidad comunicativa y, por tanto, sustanciosísima información acerca de los inesperados beneficios de la visita de una paloma que, por lo gorda, blanca y lustrosa mantiene en el piadoso contemplador del fresco una excusable confusión entre el Holy Ghost invocado por la opulenta Mahalia Jackson y el anuncio en colores de Avecrem, no se despintaría de mi memoria pese a la agitación del momento y afloraría a mi escritura en las páginas de *Don Julián*.

El Director General de Prensa, el filósofo y profesor don Adolfo Muñoz Alonso —que en aquellos benditos tiempos solía representar gloriosamente a España en todos los foros internacionales de ciencia y pensamiento: una contribución luminosa y profunda, cuyos perdurables efectos habrá que glosar algún día con calma— nos recibió con insólita rapidez. Era un hombre untuoso y de ademanes afables, seguro de detentar la Verdad y consciente de su importancia. Tenía sobre la mesa un voluminoso *dossier* de artículos de prensa extranjera consagrados, dijo, a mis actividades políticas. Estaba al corriente de todo, añadió: mi actitud de continua hostilidad al Régimen y los valores que encarnaba no podía ser más patente ni abierta. Actuando, como yo actuaba, fuera de la legalidad, no debía extrañarme de la violencia de las reacciones de condena suscitadas por mi lamentable conducta. Comprendía las preocupaciones políticas de los jóvenes, precisó; pero éstas debían expresarse dentro de los cauces trazados. Volviéndose a uno de sus secretarios —un hombre joven, con gafas, que entraba y salía de su despacho con aire atareado—, me presentó al escritor Jaime Capmany y me lo puso de ejemplo: también él tiene inquietudes y las manifiesta de forma responsable y constructiva en lugar de comerciar como usted con el buen nombre de España. Si el tono duro y mordaz de algunas respuestas y ataques de la prensa le duelen, concluyó, la culpa es de usted mismo: silenciar las ofensas a la Patria sería una falta de hombría y un premio a la inmoralidad. Mientras el abogado, mi primo Juan Berchmans y yo exponíamos nuestras pretensiones, nos escuchó en silencio. El tema era grave y complejo, repuso al fin, y exigía un lapso de reflexión. Tras un intercambio de observaciones sobre la legalidad o ilegalidad de mis actos, nos citó en su despacho el día siguiente.

A la hora fijada, acudimos de nuevo al Ministerio y el profesor Muñoz Alonso me acogió con una sonrisa: «Esta noche, me dijo, he rezado mucho por usted.» Confieso que aquella confidencia, inesperada como el requiebro de alguna criatura celeste, me hizo ruborizar como a una doncella. Incapaz de articular una respuesta, miré fijamente no sé si la pared, la alfombra o el techo. La argucia angelical del filósofo me había elevado de golpe a un limbo confuso de irrealidad en el que levitaría muellemente a lo largo de la laboriosa entrevista. El texto de mi carta, compuesto con ayuda de mi primo y el abogado, no desmentía mi hostilidad al franquismo, como pretendía el ilustre pensador después de aconsejarse con la almohada; se limitaba a restaurar la simple verdad de los hechos. Tras un tira y afloja en el que, encaramado en mi abrupto nirvana, no alcancé a participar atinadamente, el Director General de Prensa dio su visto bueno a una breve nota aclaratoria de que mi intervención «en el acto cultural celebrado en Milán» fue puramente literaria y no había adoptado en el curso del mismo ninguna «actitud insultante, grosera ni despectiva para el Régimen español». Dicha apostilla sería publicada en *Arriba* y *La Vanguardia* y, en contrapartida, yo retiraría mi querella por injurias al Ministerio de Información. Nos despedimos amablemente y, conforme a lo convenido, mi carta apareció de inmediato en los dos periódicos. En cuanto al profesor Muñoz Alonso, absorto en sus múltiples quehaceres oficiales y alquitaradas reflexiones agustinianas, ignoro si dispuso de tiempo para pensar en mí y evocarme en sus preces como bondadosamente me prometió al despedirse. Convertido en antorcha viva del pensamiento hispano falleció quince años después, de tristeza o cansancio, al producirse el ocaso y exit definitivo de su Bienhechor.

Aunque convertido en aquel personaje de Chamisso desprovisto de sombra —ciudadano en vilo, condenado al silencio, puesto en cuarentena moral, objeto de una vigilancia discreta pero eficaz por parte de las autoridades—, proseguí mis correrías por España. El temor a un salto al vacío —la ruptura del cordón umbilical que me unía a la tribu—, unos sentimientos de solidaridad y patriotismo que pronto me serían profundamente ajenos —¿cómo iba a ser solidario de los demás si, como descubría poco a poco, apenas llegaba a serlo de mí mismo, del personaje oficial que encarnaba?— me empujarían a prolongar durante un tiempo una presencia testimonial de apestado o fantasma. En mayo de 1961, participaré en las reuniones literarias de Formentor sin que mi nombre figure en ellas, mientras Jaime Salinas, entonces secretario del jurado internacional que otorgó el premio a Beckett y Borges, recibirá la visita de dos inspectores vivamente interesados por los dichos y hechos de Feltrinelli y mi modesta persona; por penúltima vez hasta la muerte de Franco, pasaremos Monique y yo en julio unas vacaciones en Torrentbó, rodeados de Florence Malraux y nuestros amigos barceloneses; entre el 7 y el 28 de septiembre, viajaré con Aranda y Ricardo Bofill a Albacete, cautivo del sombrío esplendor de la sierra de Yeste y la fascinadora brutalidad de los festejos taurinos de su comarca; en abril de 1962, al retorno de mi exaltadora estancia en Cuba, asistiré como invitado de piedra al postrer Encuentro internacional celebrado en Formentor —denunciado ya por cierta prensa como un «nido de comunistas»— y al Congreso de Editores de Barcelona —en el curso del cual, con una impavidez e ironía ejemplares, un pequeño editor portugués denunciará los estragos de la censura en nuestra desdichada Península: allí me enteraré, a través de la prensa y radio extranjeras, de la lenta pero incontenible propagación de la huelga de los mineros de Asturias a las regiones vecinas y sus primeros brotes contagiosos en el cinturón industrial de la ciudad.

Aunque volví a París el 12 de mayo, diez días después estaba de nuevo en España. La amplitud del movimiento de paro y el desafío que planteaba al Régimen reavivaron bruscamente mis ilusiones de que la lucha final se acercaba. Enviado por *France-Observateur* a reseñar los acontecimientos recorrí las zonas obreras madrileñas y barcelonesas pero sin poder llegar a Asturias, como inicialmente pretendía, a causa de la proclamación del estado de excepción en la provincia por el ministro del Interior Camilo Alonso Vega. Mis contactos con los responsables políticos de la huelga fueron escasos: los tiempos incitaban a la prudencia y la mayoría de ellos dormía fuera de casa. Recuerdo que, con todo, López Salinas me llevó a una terraza de la Castellana en donde nos esperaba Federico Sánchez, perfectamente adaptado a su papel de burgués desenfadado y ocioso: su increíble, temerario aplomo en unos momentos en que era el hombre más buscado por todas las policías de España me impresionó en la medida en que se ajustaba cabalmente a su leyenda de inasible y burlón Pimpinela Escarlata. Mi reportaje *A travers l'Espagne en grève*, publicado el 31-5-1962 con la advertencia de que «su autor debía conservar el anonimato por hallarse todavía en España», evoca con bastante fidelidad el clima político de aquellos días. Algunos párrafos del mismo —la visita al cementerio de los mártires franquistas de Paracuellos del Jarama— los reproduje textualmente en *Señas de identidad*. Otros, leídos con la perspectiva del tiempo, reflejan la ambigüedad y contradicciones existentes entre la escueta visión de los hechos y su lectura correctiva, «ideologizada»:

Si bien es cierto que la huelga comenzó de manera espontánea y por razones estrictamente profesionales, el desarrollo del movimiento reveló en seguida la existencia de una coordinación y encuadre políticos [...] Si, como lo acredita el fracaso de la Jornada de Reconciliación Nacional del 5 de mayo de 1958 y de la Huelga Nacional Pacífica del 18 de junio de 1959, el Partido Comunista carece de la fuerza necesaria para desencadenar una huelga en frío, ha demostrado ahora que ejerce una influencia suficiente para canalizar la protesta de las masas gracias a la disciplina y experiencia adquiridas en veinte años de acción clandestina [...] Enfrentado al orden y serenidad de los huelguistas, el gobierno recurre ya a medidas de fuerza, ya de apaciguamiento, con una indecisión que revela la crisis profunda de sus instituciones y estructuras [...] De cara al extranjero, se esfuerza en sacar partido de ello presentando el actual movimiento como la prueba de esa «democratización» necesaria para la entrada de la España franquista en el Mercado Común. No es aventurado prever que la diplomacia hispana desenvolverá el tema en los próximos meses. El proyecto de legalizar las huelgas puramente profesionales constituye ya un primer paso por dicha vía [...] Un tren acaba de ponerse en marcha y Ridruejo aconseja a la burguesía que se suba a él antes de que sea demasiado tarde.* Los partidarios de un régimen liberal corren el riesgo de verse desbordados si no asumen desde ahora la responsabilidad que les incumbe.

Pero, tras esta mesurada exposición de la que hoy no me desdigo, agregaba unas conclusiones que sólo traducían mi impaciencia y hostilidad visceral de entonces a la larga y penosa, aunque previsible, salida europeísta:

> Abandonado poco a poco por sus partidarios, el Poder parece más aislado que nunca. En cualquier caso —como lo confirma la actitud de los jóvenes— sus días están contados [...] El Régimen ha entrado en una fase de descomposición y, tras veintitrés años de somnolencia, el país se halla en vísperas de cambios importantísimos.

No obstante, después de unas significativas concesiones patronales, cuyos efectos y perspectivas no se manifestarían claramente sino años más tarde, la agitación social se extinguió. Decepcionado, a la vuelta de unas vacaciones en Capri, con Monique y su hija —en donde coincidimos con Semprún y su esposa, huéspedes del entonces director de *L'Unità* Mario Alicatta— regresé a España el once de septiembre a completar mi encuesta sobre los sucesos de Yeste de mayo del 36 y asistir a la expiatoria y feroz ceremonia de los encierros. Acompañado de Ricardo Bofill y Vicente Aranda, visité la presa y orillas del pantano causante de la tragedia, rastreé las pedanías y caminos forestales en donde acaeció la matanza de campesinos, corrí y trepé por las talanqueras, plazas y callejones en los que veinte años más tarde me arrastraría uno de los bichos, departí largamente con un vecino de lo ocurrido en el lugar antes y después de la guerra, me entretuve hasta una hora avanzada en los quioscos y puestos de la feria para topar al fin de súbito con una pareja de guardias civiles apostados en un callejón contiguo a la fonda, al acecho de nuestra llegada.

---

* Alusión a una sonada entrevista con el poeta aparecida semanas atrás en *Le Figaro.*

El interrogatorio nocturno —¿Qué habíamos venido a hacer allí? ¿A qué se debía mi interés en charlar con sujeto de malos antecedentes y notoriamente desafecto al Régimen? ¿Quién, y en qué circunstancias, me lo había presentado?— se realizó en un portal, casi a oscuras, como si pretendieran intimidarnos. Aunque la cosa no pasó de ahí y, luego de mostrarles nuestra documentación, recibimos la autorización de retirarnos, el incidente trascendió: la intrusión de unos «señoritos rojos» venidos de Barcelona era observada en el pueblo con recelo y hostilidad. Según descubrí recientemente al retornar a las fiestas de Elche de la Sierra, mi conversación casual con un socialista represaliado fue espiada por dos representantes de las fuerzas vivas —un veterinario y un farmacéutico fallecidos luego—, los cuales no sólo habían divulgado el hecho en el café sino que habían extremado su patriótica exquisitez al punto de denunciarme en el cuartelillo. Únicamente un huésped de la fonda —un individuo de mediana edad, demacrado, calvo, de rasgos castellanos y ascéticos— se atrevió a dirigirnos una sonrisa y entablar una conversación amistosa conmigo sobre lo que era ya la comidilla del lugar. Después de sondear cautamente mis ideas, recuerdo que apuntó con un gesto al automóvil rojo de Bofill y preguntó si mi amigo procedía de una familia adinerada. Bueno, dije yo, es de la burguesía. ¿De la nacional o de la monopolista? De la nacional, de la nacional, le tranquilicé. Con esa clave identificatoria, nítida como la presentación de un carné, adiviné sin dificultad alguna que el lugar en el que convivió, según me dijo, con un pintor muy majo de París era la cárcel y el nombre del artista Pepe Ortega. ¿Cómo lo sabe usted?, exclamó admirado. Su forma de hablar es una tarjeta de visita, le repuse. El militante —una de esas personas con cara de llamarse Ramiro, Prudencio o Casto—, tenía un puesto de juguetes en el real de la feria y allí fuimos a despedirle a nuestra salida del pueblo cuando, a través del burdo altavoz, pregonaba los méritos de una preciosa muñeca articulada, encaramado en su modesta caseta.

Aquel lance —al frustrar mi tentativa de proseguir la

encuesta *in situ*— dio la puntilla definitiva a mis vagabundeos por las tierras del sureste de la Península en las que había descubierto tardíamente un sentido de afinidad o pertenencia y de cuya opresión y miseria quise atestiguar. En adelante, cuando vuelva fugazmente a España, lo haré ya forzado y a contrapelo, con una paulatina desafección a un país en vías de progreso pero moral y políticamente estancado, rollizo y saludable pero obstinadamente mudo. Como muchos españoles de mi edad, me había apercibido para algo que nunca ocurriría y una penosa sensación de estafa se adueñó por un tiempo de mí. La perspectiva que presentía era tan clara como ingrata: el Régimen duraría lo que durara la estampa odiosa de su creador. El año que seguirá a esta conclusión melancólica buscaré en Cuba, de forma compensatoria, la llama de una revolución milagrosa con sus promesas de libertad y de justicia. *Fuite en avant,* de España y de mí mismo, que me abocará finalmente a un cambio de escritura: muda de piel, final de impostura, decantación gradual, purgativa de una arisca e inhóspita identidad.

En este año 1962 en el que a bandazos y saltos discurre el relato, tu activismo político se intensificó y extendió del campo estrictamente español a nuevos y más exaltadores empeños revolucionarios. Coincidiendo con un período de fama literaria sin proporción alguna con la dimensión de la obra y sus méritos reales —fruto sin duda de tu rentable y acomodaticia postura de compañero de viaje—, fue al mismo tiempo —como luego tratarás de mostrar— la época más desdichada de tu vida. Los problemas no resueltos de tu identidad sexual, precariedad de los vínculos con Monique, una sorda, corrosiva impresión de sumirte en tus contradicciones, cada vez más lejos de la salida, te habían conducido paulatinamente a la neurastenia y el trago, a breves lapsos de euforia y fervor, ciclos helicoidales de depresión y obsesiones suicidas. Tu entusiasmo por la epopeya cubana obedecía no sólo al hecho de ver en ella una suerte de ajuste de cuentas con el pasado execrable de tu propio linaje sino también a su valor profético y auroral respecto a una hipotética revolución social que rimbaudianamente transformara tu vida. La lucha victoriosa de un puñado de hombres contra la supuesta inercia de los pueblos hispanos y su tradicional fatalismo constituía a tus ojos la prueba irrefutable de que las cosas podían variar radicalmente en tu país a condición de conjugar imaginación y denuedo con voluntad y espíritu de sacrificio.

Aun siendo el más espectacular, el ejemplo cubano no era único: en el mismo París en donde vivías, otro pueblo, el argelino, mostraba a diario que la causa de la dignidad y la justicia podía imponerse a la fuerza bruta. Toque de queda, detenciones, asesinatos camuflados, torturas, amenazas, tropelías no habían conseguido arredrar a decenas de millares de inmigrados milagrosamente surgidos a medianoche de las bocas de metro de Saint-Michel, Opéra o Concorde, en una actitud de provocación serena y grave, luminosa y tranquila: emocionado, lleno de asco e indignación contra los *pieles blancas,* asististe a las incidencias de su detención y redada cuando, sin oponer resistencia alguna, eran empujados a culatazos al interior de los coches celulares o, alineados en batallones compactos en esa Place de l'Étoile que *tout à coup était devenue jaune,* permanecían firmes, espectrales, sonámbulos, barridos crudamente a brochazos por los focos giróvagos de la policía. Los sentimientos de inmediatez y apoderamiento no respondían tan sólo a tu simpatía natural por los marginados ni a motivos exclusivamente políticos. Un factor soterrado e íntimo —tu deslumbramiento ante la belleza física de los inmigrados— se entreveraba de manera inextricable con ellos. A medida que sus rostros encarnaban los que de manera intuitiva pero nítida aparecían en tus remotas fantasías y ensueños, el deslumbramiento se transmutó en pasión: contiguo ya, aunque todavía vedado, el mundo masculino que irrumpía cegadoramente en tu vida aguardaba la ocasión oportuna de fulminar y descabalgarte.

Una mezcla confusa de angustia y descontento personal, anhelo revolucionario frustrado y solidaridad con un paisaje cultural y humano que pronto te fascinaría, impregna las páginas de tus libros y artículos escritos por estas fechas. Mientras luego te esforzarás en cerner las cosas y distinguir la visión crítica de lo real de tu escenografía mental y libido, tu ensayo «España y Europa» refleja penosamente las tensiones, crispación, instintos sublimados y exigencias opuestas con los que entonces contendías. Las sombras y opacidades censuradas en la superficie del texto terminaban por contagiarlo de una insidiosa irracionalidad y, bajo la urdimbre falaz de la ideología marxista, emergía a trechos la hilaza de una fantasía revolucionaria sonámbula. A horcajadas del mundo exterior y la autenticidad subjetiva, tu examen adolecía cuando menos de desorden e incoherencia. La falta de una relación limpia contigo mismo se traducía así, inevitablemente, en la falta de limpieza de tu relación con el mundo y con los demás.

El artículo, redactado si mal no recuerdas a petición de Simone de Beauvoir o algún otro miembro de la redacción de *Les Temps Modernes*, pretendía ser una réplica a un ensayo de Enrique Ruiz García aparecido unos meses antes en el que, tras pesar cuidadosamente los pros y contras del futuro ingreso de España en la Comunidad Europea, su autor concluía que éste implicaría un progreso histórico para la nación y no habría a la larga otra alternativa que afrontarlo. Aunque su análisis no obviaba los problemas que dicho acontecimiento plantearía a las distintas clases de la sociedad española desde una perspectiva liberal y democratizadora, chocaba de lleno con las concepciones políticas del Partido, encerradas en la pregunta disyuntiva del contumaz statu quo franquista o una revolución democrática, antifeudal y antimonopolista impuesta por la creciente pauperización de las masas. Alineándose exteriormente con las posiciones de tus amigos, tu texto trazaba a saltabardales una historia de los fracasos del liberalismo europeísta español para llegar a la conclusión un tanto paradójica de que, a la luz de la reciente experiencia anticolonial y antiimperialista, Europa representaba el pasado muerto y el Tercer Mundo, un lozano y brillante futuro:

Durante más de siglo y medio, la intelectualidad avanzada española ha tratado de suprimir los Pirineos y barreras que nos cortaban de Europa y el conservadurismo de nuestras clases rectoras dio al traste con su esfuerzo. Actualmente, cuando los viejos enterradores nos proponen la unión, no debemos caer en la trampa de una concesión fingida, ni dejarnos embaucar por su retórica huera. Respondamos, simplemente: «Demasiado tarde.» [...] Hoy, nuestras miradas deben volverse hacia Cuba y los pueblos de América, Asia y África que combaten por su independencia y libertad. Europa simboliza ya, históricamente, el pasado, el quietismo. Hora es, quizá, de africanizarse, como diría Unamuno y convertir en bandera reivindicativa la ironía trasnochada de lo de «África empieza en los Pirineos».

Si la expresión de tu solidaridad con el mundo explotado y oprimido por las «naciones civilizadas» estaba totalmente justificada por los hechos, la identificación de España con él era, desde luego, aberrante y mostraba con claridad meridiana tu desdichada propensión de entonces a convertir tu impaciencia en ley histórica y tomar tus deseos por realidades. La crisis profunda que vivías, aun disfrazada de compromiso político y mirífica exaltación revolucionaria se transparentaba con todo en unas líneas cuya dolorosa sinceridad despunta señera en el magma pardo y prosaico de tus embarullados sentimientos e ideas: «El lector debe comprender piadosamente que escribir en España es llorar y que no hay castigo peor al de encarar nuestra realidad sin excusas ni componendas. El intelectual español es víctima de una neurastenia profunda. La desesperación de Larra le persigue como un espectro y, ¿cómo escapar a ella si todos los días son grises? Perdónensenos, pues, nuestros instintos homicidas. Pero es difícil vivir y conservar siempre la calma.»

En un estado de ánimo frágil, morboso, lleno de altibajos, habías ido con Monique a Sicilia a pasar unas semanas de descanso y allí os pilló la crisis de octubre —el enfrentamiento Jruschof-Kennedy sobre los cohetes— que puso al mundo al borde de la guerra. Tu convicción moral de que la Revolución castrista encarnaba los valores de justicia y libertad que defendías, te impulsó a interrumpir abruptamente el viaje y regresar a París. Unas horas después, corrías a la embajada cubana a ofrecer tus servicios a la Revolución, dispuesto a volar a La Habana en el primer avión que forzara el bloqueo. En unos días en los que el futuro no podía ser más incierto y los simpatizantes e invitados extranjeros abandonaban precipitadamente la isla (entre ellos un poeta comunista de reputación mundial) tu decisión parecía aventurera y aun temeraria. No obstante, la tomaste sin vacilación ni temor. Por primera y única vez en tu vida, aceptarías el riesgo de perderla por una causa que estimabas digna: acudirías a la Cuba sitiada y en vilo después de un trayecto interminable con paradas, esperas, registros, cacheos en varios aeropuertos, en un viejo, pesado cacharro estrechamente vigilado por cazas norteamericanos, para aterrizar al fin en Rancho Boyeros y, vestido con un uniforme que te procuraría Carlos Franqui, pernoctar primero en una base aérea erizada de inútil artillería soviética y seguir después, con algunos oficiales y jefes del Ejército, las operaciones de «limpieza» del Escambray. Retrospectivamente, tu ingenuidad de entonces, tan similar a la que indujera a poetas y escritores del temple de Cernuda, Spender o Auden a ponerse a disposición de la República española en el preciso momento en que los ideales que la sustentaban sucumbían a la doble embestida fascista y estaliniana, te resulta simpática y no te desentiendes de ella. Con todo, la visión apocalíptica de las cosas y deseo inconsciente de dirimir tus problemas en un acto de inmolación suicida presentes en tu actitud pecan de exagerados y enfáticos, incurren en una *pathetic fallacy* que te molesta y perturba. Aunque sincero, tu gesto era excesivo y escamoteaba teatralmente el debate contigo y con tu verdad. La estancia en Cuba, justificada por tu trabajo de guionista en el ICAIC y rica de acontecimientos políticos y personales, no respondió esta vez a tus expectativas ni entusiasmo: la paulatina degradación del proceso revolucionario, la inquietud de los escritores e intelectuales que frecuentabas, las primeras ratas mensajeras de la plaga que años después haría presa de toda especie de inconformismo y conducta impropia eran demasiado visibles como para que pudieras ignorarlas. Lleno de dudas sobre la viabilidad y condición deseable del modelo cubano respecto a la sociedad española, volviste a Europa para encontrarte con una dura pero pertinente respuesta a tus vagarosas propuestas tercermundistas.

El ensayo de Francisco Fernández Santos «España, Europa y el Tercer Mundo», escrito para *Tribuna socialista,* rebatía las conclusiones del tuyo y ponía al desnudo sus defectos, falsedades e incongruencias. La Europa a la que nos encaramos, argumentaba, es múltiple y ambigua: una cosa es la opinión de un intelectual de izquierda sobre su política colonial en el Tercer Mundo y otra muy distinta la cuestión de las incidencias y efectos estructurales de un ingreso en aquélla en la sociedad española en general y el régimen franquista en particular.

> Pero, ¿es que no es ya España, en sus peores aspectos, bastante africana? [...] ¿es que nadie puede pensar en serio que una política basada en la africanización (suponiendo que pueda formularse con alguna coherencia, lo que dudo) no suscitaría el asombro burlón o indignado del pueblo español? ¿Se puede predicar a ese pueblo como meta aquello de lo que precisamente huye? [...] Me parece evidente que hoy por hoy, bajo la .dictadura feudal-capitalista que oprime a las masas populares españolas, éstas no tienen otra salida, otro foco de atracción más real, más eficaz que Europa. Los países capitalistas avanzados de Europa aparecen a los ojos de los españoles como una realidad cercana, tangible, tentadora a la que un número cada vez mayor va teniendo acceso. En tales condiciones [...] un acercamiento real a Europa es un proyecto revolucionario *en la práctica.*

La bien trabada argumentación de tu adversario y el tono desabrido que adoptaba contigo lastimaron tu presunción y amor propio. Apresuradamente, redactaste una con-

trarréplica en la que, aunque matizabas y esclarecías algunos
puntos confusos de tu anterior ensayo, te encastillabas en
afirmar que junto a una solución europea concreta, seduc-
tora y sin duda alguna popular entre una mayoría de españoles, existían otras que, como en el caso de Cuba, habían
impuesto la sorpresa dialéctica de lo nuevo a despecho de
su esquema difícil, minoritario. En realidad, al defenderte
de las críticas de Fernández Santos lo hacías con una gran
incomodidad, obligado a asumir de puertas afuera unas posiciones jacobinas en las que habías dejado de creer paulatinamente bajo la doble experiencia e influjo del burocra-
tismo policial cubano y el florecimiento ostensible de
vuestra burguesía. Para comprender tu viraje súbito de
meses más tarde, habría que tener en cuenta el hecho de
que se venía gestando desde tu segundo viaje a La Habana
y sólo la desdichada polémica en la que te trabaste te obligó a solaparlo y adoptar un radicalismo de circunstancias de
cara a la galería.

Cuando Fernández Santos definía tu actitud como una
típica «evasión revolucionaria o seudorrebelde» de burgués
con mala conciencia, ponía el dedo en la llaga; pero acer-
taba menos al mancharla asimismo con un presunto oportunismo moral y apetito de medro político. Iniciada como
mera confrontación de ideas, la controversia terminaría de
forma muy hispana con un ácido intercambio de descalifi-
caciones personales, juicios desdeñosos e invectivas. Si el
genus irritabile vatum del que diste muestra no tardaría en
disiparse con tu apego a la vida literario-mundana, la lección aprendida entonces sería a la vez conjuradora y bautismal. La indispensable nitidez del ensayo en el que se in-
cluyen propuestas de orden práctico no admitía la conta-
minación de fantasías compensatorias ni una lectura al
trasluz de tu libido. En adelante, mientras expresarías en tus
artículos opiniones e ideas, el componente irracional ínsito
a la literatura —esa verdad puramente poética que traspues-
ta a la esfera de lo real pierde su sentido y puede incluso
parecer aberrante— no volvería a desbordar en el campo

de lo concreto ni sobrepasar de forma aleve sus maldororianos límites.

A raíz de una cena en casa de Gisèle Halimi con Jorge Semprún y Teresa de Azcárate, empezamos a frecuentar con asiduidad, Monique y yo, al mítico y elusivo «Federico Sánchez». Hasta entonces, el trato con él se había reducido a mi participación casi siempre silenciosa en los seminarios de tema cultural celebrados en el estudio del escultor Baltasar Lobo en los que, investido de esa seriedad algo superior y remota que le confería el cargo, intervenía en las discusiones o charlas de forma precisa y breve, con aires de tener muy lejos otra cita urgente y lamentar en su fuero interior aquella pérdida formidable de tiempo y palabras: miradas de soslayo al reloj, condescendencia profesional con la oxidada verborrea hispana, risa seca, forzada en el momento de incorporarse y dar fin a la zamorana y leninista tertulia. Aunque nadie me había informado de la identidad Semprún-Federico Sánchez, no tardé en atar cabos y adivinarla. Monique compartía mi fascinación por el personaje y su doble rostro de Jano: a diferencia de esos plúmbeos y apelmazados compatriotas del exilio, cuyo eterno discurso nostálgico sobre el país se convertía con los años en un viejo e insoportable disco rayado, Jorge era culto, seductor, desenvuelto y brillante, se movía en el medio intelectual francés como un pez en el agua y compaginaba su audacia de hombre de acción con una soterrada pasión a la literatura. Según descubrí luego, estaba redactando a saltos *Le grand voyage,* pero guardaba celosamente el secreto de una actividad ajena y, a decir verdad, contrapuesta a las responsabilidades y gravedad funeral de un «cuadro». Sólo meses después, durante mi segunda estancia en Cuba, Monique lograría tirarle de la lengua acerca de su misterioso manuscrito y no cejaría en el empeño hasta conseguir que se lo prestara. La novela era espléndida, como me escribió en seguida a La Habana llena de entusiasmo. Bajo sus trazas de ideólogo y Robin Hood urbano, Jorge se revelaba de súbito un notable y ambicioso escritor: dos o tres meses después, el jurado internacional de Formentor, reunido en Corfú, otorgaría la recompensa a su libro mientras los *paparazzi* se apresuraban a difundir la sensacional noticia de que el premio había recaído en el enemigo público número uno de la policía de Franco.

Compañero de Jorge en la dirección del PCE, Fernando Claudín, pese a su larga permanencia en la URSS y una curiosa y a primera vista inquietante fisionomía que dudo en calificar de rusa o soviética, se reveló en la intimidad un hombre abierto y llano, interesado por los problemas culturales y artísticos y a una distancia patagónica o australiana del monolitismo y cerrazón en el que tanto destacaban sus correligionarios. Su esposa Carmen y él venían a cenar a menudo con los Semprún a la Rue Poissonnière: habituados al rigor, adustez y cautela de una vida clandestina en el cinturón industrial de París, la atmósfera libre, desordenada y bohemia que hallaban en casa les estimulaba y atraía. Por primera vez en la vida, me relacionaba con unos comunistas —y más notable aún, unos líderes del Partido— con los que me sentía naturalmente a mis anchas, sin esa molesta sensación de discutir, platicar o reír con el representante de una agrupación estructurada y férrea que, como todas las sectas religiosas poseedoras de la verdad, imprime una suerte de carácter sacramental a sus miembros y transforma a momentos el rostro de éstos en una rígida e insondable máscara. Por dicha razón, cuando ambos me anunciaron que iban a asumir la responsabilidad de la revista cultural del Partido y me pidieron que formara parte de su comité de redactores, acepté la invitación sin reservas: no obstante mi ofidiana indigestión de bueyes doctrinales y sus efímeras manifestaciones externas, la línea abierta y antidogmática defendida por mis amigos correspondía del todo a mis gustos y temperamento. Prueba de la nueva singladura emprendida por *Realidad,* sería el largo ensayo de Claudín sobre las artes plásticas, ensayo que, si a ojos de un lector occidental, se limitaba a establecer argumentos y hechos no discutidos ya por nadie o casi nadie, constituía un verdadero manifiesto subversivo en el bloque soviético y sus dependencias ideológicas y territoriales, potenciado aun por la circunstancia de que apareciera en la revista oficial de un «partido hermano» y fuese obra, por contera, de un miembro de su Comité Ejecutivo. El impacto de aquellas tesis heterodoxas en la esfera cerrada y autosuficiente del dogma fue instantáneo y vivísimo: Alfredo Guevara, director del ICAIC, trabado entonces en una ruda polémica con los figurones del viejo Partido Socialista Popular a propósito de la difusión de filmes «burgueses» y «decadentes», lo hizo reproducir *pro domo* en Cuba, como una tutelar y oportuna sombrilla ideológica. En las filas del partido español comenzaron a elevarse murmullos de rancia y escandalizada protesta que, si bien acallados de momento por el sagrado respeto de las bases a cuanto implicara autoridad y jerarquía, no tardarían en ser explotados por Carrillo y sus fieles para destruir política y doctrinalmente a su colega el día en que sus divergencias con él se manifestaron a cielo limpio.

La amistad que nos unía a los Semprún y Claudín se afianzó a lo largo del año 63: la agonía prolongada y cruel de la madre de Monique en una época en la que mis relaciones con ésta se hallaban en su punto más bajo; nuestra impotencia contra la parodia de proceso y asesinato legal de Julián Grimau, cuando corrimos ella y yo a medianoche al edificio del Secours Populaire Français en donde Jorge, Carrillo y otros líderes o miembros conocidos del PC esperaban en vano la milagrosa intervención papal que suspendiera la sentencia; las emociones y alegría del premio concedido a la novela, me habían acercado política y humanamente a los dos a pesar de mis frecuentes crisis depresivas y angustiosos desdoblamientos. Su visión certera y matizada de España y las perspectivas democráticas que abría la rápida evolución de nuestra sociedad, influyó sin duda en la mía conforme abandonaba mi sonambulismo teórico, escardillos y trampantojos en las afueras de la realidad. A fines de diciembre, empecé a redactar un artículo en el que, desde unas premisas menos subjetivas, paticojas y desvencijadas, planteaba de nuevo el problema de las relaciones entre España y Europa. El tema era esencial para mí, no ya por razones de orden estrictamente político sino también por sus inferencias personales y literarias. Mientras creía en la posibilidad de un cambio radical violento de nuestra sociedad, había puesto mi pluma, de una forma a veces primaria y didáctica, al servicio de dicho objetivo. Mi actitud nacionalista y patriótica de aquellos años obedecía a la convicción errónea de que la revolución española era una alternativa deseable y cercana; pero cuando resultó claro para mí que el país se modernizaba y aburguesaba bajo el Régimen y éste se mantendría lo que durase Franco, mi fervor decayó. Como resumí años después al analizar dicho cambio, la España que emergió hacia 1960 del despegue ocasionado por una favorable coyuntura europea y la pacífica invasión de millones de turistas, no podía suscitar ya la llama amorosa de sus intelectuales ni la mística ardiente del compromiso: «ello no quiere decir en absoluto, escribí, que aquéllos dejen de interesarse de un modo razonable y práctico en el destino de su país: lo que digo es que su pasión, cuando exista, se proyectará hacia otros ámbitos.» * Cotejando la situación española de la década de los sesenta con la británica de principios del siglo XIX —cuando, obtenidas las libertades políticas, resueltos los conflictos religiosos, lanzado el país a una salvaje revolución industrial que destruía a la vez su paisaje moral y físico el problema nacional cesó de inspirar a los escritores y artistas—, observaba que si bien éstos intervenían en la vida política y social inglesa su corazón latía por otras causas, como sucedió aún en julio del 36 al estallar la guerra de España. Furgón de cola de Europa, nuestro país estaba perdiendo los contrastes y caracteres dramáticos de su pintoresquismo y atraso, sin adquirir todavía las ventajas materiales y morales de las naciones más ricas. La lucha por esas últimas —libertades políticas y sindicales, eliminación de la injusticia social, abo-

* Entrevista con Julio Ortega reproducida años más tarde en *Disidencias,* Seix Barral, Barcelona, 1977.

lición de la censura— debía continuar; pero tal objetivo podía promover difícilmente una vehemencia o calor como los que originaban por ejemplo la causa vietnamita o palestina. La imagen de España se aproximaba y aproximaría más a la de los demás países europeos, y del mismo modo que ningún intelectual de izquierda francés podía vibrar por Francia ni un holandés por Holanda ni un inglés por Inglaterra, nuestro empeño con una España ni quimérica ni revolucionaria sino sensata y burguesa perdía su razón de ser. Había que enterrar el hacha de un nacionalismo anacrónico y adaptarse a la realidad. Dicha metamorfosis modificaba la estrategia del escritor y la naturaleza misma de su discurso: su destinatario mental era otro. Al renunciar a los valores subyacentes a mi anterior literatura «comprometida» lo hacía, claro está, con la conciencia de pertenecer no a una cultura débil ni perseguida sino fuerte, vasta, rica y dinámica como lo es la castellana en su doble vertiente de España e Iberoamérica. El acto de desprenderme de unas señas de identidad opresivas y estériles, abría el camino a un espacio literario plural, sin fronteras: prohibidos por el franquismo, mis libros podían asilarse en México o Buenos Aires. En adelante el idioma y sólo el idioma sería mi patria auténtica.

Animado de mis nuevas certidumbres, procuré exponerlas de forma abreviada, nítida y convincente. Gracias a su política represiva de la clase obrera, mantenimiento de las viejas relaciones de producción en el sector agrario y supeditación de la retórica falangista a los intereses de los monopolios, el Régimen había sentado las bases de la acumulación capitalista moderna: mientras, por un lado, el éxito del plan de estabilización ofrecía a la burguesía unas perspectivas insospechadas y le daba una seguridad y confianza de las que antes carecía, la emigración masiva a Europa y aumento espectacular de la oferta en el mercado interior del trabajo ponían a la clase obrera española en unas condiciones ventajosas en cuyo marco su acción reivindicativa se aproximaba más a la de los obreros franceses o italianos respecto a la clase patronal de estos países que a la del proletariado peninsular de diez años antes, enfrentado sin defensa alguna a un poder monolítico y duro, sostenido por una burguesía asustada y sin horizontes. La doble corriente circulatoria de turistas y emigrados iba a barrer la mentalidad tradicional ligada a los modos de producción tradicionales. A través de unos y otros, el pueblo español descubría los valores crematísticos de las sociedades «avanzadas» y adaptaba miméticamente su conducta y aspiraciones a los principios calvinistas de la modernidad. Sólo los exiliados republicanos y en particular, aunque no lo mencionaba, el partido comunista, sostenían la vigencia de unos planteamientos progresivamente alejados de la realidad: el franquismo no se desplomaría por la lucha revolucionaria de las masas sino víctima de una dinámica social que lo vaciaría de su substancia y lo convertiría en un caparazón hueco e inútil:

> El que la evolución emprendida no sea la prevista en 1951, 1956 o 1961 no es una razón suficiente para rechazarla ni obrar como si no existiera. Los análisis y programas tienen que acomodarse a los hechos y no viceversa. Que el cambio implique reconversiones morales, políticas, sociales, económicas y hasta estéticas extremadamente dolorosas, no cabe la menor duda; pero debemos tener la inteligencia y el valor de afrontarlas.
>
> A la visión seductora y un tanto romántica de la España heroica del 36 ha sucedido una realidad trivial, ingrata y ambigua. Un tren se ha puesto en marcha después de veinte años de inmovilismo y, cogidos de sorpresa, los partidos e intelectuales de izquierda continúan en el andén. Pero es inútil negar la realidad del tren o tirar con una cuerda, en dirección opuesta, del último vagón de remolque. El problema estriba, al revés, en subir al tren en marcha y acelerar en lo posible su movimiento.*

* La percepción del cambio estructural de España se transluce por estas fechas de la *Carta de España* de Jaime Gil de Biedma que figura en *El pie de la letra* así como de algunos bellos e incisivos poemas de José Ángel Valente, como «Melancolía del destierro» y «Ramblas de julio, 1964».

Mi artículo estaba listo en enero de 1964 y mostré un borrador del mismo a Semprún y Claudín: recuerdo que ambos me expresaron sus desacuerdos y divergencias, sugirieron retoques y aclaraciones, arguyeron conmigo puntos concretos y cuestiones de matiz. Este intercambio de opiniones influyó de modo muy accesorio en su forma definitiva; contrariamente a lo que después se dijo no fue en modo alguno crucial. Aunque lo habían llevado a *L'Express* a primeros de año, el texto no se imprimió sino tres meses más tarde: el jefe de redacción de la revista había buscado una fecha oportuna para publicarlo y llegó a la conclusión de que el primero de abril, vigesimoquinto aniversario de la victoria de Franco, sería la más adecuada. La extensión del ensayo y su índole reflexiva, independiente de los pormenores de la crónica cotidiana, autorizaban tal demora sin que perdiera actualidad. En el lapso transcurrido entre la entrega y su aparición, los desacuerdos teóricos y estratégicos de Semprún y Claudín con sus compañeros de la dirección del Partido, revelados ya en un cursillo para «cuadros» celebrado en el verano del 63 en las cercanías de Arras, provocaron una serie de discusiones entre ellos y la mayoría encabezada por Carrillo. Yo estaba totalmente al margen de éstas y mis dos amigos no rompieron el silencio que les imponía su índole reservada; pero, por sus alusiones lacónicas a la existencia de problemas, deduje su preocupación y ansiedad. Como averigüé luego, una primera tanda de conversaciones con los miembros del Comité Ejecutivo residentes en Francia no había desembocado en acuerdo alguno. Apretados a formular lisa y llanamente sus críticas, Claudín y Semprún aceptaron la resolución de ponerlas por escrito y razonarlas semanas después con sus compañeros en presencia de Pasionaria. Las reuniones del comité de redacción de *Realidad* fueron suspendidas temporalmente y Claudín se consagró con su energía y serenidad habituales a la exposición y defensa de sus posiciones. A fines de marzo los dos viajaron a Praga y se despidieron de nosotros en una cena de las tres parejas en la Rue Poissonnière como actores que conocen bien su papel y el desenlace infeliz de la obra: de buen humor y con una chispa de resignación melancólica. Lo ocurrido en aquel pleno resolutorio, el lector español lo descubriría años más tarde con la publicación de la *Autobiografía de Federico Sánchez*. Mientras se producía el duro y pronto encarnizado enfrentamiento, yo me hallaba en París, a mil leguas del mismo y de la tempestad que se fraguaba. El 2 de abril apareció en *L'Express* mi artículo *On ne meurt plus à Madrid,* con una llamativa entradilla sobre el «cambio decisivo» acaecido en España en los últimos años. Dos o tres días después, recibí la visita de un escritor amigo recién llegado de Madrid, a quien alguien acababa de comentar en términos muy adversos el contenido de mi ensayo. Si bien el escritor no lo había leído aún, me transmitió su inquietud respecto a mis posibles posturas revisionistas y aburguesadas. Algo molesto con su prevención, le dije que lo examinara antes de condenarlo ya que dudaba de que fuera tan negativo como se lo habían pintado. Añadí que se lo había pasado a Semprún y Claudín y sin embargo de algunos reparos y puntos de disconformidad no lo habían juzgado desenfocado ni derrotista. Mi colega prometió leerlo despacio y platicar de su contenido conmigo antes de su regreso a España. Pero no hubo tal plática y sí una llamada telefónica de Gregorio López Raimundo, a quien sólo conocía de vista, anunciando que me quería ver con urgencia. Le cité la misma tarde en casa, intrigado por su visita y la premura con que se producía y, apenas concluidos los saludos e intercambios de cortesías, me preguntó si era verdad que había enseñado mi artículo de *L'Express* a sus dos colegas. Le dije que sí, pero a título personal y amistoso, como podría haberlo hecho con cualquier otro conocido del Partido, como Sastre o Teresa de Azcárate. Insistí en que ellos me formularon objeciones que no siempre tuve en cuenta y, por consiguiente, la responsabilidad del texto era exclusivamente mía. López Raimundo no me disimuló que el asunto le parecía grave: se inscribía, me dijo, en una ofensiva mucho más vasta contra la línea política del Partido. Su deber era informar del contenido de nuestra entrevista a sus compañeros de la dirección: él o alguno de sus camaradas me llamaría luego y discutiría del problema conmigo.

A su vuelta de Praga, mis dos amigos me habían descrito a grandes trazos la reunión del pleno en el antiguo castillo de los reyes de Bohemia y su exclusión del Comité Ejecutivo. Les referí mi entrevista con López Raimundo y su interés por su presunta vinculación con mi artículo de *L'Express* pero, en las circuntancias en que se encontraban, sometidos al *ninguneo* o proceso de descrédito y muerte moral condignos del revisionismo dentro de la más pura tradición estalinista, no concedieron al hecho demasiada importancia. Su experiencia anterior de los métodos del Partido para eliminar, incluso físicamente, a trotsquistas y disidentes, les confería la luminosa impavidez del sentenciado a muerte, para quien todo está perdido excepto el honor. Mi preocupación con el tema de *L'Express* era no obstante justificada. Una nueva llamada telefónica, esta vez de Juan Gómez, me previno de su inmediata visita. El marido de Teresa de Azcárate, entonces el máximo experto en cuestiones económicas del Partido, me preguntó con voz alterada si de verdad yo había dicho a López Raimundo que su mujer conocía mi artículo. Le aclaré que no: López Raimundo, aquejado de una leve sordera, me había entendido mal. Algo más tranquilo, Juan Gómez pasó al fondo de la cuestión: elaborado o no con ayuda de los dos disidentes, mi ensayo contenía errores de bulto, adoptaba posiciones reformistas, se enfrentaba directamente al Partido y debía ser rebatido por éste en las páginas de *Realidad*. La tarea de componer la réplica había recaído en él y, según me anticipó con voz grave, iba a ser muy dura. Como la versión francesa del artículo había sufrido algunos cortes y contenía inexactitudes, le entregué el original castellano recién publicado en México. Juan Gómez se despidió de mí cortésmente, no sin sugerirme antes la conveniencia de un encuentro con Carrillo a fin de dejar bien claro mi papel en lo que a todas luces juzgaba un arborescente y bien tramado complot.

Pero Moscú, Roma o Santiago habían fallado sin tomar

en cuenta mi testimonio ni mis protestas. El 19 de abril, la dirección del PCE convocaba un mitin en un local del municipio comunista de Stains en el que Carrillo, cuyo *status* era ilegal en Francia, tomó por primera vez la palabra en público para denunciar una tenebrosa conspiración contra el Partido, en un discurso lleno de alusiones crípticas y ataques velados a los dos ausentes, pero cuya única pista asequible a los militantes no informados conducía hasta mí: ¡los revisionistas y capituladores emboscados en las filas del Partido podrían en adelante, si les daba la gana, expresarse en las páginas de *L'Express* pero no en las de *Realidad!* Como me dijeron Semprún y Claudín —a quienes varios asistentes al acto pusieron al corriente de sus palabras—, Carrillo había resuelto ventilar la polémica interna de la dirección ante las bases y se servía de mi artículo como arma arrojadiza contra ellos, achacándoles la infamante responsabilidad. No pudiendo o no queriendo aún mencionar sus nombres, centraba sus ataques en mi escrito, convirtiéndolo así en cabeza de turco de todas las censuras, en ese *punching ball* sobre el que por espacio de semanas y aun meses lloverían los golpes.

Aunque semejante procedimiento no me sorprendía del todo, el cinismo, desprecio a la verdad y falta de respeto a las personas que evidenciaba, tan parecidos a los que medraban en el campo atrincherado del Régimen, me consternó. Las reglas elementales de la democracia y libre discusión eran conculcadas con alegre desenvoltura; la lucha de ideas se transformaba en un proceso de intenciones mezquino cuyo objetivo se cifraba en la destrucción o satanización del adversario. Según me reveló luego Francesc Vicens, miembro del comité de redacción de *Realidad,* la convocatoria de éste se hizo a espaldas de los tres apestados y, sin condescender en ninguna explicación de tan llamativa ausencia, Juan Gómez anunció que el editorial del tercer número se consagraría a impugnar mi malhadado artículo. Vicens y otros asistentes intervinieron para sugerir que, como yo formaba parte del comité, fuera invitado a debatir el asunto con los demás redactores de la revista. Su propuesta, aunque sostenida por una mayoría, no prosperó; en lugar de ello, quienes la apoyaron fueron despedidos de *Realidad* sin contemplaciones. Con todo, aquello era sólo un proemio y, mientras se desenvolvía y profundizaba la crisis entre la dirección carrillista y los excluidos, volaría de asombro en asombro. Un buen día me enteré de que mis ideas eran «discutidas» en todas las reuniones de célula, como *hors d'oeuvre* de un ataque más enjundioso y pérfido a las posiciones de mis amigos. Como explicaron dos intelectuales del PSUC, el abogado laboralista August Gil y el ex estudiante de arquitectura Javier Martín Malo en una larga entrevista aparecida en el semanario *Mundo* el 3 de abril de 1978, ambos fueron convocados a fines de mayo del 64 a una reunión clandestina del comité de Barcelona al que pertenecían: en ella, el mensajero de la dirección de París, Josep Serradell alias «Román», les puso al corriente de la exclusión de Claudín y Semprún del Comité Ejecutivo y su suspensión del Comité Central por sus planteamientos «derechistas», «derrotistas», «antileninistas» y «socialdemócratas»: «Como prueba definitiva y única, Román nos leyó un artículo de Goytisolo donde más o menos se decía que el capitalismo español estaba en una fase de auge y que, en aquel contexto de desarrollo económico, todas las ilusiones de que el franquismo se estaba derrumbando eran puras utopías [...]. Lo increíble del caso es que J. G. ni siquiera era militante comunista, sino amigo personal de Claudín y Semprún. Sin embargo, pretendía que había sido instrumentado por ellos para dar publicidad a sus tesis.» Corolario de dicha paranoia conspirativa, tan arraigada en las organizaciones clandestinas, sería el informe secreto de «Román», cuyo contenido y código me descifró Vicens al trasladar sus archivos a España: enterado de mi presencia en Cataluña —mis últimas vacaciones en Torrentbó, en vísperas de que falleciera mi padre—, Serradell prevenía contra ella a los militantes y aconsejaba que «se me sometiera a vigilancia». La historia se repite a veces de forma esperpéntica, convirtiendo el drama en sainete: después de los ataques escritos y celo policial del Régimen, la similitud de situaciones y actitudes que vivía resultaba en verdad singularmente esclarecedora y paradigmática.

La esperada contestación de Juan Gómez no puede ser leída hoy sin sentir rubor ajeno: la máxima autoridad económica del Partido manipula y escamotea los datos con artes de titiritero para demostrar que, bajo las apariencias del progreso, España seguía rezagándose de los demás países europeos, el Régimen se descomponía sin remedio y una aguda lucha de clases acabaría «finalmente» con él. Su triunfalismo y catastrofismo delirantes no eran por desgracia únicos: impregnaban la totalidad de los comentarios y declaraciones del PCE. Coincidiendo con mi artículo de *L'Express* un editorial de *Treball* titulado «¿Veinticinco años de paz?», describía la situación en estos términos: «Mientras la clase obrera y el pueblo llegan a este aniversario con la confianza en un futuro no lejano de libertad —nunca como este año pasado se había visto tan claro el proceso de liquidación del régimen de Franco—, la dictadura celebra el cuarto de siglo de victoria con acentos que tienen más de marcha fúnebre que de marcha triunfal.» En esa atmósfera enrarecida y autosuficiente, recurrir al lenguaje de los hechos equivalía a hablar a una pared: la osadía de Semprún y Claudín al hacerlo constituía un crimen de leso optimismo, de consecuencias fáciles de calcular.

Si mi experiencia de aquellos meses resultó áspera, la de mis amigos excluidos, en especial la de Claudín y su familia, lo fue mucho más. Mientras Jorge tenía a su favor una serie de bazas personales —residencia legal, una prometedora carrera literaria—, Fernando quedaba a la intemperie, sin documentos, dinero, trabajo. Calumniado, puesto en cuarentena moral, objeto de presiones acuciantes para que se largara de Francia y aceptase la «generosa oferta» de un retiro o eterno descanso en los países del Este —desde la tentativa de desalojarlo de su pisito de La Courneuve y dejarlo en plena calle hasta la intimidación física que le obligó a abandonar temporalmente su domicilio y vivir en una *chambre de bonne* en París, ocultándose a la vez de la policía francesa y de sus propios camaradas—, resistió aquellas pruebas sin perder su sangre fría, paciencia ni buen ánimo. Años después, al recorrer las páginas de Blanco White sobre los procedimientos inquisitoriales de la Iglesia —sus estratagemas, recursos y trampas para reducir o eliminar a los herejes—, el paralelo de su bosquejo histórico y la reciente crónica de mis amigos me sobrecogió. El uso de argumentos *ad hominem,* afán de descalificar al adversario, absoluto desdén a las normas de la ética y la justicia que descubrí entonces me infundieron en adelante un sano recelo en los presuntos ideales democráticos de una organización que no retrocedía ante el empleo de la coacción, abuso e insidia contra sus propios miembros. La futura sociedad preconizada por el Partido de puertas afuera podía surgir difícilmente de tal conjunción de golpes bajos, inquina, falta de escrúpulos, apetito de poder, espionitis, irracionalidad. Lo acontecido en España después de la graciosa legalización del PCE —ese grotesco tablado de cismas, rupturas, exclusiones, condenas que terminaría, *risum teneatis,* con el apaleamiento y caída en el escotillón de Carrillo en persona, en una atmósfera bufa de corrala con tiras de greña, aspavientos e insultos dignos de golfos o rabaneras— no me pillará de sorpresa ni me entristecerá. Cuando, tras el anatema de Claudín y Semprún, oiga críticas virtuosas y bienpensantes a mi alejamiento del «socialismo real» y sus rosadas promesas de dicha, me contentaré con ironizar en mis adentros. Las acusaciones de individualismo burgués resbalarán sobre una piel curtida por la experiencia. Sin amargura ni rencor, y a costa de algunas plumas y picotazos, me he ganado a pulso mi fuero: el derecho íntimo a la sonrisa.

La denigración sistemática de aquellos meses llovía sobre mojado; después del chaparrón subsiguiente al poco glorioso episodio de Milán, me mostraba a la vez la dura entraña del país y la esplendidez de mi propio aislamiento. Responder al editorial de Juan Gómez y enzarzarme en una nueva polémica no tenía sentido. Una lucha intestina de la izquierda en las condiciones de acoso y precariedad que atravesaba, sólo podía beneficiar a los partidarios del Régimen: en un estado de excepcional ligereza y alivio, resolví cortarme la coleta de torpe aprendiz de político y no volver a tocar el tema hasta el día hipotético de la muerte de Franco.

Por espacio de once años vivirás física y moralmente alejado de tu país, fuera del devenir histórico, dueño del vasto olvido: mientras tu nombre desaparece de los periódicos, la obra impresa en París, México, Buenos Aires es rigurosamente prohibida. Dicho ostracismo favorece no obstante tu decisión de ser quien eres, de afirmar tu verdad y escala de valores frente a las normas y ritos de la tribu: de poner coto al apremio del tenaz ladrón de energías. En adelante, formularás opiniones políticas sobre Santo Domingo, Checoslovaquia o Palestina pero no sobre España. Su previsible evolución bajo el franquismo ha dejado de apasionarte. A veces la cruzarás brevemente, camino de Orán, Uxda o Tánger: simple impresión de hostal, fonda, lugar de pasaje; una mancha en el mapa. Desafecto, indiferencia, distancia que en momentos extremos alimentarán tus sueños de hacerte maltés, de conseguir como fuere el ansiado documento de apátrida: lejos de la belladurmiente sociedad de los tuyos, del gran pueblo de mudos ensordecidos por su largo, estruendoso silencio. Negación obstinada, neurótica de tu tierra, deseo instintivo de huir si tus vecinos se expresan enfáticamente en su lengua, inexplicable malestar al topar con paisanos que se dirigen no a ti sino a un doble molesto: desmentir con descaro tu identidad, responder al perturbador en idioma abrupto y extraño. Rechazo violento de un ámbito que, con ambivalencia significativa, compensas con un apasionamiento creciente por su historia y cultura: devoración bulímica de los clásicos, relectura de Asín y Américo Castro, deslumbramiento, apropiación de Blanco White. Inolvidable experiencia de traducirte al traducirle, sin saber a la postre si existió en realidad o fue una remota encarnación de ti mismo. Comprobar que su lucha y trayectoria moral son las tuyas porque el régimen opresivo con el que contendió se prolonga en el que conoces. Conmutar como él el castigo en gracia. Asumir con ligereza y provecho la carga impuesta por tu destino: especie aerícola, clavel del aire abierto a nuevos climas y estímulos. Estancias seminales en el Maghreb, viajes al Sáhara, medineo gozoso por Estambul, lento descenso fluvial al sombrío esplendor de los nubios. Aprendizaje de novedades y gajes de tu oficio de profesor visitante: fecunda aproximación al mundo universitario, fascinación por el *melting-pot* neoyorquino. Repartir tu vida entre París, Manhattan y Tánger sin dolor ni nostalgia de la Península.

Impresión ilusoria, como la realidad se encargó de probar. En septiembre de 1975 habías volado a Estados Unidos, a dar uno de tus habituales cursillos en Pittsburgh y allí te pillaron las noticias del proceso, condena y ejecución de los militantes vascos. La imagen del dictador moribundo pronunciando su grotesco discurso te trajo a la memoria el drama de Inés de Castro, contemplado en tu niñez en el cine: cadáver instalado solemnemente en el trono, revestido con los atributos de su autoridad, recibía también el homenaje silente de los cortesanos, hechizados por el símbolo de un poder inmóvil que parecía perpetuarse por inercia más allá de la muerte. Una violenta repulsión ante el espectáculo, el deseo de ver archivado para siempre el drama con la totalidad de sus héroes y comparsas en la biblioteca de vuestros clásicos te hizo comprender a un tiempo que tu indiferencia era ficticia y el viejo sentimiento de vergüenza por cuanto representaba la España oficial de entonces te acompañaría a la tumba. Aislado en el paisaje de piedra, metal y cemento del Golden Triangle, habías vivido varias semanas pendiente de las informaciones del televisor, presa de una cólera e impotencia que creías extintas. Desde la llamada telefónica de Monique anunciándote la nueva luego desmentida de su muerte hasta la consumación de ésta rememoraste tu infancia y juventud españolas como si asistieras a la agonía de quien fue de verdad el cabeza monstruoso de tu familia. La certeza de ser huérfano al fin de aquel cuya sombra había planeado sobre ti desde el vendaval devastador de la guerra civil avivaba el afán imperioso de escribir sobre él, de aclarar de una vez la índole de vuestras relaciones, más allá y por encima de las que te ligaron a un padre solamente putativo. La noche del veinte de noviembre redactaste el borrador del texto que leíste días después en la biblioteca del Congreso de Washington, como una venganza minúscula pero tónica contra aquella poco venerable institución que tanto había contribuido a mantenerle en el poder a lo largo de tu vida: texto que, evitando la mención directa de su nombre (*In memoriam F.F.B. 1872-1975*), reivindicaba la realidad ominosa de su paternidad y sería (sin saberlo tú entonces) la almendra o germen de esta incursión en el campo de minas de la autobiografía.

II

LAS CHINELAS DE EMPÉDOCLES

En un anuario estadístico de las actividades literarias en el mundo correspondiente a 1963 publicado con el patrocinio de la Unesco, mi nombre figuraba después del de Cervantes en la lista de escritores en castellano más traducidos. El hecho, en vez de halagarme, me llenó primero de inquietud y luego de desconsuelo. ¿Qué había hecho para merecer esto? Un éxito tan discordante con la endeblez y falta de enjundia de la obra no podía ser sino resultado de un conjunto de circunstancias y equívocos que de un modo u otro convergían en mi persona. La identificación oportunista y abusiva de mi nombre con la causa de la democracia española, mi pequeña posición privilegiada en el mundo editorial y periodístico, ¿no habían creado acaso una imagen fácilmente exportable de joven autor comprometido, que se adaptaba con fidelidad a los clichés y estereotipos relativos a nuestro país? Ese fenómeno prescindía del todo de la especificidad del factor literario: se desenvolvía en un orden exclusivamente editorial. Como escribió por estas fechas uno de mis críticos —expresando, si va a decir verdad, el malestar de mis propios sentimientos— ¿no era yo «un globo prodigiosamente hinchado» que se desinflaría a su debido tiempo «para quedar reducido a sus justas proporciones»?

Globo prodigiosamente hinchado, como ese *hombre gas* magistralmente descrito por Larra en uno de sus ensayos: la exactitud del retrato me sobrecogió. Pero, ¿hinchado cómo, por quién? Una cadena bien trabada de causas y efectos me había convertido en el lapso de un quinquenio en uno de esos abanderados oficiales de las causas progresistas en el ámbito hispano, saludado a la vez por la maquinaria propagandística de los partidos y una *intelligentsia* aferrada a los mitos de la España romántica y su desdichada guerra civil. Mientras las versiones finesa, noruega, ucraniana o eslovaca de mis novelas se apilaban en las estanterías de mi biblioteca, la Rue Poissonnière era un punto de cita obligado de los proyectos o encuentros culturales referentes a la Península. Mi amistad con los redactores de *L'Express, France-Observateur* y *Les Temps Modernes* me confería una parcelilla de influencia literaria y política de la que por un tiempo me serví sin empacho. Una mezcla de sectarismo marxista, afán de protagonismo y sentimientos mezquinos de rivalidad, me inducirían a actuar de forma poco gloriosa, a la manera de aquellos arribistas de la prensa y mundo editorial cuyas pasiones dignas de Shakespeare y astucias inspiradas por Maquiavelo tendría ocasión de verificar por mi cuenta lustros más tarde. Como un puñado de escritores que hoy aborrezco, ¿no había edificado una precoz y vistosa carrera literaria a costa de las desgracias históricas de mi propio pueblo? Ensalzar la obra del autor patriota enfrentado a los abusos de un régimen detestable equivale en esos casos a defender la causa de la justicia y viceversa. La ecuación es desde luego simplista y falaz, pero altamente beneficiosa para el poeta o novelista que impúdicamente se arropen con ella. Se puede criticar a un individuo que escribe a cuerpo, pero no a un pueblo en lucha y menos aún a todo un continente. El globo prodigiosamente hinchado, portavoz de la cólera, sueños y esperanzas de doscientos millones de seres, planeará mirífico por encima del bien y del mal.

¿Vanidad oronda, autosuficiencia narcisista, engreimiento de pavo real? La hinchazón existía y era palpable: desajuste entre el ser y la imagen, el personaje exterior y el yo agazapado, el novelista asequible y mundano y su soporte insomníaco y depresivo, el militante político y el hombre angustiado, el marido «normal» y el gradualmente poseído de violentas, suntuosas, marciales fantasías nocturnas. Una ligera pero tenaz sensación de incertidumbre y precariedad —algo así como la que experimentaríamos al soñar, por ejemplo, en que bailamos con la agilidad y desenvoltura de un Fred Astaire y recordar no obstante, en la semiinconsciencia, nuestra real y mostrenca ineptitud de patanes— aumentaba la extrañeza y distancia que hacia mí mismo sentía. La hinchazón del *otro,* sus entusiasmos políticos, concesiones mundanas, oportunismo moral, mezquindades, envanecimientos, me resultaban opresivos y duros de aguantar. Conforme comprobaba que, fuera del campo teórico, los ideales marxistas se oxidaban y adquirían un aspecto no sólo mísero sino lúgubre e infamante, mi celo político empezó a flaquear. Mi participación en reuniones, proyectos, discusiones, congresos, ¿no constituía una enorme pérdida de tiempo y un derroche agotador de energías? Las cenas y compromisos con escritores, periodistas y funcionarios de la edición, ¿se adaptaban realmente a mi carácter y el de Monique, a nuestros crecientes deseos de retraimiento e intimidad? ¿No estábamos embarcados en una singladura que no nos convenía y exigía de nosotros esfuerzos sin consonancia alguna con la satisfacción que obteníamos de ellos? Estas y otras preguntas, formuladas a lo largo de dos o tres años, me abocaron a una decisión, dieron a la postre su fruto: había que pinchar de una vez el globo hinchado, reducirlo a unos límites más humanos y justos.

La resolución de partir en guerra contra mi imagen fue firme, pero las incidencias del combate se prolongaron durante años y sus resultados fueron tardíos. Aun ahora, no he logrado borrarla del todo de la mente de quienes me conocieron por aquellas fechas y, pese a mis esfuerzos de desalojo, pequeños ecos o vestigios de ella subsisten dentro de mí. De cuantas batallas he trabado contra inclinaciones personales que desprecio, ésta ha sido tal vez la más ingrata y ruda. ¿Cómo liberarme de ese doble joven y a primera vista agraciado por la fortuna pero cuyos gustos, ideas y ambiciones han dejado de ser los míos e incluso me repelen? La paciente labor de desmarcarme de él no se ha visto coronada siempre con el éxito. Pinchar el globo exigía una serie de renuncias y transformaciones que ponían mi vida patas arriba. Para hacerlo, debía sabotear mi modesta, pero envidiada posición en el mundo editorial a cambio de otra dudosa, arriesgada, difícil en el de la literatura; encontrar una alternativa económica a mis ingresos de escritor; defender las causas perdidas o impopulares frente a las rentables y oportunas; vivir aislado y cultivar las enemistades; dejar de concebir la vocación como una carrera y al novelista o poeta como portavoces del interés nacional. Sólo el tiempo y su inevitable cortejo de tropiezos y errores me permitirán compendiar unas pequeñas analectas a las que procuraré ceñir mi conducta: menguada victoria pero que aclarará en lo futuro con estrictez nodular las pasadas, confusas relaciones conmigo y con los demás.

A partir de cierta edad, el individuo aprende a despojarse de lo que es secundario o accidental para circunscribirse a aquellas zonas de experiencia que le proporcionan mayor placer y emoción: escritura, sexo y amor configurarán en adelante tu territorio más profundo y auténtico: lo demás es un pobre sucedáneo de ellos, del que un principio elemental de economía puramente egoísta te aconseja prescindir y, en consecuencia, prescindirás por completo: como advertirás con tu propio ejemplo, quien aspira a convertirse en personaje sacrifica su verdad más íntima a una imagen, al perfil exterior: la gracia literaria es un fenómeno aleatorio y sutil y suele vengarse de quienes corren tras el reconocimiento alejándose de ellos y abandonándolos: desde tu atalaya editorial asistirás durante años a numerosos ejemplos de desertización literaria y moral: ese proceso de autorrepresentación del escritor que, a causa de su infidelidad a lo más genuino y medular de sí mismo acaba por perder sin saber cómo su prístino estado de gracia.

A las pocas semanas de mi llegada a París, Mascolo me pidió que le ayudara a desbrozar el trabajo con la lectura y selección previa de los manuscritos en castellano que se apilaban polvorientos en su despacho de la editorial. Aunque se trataba de una labor escasamente retribuida, tenía para mí el incentivo de estrechar mi relación con Monique y sus colegas, mientras me ponía también en contacto con escritores que admiraba o conocía de oídas desde mis años de la universidad. El efecto de esa vecindad amistosa en un autor bisoño y provinciano como yo era a la vez estimulante y nocivo. Si por un lado me acercaba a la obra de los novelistas, poetas, ensayistas o dramaturgos con quienes me cruzaba a menudo en el vestíbulo de Gallimard, por otro halagaba mi juvenil vanidad de moverme entre ellos, de aceptar su tuteo condescendiente e inmerecido. Intruso en el *sancta sanctorum* de la intelectualidad parisiense, habría sucumbido como muchos al relumbre de la vida literario-mundana —ese universo prolijamente descrito por el genio novelesco de Proust— de no haber mediado oportunamente en mi caso la militancia política y el saludable rigor de Monique. Mi vinculación con ella y la banda de Mascolo, me incluía de entrada en un grupo de características muy precisas, cuyas posiciones tajantes acerca del estalinismo y los escritores tildados de derechas desalentaban cualquier excursión personal mía extramuros de un campo cuidadosamente trazado. Si su exclusivismo no llegaba a los extremos del de Debord y su minúscula Internacional Situacionista, podía parangonarse en cambio con el de Breton y sus seguidores. Con una perentoriedad muy extendida en los círculos de la *Rive Gauche,* la afirmación de sus posiciones e ideas implicaba de modo automático la descalificación y desahucio de las del adversario. Mientras Camus resumía a sus ojos el moralismo huero y abstracto, Aragon encarnaba la imagen del total y perfecto *salaud*. Incluso Sartre, con quien compartían no obstante criterios y afinidades, incurría, según ellos, en una política oportunista tocante al Partido, como para compensar con sus coqueteos con el estalinismo su pasado apoliticismo respecto a los nacis. Su célebre ensayo sobre la reaparición del fantasma de Stalin con los tanques soviéticos en Hungría, no había resuelto el contencioso con mis amigos: el calificativo de «sartriano» conservó siempre en sus labios un matiz peyorativo y reprobador.

A causa de eso, aunque Camus se interesaba vivamente por España y mantenía una posición muy digna frente a su régimen, al punto de dar un portazo a la Unesco cuando el representante franquista ingresó en ella, su actitud conmigo fue fría y distante. Alguna vez había topado con él en la escalera o corredores de la editorial y con cierta decepción por mi parte se limitaba a inclinar la cabeza con cortesía. Viviendo, como vivía, con Monique, y ligado por tanto al clan Mascolo, me incluía mentalmente en el bando de quienes, en el momento de la polémica suscitada por *El hombre rebelde,* se habían alineado con Sartre. Como me reveló Monique más tarde —cuando sus ideas habían evolucionado y admitía de buen grado su injusticia juvenil con Camus—, éste había entrado en el despacho en donde ella y otros miembros del personal de Gallimard acababan de leer en voz alta y subrayar con lápiz los pasajes más duros de la respuesta de Sartre a su carta abierta a *Les Temps Modernes,* preguntando si tenían el último número de la revista en el que, al parecer, se le atacaba. El ejemplar se hallaba visiblemente sobre la mesa y Camus lo cogió y dio una ojeada a las páginas señaladas por ella mientras los asistentes callaban confusos. El recorrido hiriente del texto de Sartre —una lectura que, según numerosos testimonios, afectó hondamente a Camus— se asociaba así en su memoria al contexto inicial en el que se produjo; desde entonces, el autor de *La peste* había trazado una línea divisoria entre la gente que le rodeaba: frente a una mayoría de partidarios de los brillantes pero a menudo erróneos argumentos de Sartre, se refugiaría en el núcleo cordial de un pequeño grupo de fieles y amigos.

En estos años, Monique y yo frecuentábamos el piso de la Rue de Saint-Benoît en donde Mascolo y Marguerite Duras convivían de forma precaria después de su ruptura afectiva. Allí, en una atmósfera paulatinamente cargada de humo y soterradas tensiones, hablábamos de literatura y política con Edgar y Violette Morin, Robert Antelme, André Frenaud, Louis-René des Forêts hasta bien entrada la noche. Recuerdo la voz cálida, intensa, fascinadora de Marguerite, esa magia sutil que transmite a sus personajes novelescos y teatrales, el dramatismo deliberado que impone a las discusiones más nimias. Bebemos abundantemente y aunque no compartimos del todo el pasado y complicidades de la banda, se nos admite en ella con generosidad y calor. A mis recientes calas en la obra de Genet y Violette Leduc, agrego el rastreo sabueso del mundo poético de nuestra amiga: orientados por Monique, los responsables de Seix Barral no tardarán en contratar y traducir sus obras al castellano. Más tarde, el éxito de su incursión bautismal en el campo del cine —el guión de *Hiroshima mon amour,* realizado por Alain Resnais— acentuará, con simpática espontaneidad, su indomable predisposición egocéntrica y narcisista. Un día en que se había debatido por turno el mérito comparado de sus libros, obras teatrales y empresas cinematográficas y, a la hora de los postres, uno de los comensales desvió tímidamente la charla al tema de los últimos acontecimientos de Argelia, Marguerite se encastilló en un mutismo esquivo y exclamó: *Bon, puisque vous avez une conversation technique, je m'en vais!*

Al único miembro de la peña que no residía en París, el novelista Elio Vittorini, le conocí al margen de los demás, cuando viajé con Monique a Venecia en enero de 1957 y nos detuvimos unos días en Milán. Imposible olvidar aquel ático de Viale Gorizia —una avenida gris algo alejada del centro, surcada por un canal hosco y desangelado—

en donde se alojaba el escritor. La impregnadora sensación de belleza que desprende el rostro de Vittorini; sus facciones serias, bigote y cabello grises, mirada que ahonda en el interlocutor con curiosidad y simpatía; aquella sonrisa suya agreste y embarazada que, a despecho de su agudeza y finura, descubre la rudeza de sus orígenes; una combinación extraordinaria de fuerza e inteligencia, apariencia montaraz y domesticidad suave, seducían a quien tenía la oportunidad de departir con él en la intimidad mientras rodeado de su esposa y amigos sicilianos charlaba, reía o jugaba con éstos, como en su pueblo, una animada partida de naipes. Ginetta, junto a él, participaba de su majestuosidad delicada y bravía: alta, serena, de rasgos nobles, poseía una voz cuyo poder encantatorio se emparentaba curiosamente con el de Marguerite. La imagen de ambos, armoniosa en el aura de su llameante hermosura, era la de una pareja castellana y heráldica, león y leona sosegados y gratos, una conjunción de varón y hembra tan luminosa y perfecta como no he visto ni veré jamás. Ginetta y Elio nos recibieron con los brazos abiertos: conocían a Monique desde la época de su divorcio y se sentían manifiestamente contentos de verla conmigo, alegre y llena de vitalidad. Vittorini había viajado por España dos veranos antes y tenía interés en discutir con un español de mi edad sobre la situación del país y porvenir del franquismo. Posteriormente, su obra literaria iba a ejercer un influjo temporal en la mía: cuando leyó el texto castellano de *Campos de Níjar,* me sugirió la idea de prolongarlo con una leve trama narrativa y, a la luz de su experiencia en *El Simplón guiña un ojo al Fréjus,* escribí el documento novelado de *La Chanca,* cuya edición española le dediqué *post mortem.* A nuestro regreso de Venecia, visitamos de nuevo su casa como viejos amigos. Ginetta nos obsequió con sus especialidades gastronómicas y Elio departió con nosotros con una cordialidad y sencillez insólitas en el zoo vistoso de los tocados por la insania de la literatura. Su fallecimiento, ocho años después, nos sumió a los dos en una profunda tristeza: de cuantos escritores he frecuentado fuera del ámbito de mi lengua, Vittorini fue, con

93

Genet, quien me inspiró, como persona mayor respeto y aprecio.

Simultáneamente a la banda de Mascolo, Monique me introdujo, a través de su médico de cabecera, en un núcleo de artistas y escritores más o menos vinculados en sus orígenes al grupo surrealista. El doctor Théodore Frankel había sido en su juventud uno de los fundadores de éste y aparece en los retratos de la época con Breton, Crevel y Aragon, en un discreto segundo término. Monique solía almorzar con él una vez por semana; ocasionalmente, nos invitaba a cenar a los dos con sus viejos amigos. Frankel era un solterón y mujeriego empedernido, cuya ígnea, devoradora pasión por la compañera de un célebre escritor le habría impulsado, según una leyenda difícil de comprobar, a perseguir a su rival por todo París con un revólver justiciero o vengativo: el crimen no se llegó a consumar y, pasado el tiempo, frustrado tirador y presunta víctima hicieron las paces, volvieron a tratarse sin resquemor alguno. En sus cenas conocí a Alberto Giacometti, Georges Bataille, Michel Leiris y otros creadores y artistas. La angostura del espacio ideológico en el que me movía reducía también por desdicha el ámbito de mis proyectos e intereses literarios: los escritores situados en el arcén de la vía mayoritaria, heredera del humanismo de Gide y compromiso histórico de Malraux, me seducían a veces con un atractivo que juzgaba malsano y al que me esforzaba en resistir. Mis modelos eran y serían aún por un tiempo Sartre y Camus: Artaud, Bataille, Michaux permanecieron así en el purgatorio de lo desaconsejable e ilícito hasta la fecha en que, libre de la camisa de fuerza de mis teorías literario-políticas, pude entregarme sin rebozo al brujuleo de mi propio gusto. Aunque esa resistencia o desconfianza tan carpetovetónicas a las novedades y corrientes oriundas de fuera —en el polo opuesto del mimetismo *plus parisien* que el de los mismos parisienses en el que incurren con frecuencia bastantes escritores y artistas de Latinoamérica— me evitó caer, como a alguno de éstos, en el galicultismo y adoración indiscriminada a todo lo francés, dificultó entonces mi aproximación a la obra de unos autores con quienes departí sin provecho. Junto a la vitalidad desbordante de Giacometti y su fealdad esplendorosa, potenciada por el genio a una nueva dimensión estética, el rostro pálido y como exangüe de Bataille, con unos ojos cuyo azul me recordaba el del abuelo, creaba un contraste sobrecogedor, difícil de olvidar. Al amparo de sus cejas frondosas e hirsutas, el doctor Frankel no separaba la vista de su amiga o amada de turno con la hierática paciencia de un fauno.

Mi relación con Raymond Queneau, a quien Monique conocía desde hacía años, fue más original e imprevista. Entre la comunidad de emigrantes valencianos, familiares, amigos o vecinos de nuestra asistenta y su marido a los que íbamos a visitar algún domingo en sus barracones de Rueil-Malmaison, figuraba un albañil cuya biografía incluí en un reportaje sobre la emigración publicado en *Tribuna socialista*. José se interesaba a su manera por la política y me habló admirativamente de un capataz de la empresa constructora que le empleaba, un exiliado de la guerra civil española con quien daba gusto hablar, dijo, y al que iba a ver a menudo al hospital en el que se reponía de un accidente de trabajo. Jadraque era un hombre de aspecto aún joven, sanguíneo, bien plantado, atraído por la cultura y dotado de un humor fino y socarrón. Afiliado no sé si a la CNT o la FAI, había sufrido la prueba de los campos de internamiento franceses y adherido a la resistencia antinaci antes de adaptarse a la grisura de la vida en el destierro y obtener un cargo de capataz en la sociedad en la que trabajaban algunos de mis amigos valencianos. Jadraque se lamentaba, con razón, de su ignorancia política y escasa inquietud sindical: su visión de la España franquista era amarga y lúcida; no fantaseaba como otros con la idea de un regreso cercano. Convencido de que el Régimen había castrado a la gente joven, buscaba refugio en la lectura de los clásicos del pensamiento ácrata y discutía conmigo de las tendencias autoritarias de Marx. Recuerdo que un día mencionó inopinadamente a Queneau y preguntó si le conocía. Le dije que Monique se cruzaba a diario con él en la editorial. Yo también le veo a menudo, comentó; sus novelas me divierten mucho. Las causas de esta relación insospechada se aclararon días más tarde. Jadraque vivía maritalmente con la asistenta de Queneau y éste le profesaba una gran simpatía. Como mi compatriota le había hablado de mí, el autor de *Les dimanches de la vie* expresó a Monique deseos de conocerme y nos invitó a cenar a su piso de Neuilly. Tras la sonrisa fácil e irónico distanciamiento, Queneau me pareció un hombre afectuoso y tímido, lleno de escondrijos y rincones secretos, de un carácter suavemente festivo y una cultura sin límites, portentosa y heterogénea. Su singular aventura literaria, que asimilé poco a poco conforme le frecuentaba, me parece hoy única y seminal. Anarquista de ideas y temperamento, el escritor trataba a Jadraque con un afecto casi paterno. Mi nexo con él, fuera del ámbito literario parisiense, había sido el mejor camino de acceder al espacio recoleto de su intimidad.

Esta singular relación por la base, a través de los amigos o paisanos de nuestra asistenta emigrados a Francia después de las heladas que arruinaron pasajeramente la agricultura valenciana, me procurará por otro lado, durante un tiempo, una visión insospechada de algunos aspectos y hábitos de la burguesía intelectual indígena. Tras haber colocado a buen número de ellos en las obras de la sociedad que emplea a Jadraque y las casas de escritores o periodistas más o menos conocidos de Monique, nuestro piso se convertirá los domingos en un mentidero en el que los oriundos de la comarca de Gandía intercambiarán confidencias ruidosas sobre sus patrones y empresas. De este modo, sin proponérnoslo, averiguaremos que un famoso crítico literario de *Le Figaro* cierra su nevera con candado al ausentarse los fines de semana o una autora de renombre hace comer a su *bonne* española lo que queda en los platos. Dicho fisgoneo indirecto e involuntario —que habría colmado de dicha a alguien más cotilla o chismoso que yo—, me revelará con todo la existencia de una sordidez y tacañería que, hasta entonces, había creído patrimonio exclusivo de nuestra subdesarrollada y lóbrega clase media.

Del mismo modo que un lugareño del Bierzo o las Batuecas introducido milagrosamente en un harén perdería poco a poco en él su primitivo deslumbramiento hasta acomodarse con naturalidad y cierta dosis de hastío a las delicias de su sueño encarnado, mi súbita admisión al olimpo de los consagrados tuvo como previsible consecuencia el curarme en fecha temprana del afán pueblerino de trepar por escalo en él. Por su generosidad afectiva y competencia profesional, Monique había establecido lazos amistosos no sólo con los escritores franceses publicados en la editorial sino también, merced a su buen dominio del inglés, con autores extranjeros de la talla de Faulkner. El día en que la conocí, éste conversaba precisamente con ella en su despacho y sonrió al enterarse de que le dejaba unos minutos para saludar a un joven español de «aspecto belmontiano». La amistad de Monique y su ex marido con el autor de *Palmeras salvajes* se remontaba a la época en que pasó por París después de que le concedieran el Nobel.* Desde entonces, el escritor y ella se carteaban con intermitencia: huyendo del acoso de los faulknerianos profesionales, aquél prevenía a Monique de sus visitas privadas a Francia. Cuando nació Carole en 1952, Faulkner quiso ser su padrino y se empeñó en regalarle una copa de plata con su nombre y una dedicatoria; en las prisas del regreso, no tuvo tiempo de encargarla y confió el dinero necesario a Monique quien, en vez de gastarlo en aquel vistoso y un tanto absurdo objeto, prefirió consagrarlo a cosas de mayor interés y enjundia. Meses más tarde, informada de la llegada súbita del padrino, se vería obligada a comprar precipitadamente otra copa y abollarla a fin de quitarle su aspecto de nuevo y sin estrenar: un engaño que la propia Monique descubriría riendo a Faulkner cuando acudió a ver a su ahijada. En los comienzos de nuestra relación, ella me había preguntado si quería conocerle pero mi absoluta ignorancia del inglés en

---

* Monique publicó un texto evocador de su amistad, «Une apparition», en el número de *Le Magazine Littéraire* consagrado a Faulkner.

aquel tiempo —ignorancia que me habría obligado a desempeñar un papel de convidado de piedra o estropear cualquier charla con un laborioso ejercicio de traducción— me indujo a rehusar sensatamente la oferta. No obstante, aun fuera de los casos en los que mi reticencia obedecía a una situación objetiva de inferioridad, el repentino y casi vertiginoso acercamiento a los monstruos sagrados me hizo comprender pronto que, salvo en algún caso excepcional de comunicación como el de Genet, el papel de mirón me aburría y no se compaginaba con los gustos y aficiones de mi verdadero carácter.

Así, cuando el uno de agosto de 1959, Monique, Florence Malraux y yo coincidiremos con Hemingway en la plaza de toros de Málaga, en una corrida de Diego Puerta, Manolo Segura y Gregorio Sánchez, la decisión de ellas, y en especial de Monique, enamorada románticamente de España a causa de su lectura juvenil de *Muerte en la tarde,* de abordar al escritor a la salida del coso topará con mi inercia y me limitaré a seguirlas en una aventura cuyas ramificaciones se extenderán, como en un folletín, a una de mis estancias neoyorquinas de profesor visitante, bastantes años después del suicidio del novelista, a lo largo de una cena familiar de imprevisible desenlace.

Estabais en las gradas del tendido y él, a un cuarto de circunferencia del ruedo, en el punto más visible de la barrera: en mangas de camisa y tocado con una gorra de visera para defenderse del sol. Olvidando pasados rencores, la prensa había divulgado profusamente su estampa y el público le reconocía: los diestros le brindaban la faena y alguien le había pasado una bota de la que bebió a caño, empinando el brazo en medio del aplauso de los mirones. Seguía a Ordóñez en su mano a mano con Dominguín por las arenas de la Península: la temporada descrita en *El verano sángriento.*

Le habíais perdido de vista al fin de la corrida, pero Monique no se desalentó: le encontraríais en el bar del mejor hotel de la ciudad. Os encaminasteis sin prisas al desaparecido Miramar y preguntasteis por él. Díganle que la hija de André Malraux desea verle. La estratagema surtió efecto: al cabo de unos minutos, el escritor apareció en el vestíbulo y os acogió con efusión. Se expresaba en una mezcla peculiar de inglés, francés y español y os presentó al séquito: desde un viejo conocido pamplonés retratado en *Fiesta* a la esposa de un millonario peruano decadente y alcohólico. Habló a Florence de su padre y la guerra civil como para justificarse de su vuelta al país. La velada fue amena y concluyó con abrazos de oso. No recuerdas ahora si entre los presentes se hallaba Valerie Danby-Smith.

Hemingway partía el día siguiente a reunirse con Ordóñez y, acabadas las vacaciones, debíais regresar a París. Pero el escritor ha anotado vuestras señas y promete avisaros si viaja a Francia. A fines de septiembre, cumpliendo su palabra, previene a Monique de su visita al Midi y envía generosamente tres billetes de tren para Nîmes. Allí, durante un par de días, tendréis ocasión de verle en medio de sus asiduos y fieles —Ordóñez, Domingo Dominguín, Valerie, la millonaria francoperuana—, plenamente identificado con su personaje: discutiendo de toros y bromeando sobre Shakespeare con Ordóñez, bebiendo sin tregua desde media mañana un exquisito *Tavel rosé*. La relación afectiva, casi paterno-filial con Valerie, canaliza su dispersa energía: sin ser convencionalmente bella, la muchacha es una irlandesa muy joven y de sutil encanto que, meses antes, ha ido a entrevistarle a su hotel y, desde entonces, le acompaña en sus viajes. El novelista y autor de cuentos que admirabas en tu juventud se ha convertido en una estatua animada de sí mismo: ese Papá Hemingway con quien cualquier vivales puede tratarse de tú y cuyo rigor literario y vigilancia moral han naufragado en un mar de publicidad e interesada lisonja.

Mientras viajas a España con Dominguín y Ordóñez, Monique y Florence le verán de nuevo en el hipódromo de Auteuil, en su querencia parisiense del Ritz. Aquel invierno, Monique recibirá varias cartas de Estados Unidos escritas en su personalísima jerga trilingüe: Hemingway parecía deprimido y tocaba extensamente en una de ellas el tema del suicidio. Después de un año de silencio, en el que una o dos misivas de Monique quedaron sin respuesta, la noticia del disparo con el que dio fin a sus días os llegó a través de la radio el dos de julio de 1961, al poco de cruzar la frontera hispano-francesa en automóvil, camino de Torrentbó.

En la siguiente década habíais tenido, indirectamente, noticias de Valerie: el matrimonio inesperado con Brendan Behan, la agonía alcohólica de éste, su viudez. En 1974, a raíz de un artículo sobre *Don Julián* aparecido en el *New York Times,* el periódico te remitió una carta suya en la que evocaba afectuosamente vuestros encuentros y te comunicaba su teléfono y señas. Te pusiste en contacto con ella y te invitó a cenar. La noche fijada, al llegar a la puerta de su inmueble, caíste en la cuenta de que desconocías el número y letra del piso. En el curso de la conversación mencionó que había vuelto a casarse, pero ignorabas cómo diablos se apellidaba el marido. Vanamente buscaste un Danby-Smith en la lista contigua al portero automático: no lo había. Cuando te disponías a llamarla desde una cabina telefónica, descubriste en la columna indicativa la existencia de un Hemingway: ¿simple coincidencia?; o, ¿había sido adoptada legalmente por el escritor antes de su suicidio? Pulsaste el timbre: contestó su voz. Momentos después, entrabas en un piso pequeño en donde Valerie te recibió en compañía de sus dos hijos. El mayor se llamaba Brendan y era del primer marido. El segundo, un chiquillo, parecía serlo del otro, de cuya ausencia se excusó: Gregory terminaba su consulta muy tarde y llegaría tal vez después de la cena. A lo largo de ésta, rememorasteis amigos comunes sin que el marido misterioso apareciera. Cuando lo hizo al fin y fuisteis presentados empezaste a atar cabos, a establecer la auténtica composición de lugar: uno de los hijos del segundo o tercer matrimonio de Hemingway era médico y se llamaba justamente Gregory. A medida que se aclaraba el enredo y reconstituías *in mente* la extraordinaria biografía de Valerie, su marido se sirvió un vaso de güisqui puro, te mostró el manuscrito de un libro que, según dijo, acababa de escribir sobre su padre, separó de él una veintena de cuartillas y te las pasó. Te acomodaste en un sillón y, mientras él bebía vaso tras vaso hasta apurar la botella, recorriste primero con sorpresa, luego con malestar, por fin con fascinación unos pasajes en los que, conforme a tu anfitrión, Hemingway se habría jactado ante él de haber precipitado, con una llamada telefónica brutal, la muerte de su madre en el hospital en el que ella convalecía de una grave crisis cardíaca: *I got her,* o algo por el estilo. Gregory parecía aguardar ansiosamente tu dictamen y, atrapado en aquella situación imprevista, sentías adensarse por momentos una curiosa impresión de irrealidad: ¿vivías la escena o sólo estabas soñando? Sentías los ojos del hombre fijos en ti, escuchabas sus frases confusas en torno al suicidio. Valerie, la esposa, permanecía impasible: retiraba la vajilla de la mesa, hablaba cariñosamente a los niños. No sabes lo que pudiste decir a Gregory sobre el manuscrito ni recuerdas cómo te despediste de los dos. Te ves ya en la calle, devuelto al tráfago nocturno de la ciudad, a punto de ser devorado por la poderosa absorción de una boca de metro, enhebrando la absurda cadena de hechos que te han conducido allí a partir de un encuentro casual en la plaza de toros de Málaga.

Lamentablemente, existe en los medios literarios que mejor conoces una tendencia muy marcada del escritor a tomarse a sí mismo en serio en vez de tomar en serio su propio trabajo: como dijiste hace años en Don Julián, *el genio se confunde con la figura y la figura da la clave del genio: cuanto más genio, más figura; cuanto más figura, más genio: desde entonces, la situación ha empeorado lo mismo en España que fuera de ella: mientras el número de figurones prolifera, el de autores que tomen su trabajo a pecho en vez de cultivar amorosamente sus ínfulas parece en neta regresión.*

La presencia física del escritor entorpece una evaluación correcta de su obra con interferencias ajenas a los criterios específicos de la literatura: el autor vivo, si además es un vivo, procura salpicar los ojos de quienes le observan y ocupar posiciones de difusión y prestigio muy por encima de sus méritos reales: por eso, cuando alguno de esos vivos fallece parece deshincharse como te deshinchaste tú mismo y cae súbitamente en el olvido: por habérsele aupado en exceso, se le hunde también con desconsideración excesiva: sólo lo que no está de moda no pasa de moda: como decían los surrealistas, toda idea o persona que triunfan corren fatalmente a su ruina.

Los ataques dirigidos a un escritor prueban muy a menudo que su obra existe, hiere las convicciones morales o estéticas del lector-crítico y, por ello mismo, provocan su reacción: en corto, entablan una relación dinámica con él: en lo que a ti respecta, los tomas de ordinario por homenaje y, por fortuna, los matamoros profesionales no faltan:

la obra innovadora promueve una respuesta defensiva de quienes se sienten amenazados o agredidos por su fuerza o novedad: ello es tan real hoy como en tiempos de Góngora.

La novela que elude la facilidad de los caminos trillados crea inevitablemente una tensión, un choque con las informuladas expectativas del público: éste se enfrenta de súbito a un código diferente de aquel al que está habituado y dicho código le plantea un reto: si lo acepta y penetra en el significado del nuevo sistema artístico, el victorioso cuerpo a cuerpo con el texto es precisamente su premio: su goce activo de lector.

Si tus libros fueran recibidos un día de forma unánime con espuma de jabón, ello indicaría que se habrían vuelto fáciles, inocuos y anodinos, habrían perdido en un lapso muy corto su poder revulsivo y vitalidad.

En términos generales, los escritores pueden dividirse en dos clases: los que conciben la literatura como una carrera y los que no: a los primeros se les reconoce en seguida porque actúan conforme a una estrategia de avance, híbrido de Maquiavelo y von Clausewitz: postulan honores y empleos, alaban a quien les alaba, leen a quien les lee, practican la economía de trueque, son congresistas y presentadores profesionales, sirven a todos los Gobiernos, ascienden tenazmente a las cumbres del escalafón.

Por tu parte, con razón o sin ella, estimas que las reivindicaciones gremiales del autor en las sociedades libres y permisivas no te conciernen: has defendido y estás dispuesto a sostener los derechos económicos y laborales de cualquier oficio o empleo excepto el de los escritores y artistas: la actividad de estos últimos es, según entiendes, resultado de una vocación que tiene algo a la vez de gracia y condena: si eres escritor porque no puedes ser otra cosa, la escritura es un elemento esencial de tu vida, como pueden serlo, por ejemplo, tu origen familiar, tu lengua nativa, tu orientación sexual: profesionalizarte en cuanto escritor sería para ti tan *incongruente y absurdo como hacerlo por el hecho de ser varón, barcelonés, expatriado, bisexual o moralmente gitano.*

No te propones vivir de la pluma: tu posición al respecto es exactamente la opuesta a la de los escritores de oficio: no escribir para ganarse la vida sino ganarse la vida para poder escribir: de alimento, la literatura se transmuta en vicio obsesivo: una forma incurable de adicción: como en los últimos años te ha proveído no obstante de ingresos decentes, hoy tu adicción literaria se autoabastece y, merced a la difusión de tus libros, has pasado de la categoría de simple adicto a la de camello o revendedor.

La atención prestada a España por las editoriales francesas ha sido casi siempre mezquina, desenfocada e intermitente. Fuera del caso especial de García Lorca, glorificado *ab initio* con el lanzamiento de sus obras completas, ni los autores más representativos del Noventa y Ocho ni de las generaciones sucesivas de antes y después de la guerra habían alcanzado en los años cincuenta una mediana difusión ni eran objeto de una traducción selectiva y correcta. Si el público y crítica de nuestros vecinos ignoran todavía en general una novela de la magnitud de *La regenta,* ¿cómo sorprenderse de que, hace más de un cuarto de siglo, conocieron sólo un puñado de obras, a veces agotadas e inasequibles, de Baroja, Unamuno, Machado, Valle Inclán y Ortega? Recuerdo que a la muerte del primero, acaecida a poco de mi llegada, recibí varias llamadas telefónicas de periódicos y revistas literarias preguntando por «ese novelista español a cuyo entierro había asistido Hemingway». Más tarde, al estrenarse el filme de Buñuel sobre *Nazarín,* un reseñador galiculto pariría una nota inefable en la que concedía graciosamente a Galdós la nacionalidad mexicana. Este menosprecio o desinterés tradicionales a lo escrito allende los Pirineos —tan similares a los nuestros respecto a Portugal y al mundo árabe— se habían visto reforzados por la convicción bastante extendida de que la cultura española murió con la guerra. El franquismo había convertido a España en un erial; ningún fruto, aun raquítico, podía brotar de ella. Los escritores exiliados —novelistas como Barea y Sender, poetas como Alberti y Guillén— obtenían una pequeña y solidaria audiencia más allá de los círculos hispanistas pero, no obstante la acción propagandística de los partidos comu-

105

nistas en favor de sus mártires, miembros o simpatizantes —de Antonio Machado a Miguel Hernández—, la barrera mental erigida en torno a la Península se mantuvo indemne: Max Aub fue traducido solamente en los últimos años de su vida y, al fallecer Cernuda, no hubo ninguna reseña necrológica sobre él ni siquiera en las revistas poéticas.

Cuando empecé a leer libros para Mascolo, el único lector fijo de español en Gallimard era Roger Caillois, director de una colección, *La croix du Sud,* consagrada a la narrativa hispanoamericana. Refugiado en Buenos Aires, como Gombrowicz, durante la ocupación naci, Caillois se había relacionado con el grupo de la revista *Sur* y le corresponde el mérito de haber sido el introductor de la obra de Borges en Francia. Sus conocimientos acerca de la literatura española moderna adolecían en cambio de vaguedad y atraso; según me confió él mismo, no disponía de información ponderada ni fresca sobre el lento resurgir de las letras en la Península. El descubrimiento de los nuevos valores por Maurice-Edgard Coindreau incitó a Claude Gallimard a asesorarse conmigo al respecto y, de acuerdo con aquél, establecimos una lista de obras que en nuestra opinión eran dignas de traducirse. Por espacio de una década, la editorial publicó una veintena y pico de novelas de desigual valor, representativas del panorama literario existente en España. Aunque factores ideológicos y de amistad personal incidieron, como examinaré después, en la selección, ésta tenía también en cuenta los gustos de Coindreau y si de algo pecaba era probablemente de laxismo: no todos los autores incluidos alcanzaban un nivel aceptable, pero lo cierto es que el país no daba más de sí. La única ausencia significativa y lamentable del cuadro es la de Martín Santos: su novela me llegó con retraso y, cuando la leí, la había contratado el Seuil. La prensa comentó casi siempre en términos favorables las obras traducidas; con todo, salvo dos o tres excepciones, su carrera comercial fue un fracaso. Cuando Monique renunció a su puesto y me fui con ella a Saint-Tropez, el interés de Gallimard en el asunto decayó. Los nuevos lectores se orientaban con razón al naciente *boom* hispanoamericano y si bien intervine esporádicamente en favor de autores que pronto serían célebres como Carlos Fuentes o Cabrera Infante y contribuí a la publicación de Valle Inclán, Cernuda, Max Aub y Mercè Rodoreda, mi parecer dejó de ser decisivo. El ambiente de la editorial había cambiado en mi ausencia y aun cuando continué vinculado a ella por espacio de unos años, el eclipse de algunas caras conocidas y los mangoneos de la que fue compañera de Cortázar transformaron mi primitiva querencia en una indefinida sensación de lejanía y despego. Mucho antes de que, por mi amistad con Sarduy, me acogiera al pabellón literario del Seuil, la frecuentación de la editorial en la que conocí a Monique y a Genet y tanto influyó en una etapa importante de mi vida, comenzó a resultarme forzada e incómoda: prisionero de una imagen anterior a mi muda de piel, me veía obligado a asumir en ella un papel que ya no era mío. Desembarazado del doble o «huésped importuno», comprobaría con alivio, al acaecer el rechazo de *Juan sin tierra,* que, para bien o para mal, había cesado de pertenecer definitivamente a su mundo.

Aunque tus funciones de asesor eran más que modestas, la importancia que les atribuía la prensa franquista al motejarte de aduanero y las relaciones que tejiste aquellos años con los responsables de las páginas culturales de varios periódicos y revistas de izquierda, acabaron por conferirte *nolens, volens* una parcelilla de poder. Mientras disponías de un margen holgado para seleccionar las novelas traducibles conforme a tus gustos literarios, sentimientos políticos y afinidades personales, el hecho de contar con buenos amigos en *Le Monde, Les Temps Modernes* o *Les Lettres Françaises* y entrar como Juan-por-su-casa en los despachos de *France-Observateur* y *L'Express,* te ponían en la situación ventajosa, tan común en los medios culturales sin distinción de épocas ni climas, de obtener reseñas y críticas fundadas menos en el valor de la obra que en el compadrazgo e intercambio de servicios. Los cumplidos que acogen hoy *urbi et orbe* cualquier parto o engendro de quienes ejercen algún tipo de influencia o de los que el requebrador espera algo, hacen sonreír a cuantos, voluntariamente o no, se sitúan al margen del sistema y no aspiran a trepar en el escalafón. No obstante, en las primeras fases de tu vida parisiense, los habías tomado por oro de buena ley a riesgo de convertirte a su lectura en uno de esos botijos pletóricos de autosuficiencia, prestos a comulgar no ya con ruedas de molino sino con girándulas de feria. Sólo la autocrítica y experiencia te mostrarán con los años que, en el Parnaso, una cosa es lo que se piensa, otra lo que se dice y otra aun lo que se escribe y es publicado. La distancia entre estos términos es enorme y autores hay a quienes nadie admira de pensamiento y muy pocos de palabra, que en la prensa y medios informativos son cubiertos literalmente de flores. Otros, en cambio, como ocurrió con Cernuda hasta su muerte, son admirados en secreto, pero nadie o casi nadie manifiesta por escrito dicha admiración. Como concluirás divertido más tarde, el impacto real de una obra, ya sea la de Clarín, ya la de Américo Castro, se mide por las arremetidas —más sañudas cuanto más íntimas— que el autor suscita en vida y, de manera más solapada e hipócrita, por el silencio estruendoso de los aduladores y panegiristas profesionales.

¡El viejo aire reconfortante de España!

Como asesor de la colección de novelas hispanas incluidas en el catálogo de la editorial, me correspondía a veces la tarea de orientar los pasos de sus autores por las espesuras, meandros y vericuetos de la selva cultural indígena: entrevistas, ruedas de prensa, encuentros con hispanistas y otros medios habituales de publicidad. Mi papel se reducía a telefonear a periodistas y críticos eventualmente interesados, establecer una cita con mis paisanos y traducir las preguntas y respuestas si, como acaecía con frecuencia, éstos ignoraban el francés.

En la primavera de 1958, coincidiendo con el lanzamiento de *La colmena,* recibimos la visita de su autor. Camilo José Cela era ya una figura consagrada de la literatura española, creador de obras que como el *Pascual Duarte* y *Viaje a la Alcarria* merecían mi aprecio y cuyo ingreso en la Real Academia de la Lengua le había conferido, apenas entrado en la madurez, el espaldarazo y respeto de los medios oficiales. Durante dos o tres días le introduje en los despachos directivos de la editorial, le escolté a las interviús concertadas por el servicio de prensa, actué de árbol de transmisión con encumbrados o temibles especialistas y grupos fervientes de admiradores. Al cabo de un tiempo, modesta, llanamente me comunicó sus grandes deseos de saludar a Sartre.

Confieso que la petición me sorprendió —por mucho que forzara mi cerebro no alcanzaba a imaginar cuál podía ser el nexo o diálogo entre los dos hombres—, pero cedí a su amistosa insistencia y telefoneé al secretario del filósofo. Éste nos convocó unos días después en el antiguo domicilio de la esquina de la Rue de Bonaparte y la plaza de Saint-Germain-des-Près que Sartre se vería obligado a abandonar más tarde por las amenazas y atentados de los cruzados y hampones de *L'Algérie Française.* Se lo notifiqué así a Cela y mi colega me preguntó, algo incómodo, si podía llevar a Sartre su botella de coñac. Creí que se trataba de un regalo y dije que sí, aunque añadí, si mal no recuerdo, que el autor de *La náusea* seguía un régimen seco a causa de su hipertensión arterial. No, no es para que se la beba, aclaró él: es para que me la firme; cuando Hemingway estuvo en España me la firmó también. Le expliqué que ese tipo de gestos no se compaginaba ni poco ni mucho con el temple de Sartre y haría mejor en dejar la botella en paz. Cela se avino a mis razones y no volvió a insistir en el asunto. Transcurrió un lapso y, mientras yo seguía sin entender el móvil de la entrevista, recibí la llamada telefónica de un compatriota cuyo nombre he olvidado. El señor Cela, me dijo, me ha pedido que me ponga en contacto con usted para sacar las fotografías de su encuentro con Sartre. Caí de la copa del árbol y le repuse con sequedad que había en efecto una reunión de los dos escritores pero él no estaba invitado a asistir a ella: conociendo, como conocía, la actitud recelosa de Sartre con los periodistas, no quería verme involucrado en un lance que le desagradaría y del que me haría responsable a mí.

Sin estos arquitrabes y frisos de adorno, el supuesto tú a tú de los grandes resultó deslavazado y mustio. Yo había acudido al piso con Cela y nuestro amigo común Eugenio Suárez y, por espacio de una hora, traduje como pude un ejemplar diálogo de sordos, con blancos, esquives y fintas. Al principio, Sartre parecía interesado en averiguar la situación real del escritor en el franquismo, la índole de sus problemas literarios y políticos, su lucha contra la censura pero su interlocutor se evadía de estos temas con chistes y anécdotas, algunos de ellos graciosos en castellano, y que si bien me esforzaba en trasladar con humor al francés, perdían inevitablemente en el trasiego algo de su chispa. Al cabo de unos laboriosos ejercicios de «inanidad sonora», Sartre nos dio a entender discretamente que había concluido la cita y nos despedimos de él. Las razones de aquella entrevista solicitada por Cela le resultaron siempre misteriosas. Al tanto de Sansueña y sus ritos, el episodio no me asombró: las supervivencias tribales en el medio literario, evocadas con tanta lucidez por Cernuda en su poema sobre Dámaso Alonso, son parte integrante de nuestro folclor y el que por idiosincrasia o temperamento no las asuma de cara a la galería pasará por antipático y esquinado a ojos de sus teleciudadanos —espécimen raro de un subgénero solitario y huraño, probablemente en vías de extinción.

Las mismas causas que alimentaban mi presunción de *chef de file* de la nueva generación española contribuyeron de forma más ruin a fomentar unas inclinaciones caciquiles bajo el disfraz de una causa política e ideológica. Aun cuando mis informes de lector en Gallimard solían ser ecuánimes y tomaban en consideración el valor literario de las obras, manifesté sin duda mayor indulgencia por los escritores de mi generación simpatizantes o miembros del Partido que por cuantos en general se situaban a la derecha. Ello es hasta cierto punto normal y no me lo reprocho. Pero mi celo guardián de la ortodoxia antifranquista española, desplegado si no en la editorial en las publicaciones y medios en donde intervenía, me parece desde luego, con el retroceso del tiempo, dudoso y lamentable.

Recuerdo que Arrabal, furiosamente denostado entonces por Benigno y mis amigos del Partido, había hecho llegar a Sartre, a través de Nadeau, una de sus primeras obras teatrales y ésta debía aparecer en su revista con una nota introductoria del filósofo. La noticia me llenó de malhumor, como si un intruso hubiera invadido mi territorio y su talento pudiera poner en peligro el mío; el hecho, comentado por mí, escandalizó asimismo a mis compañeros de militancia. Siguiendo sus consejos, acudí muy democráticamente a Simone de Beauvoir para impedir el «desaguisado»: Arrabal, le dije, era idealista, reaccionario y se desentendía de nuestra lucha; su promoción por Sartre sería desorientadora para muchos y, en cualquier caso, perjudicaría la causa del antifranquismo. A consecuencia de ello Sartre no escribió el prólogo y mis amigos y yo saboreamos sin sonrojo nuestra victoria mezquina. Sólo al zafarme, entre otras muchas cosas, de ese sentimiento de rivalidad sórdida de quienes conciben la literatura como una contienda de lobos y los resabios de arbitrariedad y maniqueísmo del medio español, caí en la cuenta de mi efímera pero triste actuación de censor. Como traté de expresar en *Señas de identidad,* la policía ideológica y cultural se adaptaba perfectamente al código peculiar de la tribu. Cinco siglos de inquisición y denuncia habían configurado su estructura síquica y, en mayor o menor grado, el torquemada, el malsín, el vigía se habían infiltrado insidiosamente en la mente de todos. La institución forjada por el Estado Nuevo en plena guerra civil engendraba así, por una especie de proliferación cancerosa, tribunales condenatorios de distinto signo. Según descubriría al fin con bochorno, la diferencia existente entre los censores pagados y quienes actuábamos espontáneamente era una mera cuestión de matiz.

Como no te cansas de decir, la única moral del escritor, frente a la que no cabe recurso alguno, será devolver a la comunidad literario-lingüística a la que pertenece una escritura nueva y personal, distinta en todo caso de la que existía y recibió de ella en el momento de emprender su tarea: trabajar en lo ya hecho, seguir modelos aceptados es condenarse a la parvedad e insignificancia por mucho que el escritor consiga así el aplauso del público: la obra de quien no innova podría no existir sin que su desaparición afectara en nada al desenvolvimiento de su cultura.

Dar forma narrativa o poética a las ideas comunes de la época —libertad, justicia, progreso, igualdad de razas y sexos, etc.— carece de interés artístico si el autor, al hacerlo, no les tiende simultáneamente una trampa, no las ceba con pólvora o dinamita: todas las ideas, aun las más respetables, son moneda de dos caras y el escritor que no lo advierte en vez de actuar en la realidad opera en su fotografía.

La empresa novelesca, tal como la concibes, es una aventura: decir lo aún no dicho; explorar las virtualidades del lenguaje; lanzarse a la conquista de nuevos ámbitos expresivos, de esos pocos metros de tierra que, como dijo Carlos Fuentes, los holandeses ganan pacientemente al mar: escribir una novela es dar un salto a lo desconocido: aterrizar en un lugar insospechado por el autor al arrojarse al vacío sin red ni paracaídas: cuando se domina una técnica o se ha llegado al final de una experiencia, hay que dejarlas en busca de lo que se ignora: en el campo del arte y la literatura, valen menos cien pájaros en mano que el que, para encanto y tortura nuestros —versátil, inspirado, ligero— sigue volando.

La literatura extiende el campo de nuestra visión y experiencia, se opone a cuanto reduce o anestesia nuestras virtualidades perceptivas, nos condiciona cultural, ideológica y sexualmente, nos lava el cerebro y embota los sentidos: frente al discurso, el contradiscurso: frente a la recuperación inevitable de lo nuevo y revulsivo, la parodia de lo normalizado o acatado con borreguilismo cortés: como Bouvard y Pécuchet, traza un inventario de las ideas comunes del día y reactualiza burlona el mapa universal de la idiotez.

La asociación de nuestra pareja a la vida literaria —encuentros, reuniones, cenas, etc.— abarca el período comprendido entre mi llegada a la Rue Poissonnière y la mudanza al Midi a fines del sesenta y cuatro. Desde el diagnóstico del cáncer de la madre de Monique a la canibalesca digestión de su muerte, una lectura de la agenda en la que anota escuetamente los acontecimientos del día revela una apretada sucesión de citas profesionales o amistosas con editores, intelectuales y periodistas, como si el drama y desgarro interior que sufría la hubieran incitado a buscar refugio en un torbellino de almuerzos y recepciones. Su agitación de entonces, encubridora del dolor real de una agonía vivida como un proceso de catarsis afectiva, púdicamente descrito en *Une drôle de voix,* coincidía con una crisis personal mía y de mis vínculos con ella, con una desestabilizadora sensación de extrañeza y despego respecto a nuestro medio: sigilosa conciencia de impostura, producto de la inadaptación al personaje que encarnaba; hastío de la vida nocturna, soportable únicamente gracias al uso y abuso del alcohol. A mis recientes decepciones políticas y certidumbre amarga de haber creado una obra que, si bien cumplía con mi responsabilidad cívica, no pertenecía en modo alguno a ese ámbito sustancial, decantador, iniciático forjado por la literatura, se sumaba la brusca actualización de mi homosexualidad y la penosa clandestinidad de unas relaciones en las que me detendré después. La conjugación de todo ello podía resumirse en un término: cansancio. Cansancio del trajín literario-editorial, militancia política, escritura funcional, imagen ambigua, respetabilidad usurpada. De manera cada vez más precisa y nítida, sentía necesidad de concentrar mis energías físicas, intelectuales y afectivas en aquellas zonas o puntos que juzgaba esenciales y echar por la borda todo lo demás.

En un pasaje del último volumen de sus memorias, Simone de Beauvoir menciona el hecho de que una cena con Sartre en la Rue Poissonnière les había devuelto la afición a las fiestas. Dos años después, éstas se sucederían regularmente a lo largo del angustiado cuenta atrás de Monique. Recuerdo una en la que, abrumado con el peso de las tensiones de mi esquizofrenia incipiente, me escabullí a respirar y dar una vuelta con gran desconcierto de nuestros invitados: editores franceses y americanos, los Semprún, Simone Signoret habían charlado o bailado hasta las tantas e, incapaz de asumir mis funciones de anfitrión, acechaba con descaro la aguja del reloj, aguardando el momento liberador de tumbarme en la cama. Sea como fuere, las cenas multitudinarias que celebrábamos empezaron a poner mis nervios a prueba con efectos a veces perdurables: mi portentosa capacidad de ausencia, de evadirme a mil leguas de los demás desarrollada entonces se agudizaría con los años hasta convertirse en un rasgo de mi carácter y fomentar mi sordera. Originada probablemente como defensa contra la interrupción por el prójimo de mi realidad más profunda, me permitía mantener la fachada, no sé si agrietada, de unas formas sociales correctas, sin sustraerme a la secreta gravitación del binomio que regía mi vida. Palabras volanderas e inútiles, sonrisas pinchadas, discusiones de enroscada voluta: la «realidad» era sólo esa corteza que una metáfora incandescente y feraz o la representación imaginaria de un cuerpo podían destruir en un segundo. Fulgurante, concreto, el universo evocado desvelaba —como un raudo y silente fucilazo— la nocturna opacidad del rito. Únicamente la literatura, el corpus tejido podía crear aquel súbito y breve esplendor que esclarecía el mundo. Cuando leería *Soledades* y la feroz ardiente muestra de aquellos luchadores *de recíprocos nudos impedidos / cual duros olmos de implicantes vides,* la ofidiana lubricidad de la frase y copulación del verbo hecho carne me revelarían la transmutación del cotidiano desvivirse de Góngora en la alquitara de su poesía: su genitiva facultad de aunar, en polisémico acorde, sexualidad y escritura.

Reducido a una presencia paulatinamente residual, ¿advirtieron mis amigos de entonces la radicalidad del cambio?: ¿mis escapadas mentales en medio de la conversación, señales de mal disimulada impaciencia cuando la velada se prolongaba, huidiza expresión de mi rostro abstraído o hermético? Algo debió filtrar de mi estado de ánimo pues el alejamiento y dejadez fueron pronto recíprocos. En otoño del sesenta y cuatro, las cenas en la Rue Poissonnière se espaciaron y, cuando volvimos después de dieciocho meses de ausencia, algunos de sus asiduos se habían olvidado ya de ellas: sin el aliciente del influjo editorial, el núcleo de amigos se redujo de forma significativa. En adelante, acompañado de Monique y unos pocos, rastrearía el campo vedado de cuanto había permanecido silvestre e implícito.

El territorio al que lentamente accedía exigía una renuncia completa a cuanto no engarzaba con él. La conciencia de perder miserablemente el tiempo en cosas que no me incumbían y con personas que no me importaban, aceleró todavía el extrañamiento. La nueva concepción de la literatura exigía una entrega absoluta, hacer tabla rasa del universo anterior. Cambiar de vida al cambiar de escritura. El orgullo creador, desenvuelto mientras componía *Don Julián,* oscurecerá en adelante el relumbre de mi engreimiento. Según veré formulado después en Flaubert, no seré ya, desde entonces, lo bastante modesto como para sentirme halagado por recompensas ni honores.

La decisión de Monique de cortar con Gallimard, París y nuestra sociabilidad, cayó sobre mí como agua de mayo. Si bien dificultaba el nexo secreto que mantenía con Mohamed, me permitía escapar de un contexto asfixiante en el que día tras día aumentaba mi alienación. Viajar, aislarme, partir sobre bases nuevas en la literatura y la vida valía más que París y todas sus misas. El dolor de Monique a la muerte de su madre se ajustaba a mis deseos de poner tierra por medio. Unidos en la tristeza y necesidad de mudar aires como no lo estábamos desde hacía tiempo, liaríamos los bártulos con unos sentimientos lenitivos, casi epifánicos al apaciguador decorado de una existencia provinciana en Saint-Tropez.

A veces, a su salida del despacho de Gallimard, nos reuníamos Monique y yo, a solas o con otras personas relacionadas con su trabajo, en el cómodo, silencioso bar subterráneo del vecino hotel du Pont Royal. La disposición del lugar, sabia distribución de las lujosas y confortables butacas, luz tamizada creaban una atmósfera íntima y recoleta, propicia a las confidencias y charlas a media voz. La clientela era en gran parte intelectual, pero los presentes se mantenían a una distancia discreta unos de otros, cada uno en su propia querencia o rincón. Allí le había visto a menudo, vestido con sencillez distinguida —jersei de cuello de cisne, chaqueta de *tweed* inglesa— con el cabello áspero y rostro inconfundible con el que aparece en sus escasas fotografías. Acostumbraba a sentarse lejos del bar y la escalera, al otro extremo del saloncito, en compañía de una dama algo más joven o de algún traductor. Su timidez, reserva, manifiesto temor a cualquier interferencia ajena establecían a su alrededor una especie de zona inviolable y sagrada como la que abre en la calle el blanco bastón de un ciego. La imposibilidad de traspasarla y hollar como un patán la frontera de su invulnerable modestia convertían en algo sacrílego la simple idea de acercarse a él. El escritor y su amiga platicaban aislados en su transparente burbuja. Aunque conocía y admiraba su obra, respetaba como todos la integridad de su territorio. Era Samuel Beckett.

En Beckett, precisamente en Beckett, había pensado en mi habitación del hotel Habana Libre el día en que recibí la visita de otro colega. El poeta Evgeni Evtushenko residía desde hacía algún tiempo allí, en un aposento contiguo al mío: caído en una relativa semidesgracia por una humorada de Jruschof, había sido enviado a Cuba en una suerte de exilio dorado y aguardaba con impaciencia, mordiendo el bocado, el momento de hacer las paces con el jefe y poner de nuevo su musa prolífica al servicio del credo oficial. Amigo de la notoriedad y el halago, soportaba a rudas penas su estadía en un lugar en el que su figura y obra eran desconocidos. Informado de mi vecindad por los amigos del diario *Revolución,* se presentó una noche en mi dormitorio, altísimo, rubio, aniñado, con unos ojirrines azules que al cabo de unos minutos de examen revelaban un curioso parecido con esos lentes bifocales, hechos para ver de cerca y lejos: candorosamente siberianos arriba y astutos y pícaros abajo, o tal vez al revés. Evtushenko chapurreaba inglés y castellano y, en una jerga pintoresca, me explicó que nuestra celebridad respectiva nos predestinaba a una amistad no sé si terrenal o eviterna. Escribía, me dijo, docenas de poemas en la soledad de su cuarto, privado de la presencia reconfortante del público, deferencia de sus admiradores, estruendo de los aplausos: el ozono que le permitía respirar. Tras varias pausas y algún *quid pro quo* lingüístico, se eclipsó de pronto de la habitación y reapareció con un fajo de cuartillas, las primicias de su estro poético. Dijo que iba a leérmelas, pero me negué con firmeza: no entendía una palabra de ruso. No importa, repuso él, tú miras, tú escuchas. Adoptó una pose teatral de rapsoda en guayabera: la escena era grotesca y la corté con brusquedad. Expliqué que carecía de oído para otras lenguas y odiaba los recitales desde que vi a Berta Singerman; cuando traducirían sus poemas al castellano los leería con sumo interés. Visiblemente contrariado, el poeta cambió de planes: quería ir conmigo a alguna sala de fiestas, tomar unas copas de daiquiri helado. No recuerdo con exactitud si fuimos primero al Salón Rojo del hotel Capri o penetramos directamente en un ruidoso local del que parecía ser un asiduo pues fue abordado al punto por una bella mulata y comenzó a obsequiarme, iluminado a brochazos por el rabioso arcoiris de un foco giratorio, con una enérgica, casi acrobática exhibición de twist. Le dejé absorto en la contemplación de su propio espectáculo y salí de allí. Pero el bardo de la taiga era obstinado y no daba su largo brazo a torcer. Días después, volvió a mi habitación, esta vez sin poemas, y me miró con semblante desvalido de niño huérfano. Tú no me admiras. ¿Por qué? Debí de sonreír al decirle que las admiraciones no pueden ser decretadas. Si comprendieras mi poesía me admirarías, aseguró. Desdichadamente para él no era el caso y mi coriacidad hispana le torturaba y llenaba de desolación.

Cuando salimos de Cuba, él al rebato oficial de su musa antichina en las páginas de los *Izvestia* o la *Pravda* y yo a una vida parisiense mucho más oscura, creí que no nos volveríamos a encontrar. No obstante, el ocho de febrero de 1963, en la fase terminal del cáncer de la madre de Monique, recibimos una llamada telefónica de nuestro amigo K. S. Karol, a la sazón redactor de *L'Express* en el equipo dirigido por Jean Daniel. Evtushenko estaba en París y quería verme. En el estado de ánimo en que nos hallábamos, la idea de un bureo nocturno con él me pareció oportuna: divertiría momentáneamente a Monique de su angustia y nos permitiría disfrutar de la grandilocuencia del personaje. Todavía hoy ignoro las razones de su segundo y previsiblemente infructuoso encuentro conmigo: según averiguaría después por la indiscreción de otro periodista, la mayor aspiración del bardo —embebido de ese mismo espíritu lacayuno y rústico que impulsaría a su colega y rival Vossnezenski a escribir poemas a la gloria de Jacqueline Kennedy— se cifraba entonces en codearse con De Gaulle y Brigitte Bardot.

Sea cual fuere el motivo de su amable insistencia, le fuimos a buscar con K. S. Karol al hotel du Louvre y, escoltados por una funcionaria de la embajada soviética, asistimos conforme a sus deseos al espectáculo del *Crazy Horse*. Los números de estriptís eran amenos e ingeniosos: en un momento de la representación parodiaban con gracia una especie de desfile militar. Unas muchachas con guerreras, correajes y botas ocupaban jocosamente la escena y sonaron, burlescos, los populares acordes de Rouget de Lisle. Inopinadamente, ante el asombro de todos, el poeta se puso de pie y se cuadró tieso como una estaca, con un metro noventa de altura insoslayablemente siberiana, en una encomiable muestra de acato al sacrosanto himno nacional. Hubo murmullos, sonrisas, carraspeos: ¿a qué obedecía aquel arrebato de patriotismo? ¿Formaba acaso parte del *show*? El resto de la velada fue menos colorido y aunque siguiendo los malos consejos de Monique acabó horas más tarde, para desconcierto del bardo, con los procaces travestidos del *Carrousel* la imagen del turefelesco Evtushenko mientras las mozas risueñas comenzaban a desnudarse al son de *La Marsellesa* alcanza ese grado de representatividad ejemplar en el que la anécdota trasciende a categoría y abrevia la concepción romántica y espectacular del poeta demiurgo calzado con las chinelas de Empédocles. Don Evgeni o Beckett, don Camilo o Cernuda, don Ernesto o Lezama: autenticidad y mito, pasión crítica y egotismo, conocimiento moral y proyección emblemática. Dos maneras opuestas de concebir la literatura y la vida: el trago de una y otra a secas o el aderezo teatral y clownesco del vate en las bambalinas del *kitsch* y ampulosidad letraherida.

Monique te ha referido la anécdota.

De vuelta de Corfú, aguarda el avión que va a llevarla a París en el soleado aeropuerto de Atenas. Los altavoces anuncian la llegada del vuelo de Air France y, mientras mira distraídamente la pista y los preparativos del personal de servicio en torno al aparato recién inmovilizado, observa de pronto ráfagas de agitación. Una docena de periodistas y fotógrafos corren hacia la escalerilla y se apiñan al pie de ésta al acecho de una celebridad. Los pasajeros emergen lentamente de la puerta de a bordo y, al poco, divisa la silueta inconfundible de la pareja Sartre-Simone de Beauvoir. Los escritores bajan los escalones, ponen pie en tierra, cruzan la jauría de *paparazzi* sin que nadie advierta su presencia ni les preste atención. Momentos después, un Eddie Constantine que arroja besos y agita el sombrero, será objeto de un recibimiento apoteósico y, para el testigo de la escena y sus diferentes actores, realmente difícil de olvidar.

Proponerse como difícil ideal literario y humano la moral genetiana del malamatí: *practicar abiertamente lo que leyes y costumbres reprueban, infringir normas de recato y prudencia, admitir con impavidez el escarnio y los alfilerazos de la murmuración: renunciar al prestigio de una conducta fundada en el conformismo o el ejercicio de la bondad oficial: escudarse, al revés, en el desdén para mantener la virtud secreta, perseguir la extinción paulatina de la presunta decencia, sacrificar ventajas y honra a la fidelidad escrupulosa a sí mismo: vivir en fin sin veneración ni discípulos en el acendramiento y perfección de la puridad.*

Polizonte del brusco naufragio, orillas a tierra ajena con júbilo de Robinsón: tus afinidades de escritor permiten compensar los precarios lazos de sangre con la imantación de unos campos magnéticos alejados de tu suelo y semilla: posibilidad de escoger antepasados y deudos, arrinconar el pobre escudo de hidalgo, olvidar cuanto fue destruido: forjar una genealogía a tu aire e incluir en ella a los que acusados de patria renuncia eludieron el modelo común y su conminatoria fuerza centrípeta: dibujar las constelaciones literarias en torno a las que orbitas y dotar a tu nuevo tronco de arborescencia y frondosidad: la galería de retratos que ventajosamente sustituye a la antigua incluye a ladrones y prófugos, herejes, sodomitas, proscritos: ninguna posibilidad de subasta o ultraje a causa de un revés familiar o mudanza de la fortuna: su levedad les dispensa de techo: libremente, viajan contigo.

Cuando la moral familiar o tribal halle en ti motivo de escándalo y éste brote profuso en la página impresa aceptarás sus salpicaduras como oblicuo, involuntario homenaje al orgullo y rigor de tu independencia: la decisión de no acatar las normas consensuadas y preservar con celo tu desvío de la alabanza o reprobación ajenas, te depara la ocasión de transmutar en fuente de energía el desorden sentimental de tu vida, la gravitación solar de su incendio: afán de llevar al término de la consumación artística tu sañuda trabazón con el verbo: ardor, plenitud, incandescencia de suave feroz cuerpo a cuerpo, de implicante lúbrica presa que se alonga en abrazo y coyunda: dicha y exaltación del hallazgo, sincopada beatitud del deliquio, gracia del apoderamiento: el ámbito al que te asilas, como quien se acoge a sagrado, te guarda de la intemperie: lo dulce no excluye lo arriscado: el ensimismado gozador no percibe la nocturna agitación de los perros.

Mi Lil Al Qāder acaeció un ocho de octubre, no sé si dentro o fuera del mes sagrado de Ramadán, la noche en que fui por vez primera al lugar en el que escribo estas líneas y conocí a un tiempo a Monique y Genet, dos personas que por vías y maneras distintas influyeron decisivamente en mi vida y cuyo encuentro desempeña en ésta un papel auroral. Mi evolución posterior la deberé en gran parte a ellas, a su contribución a arrancarme de mi medio y su agobiadora estrechez. Las apariciones y eclipses de Genet a lo largo de dos décadas me descubrirán un ámbito moral nuevo: tras el mundo burgués cerrado y compacto del barrio barcelonés de la Bonanova, con sus espectros familiares y hecatombe afectiva, me internaré poco a poco y con cautela, de su mano, en esa fecundidad desligada de nociones de patria, credo, estado, doctrina o respetabilidad de mi ejido-medina de la Bonne Nouvelle.

III

EL TERRITORIO DEL POETA

Unas semanas antes de revisar estas páginas, recibí un día dos o tres llamadas de un hombre con un vago acento extranjero que quería a toda costa hablar con Monique. Cuando ésta regresó a casa y se puso al teléfono, el desconocido la asaltó ansiosamente a preguntas respecto a Genet. ¿Dónde estaba? ¿Le había ocurrido algo? ¿Quién podía procurarle sus señas? Monique le explicó que desde hacía tiempo sabíamos poco de él y casi siempre de forma indirecta: lo único que se le ocurría aconsejarle era escribir al domicilio de su editor. Pero su interlocutor parecía consternado y no daba el brazo a torcer. Ni su mujer ni él entendían lo sucedido: la antevíspera, Genet había almorzado con ellos y les pidió que al día siguiente le telefonearan sin falta; no obstante, en el hotel en donde se alojaba, pretendían que pagó la cuenta y se fue sin dejar recado. No era posible que hubiera olvidado su cita con ellos; tal vez había sufrido algún percance; tal vez...

El desconcierto y tristeza del sujeto no resultaban nuevos para nosotros: reproducían una situación genetiana que conocíamos desde hacía décadas. Tras haber convivido con él y su esposa por espacio de unos días o semanas, concediéndoles el don fortuito de su presencia, Genet había desaparecido bruscamente de sus vidas, del ámbito amistoso en el que acampaba y en el que fugazmente se había sentido a gusto. Abandonado sin razón aparente alguna, privado de su dicha y estado de gracia, el desconocido no alcanzaba a comprender que el momentáneo bienestar del escritor, su impresión de integrarse en el núcleo de una familia habían sido probablemente las causas de su fuga y condena. Su nombre y el de su esposa se agregarían así a la larga lista de los seducidos por su personalidad e inteligencia apeados de golpe a la vera de un camino con altibajos, revueltas, bifurcaciones y cambio de sentido. Aturdido e incrédulo, verificaría poco a poco, amargamente, que Genet había dejado de existir para ellos salvo en el caso hipotético de que en el futuro tuviera que recurrir a sus servicios o se viera en el brete de solicitarles algún favor.

Fue exactamente el ocho de octubre de 1955. Monique, a quien había conocido unos días antes en el vestíbulo de Gallimard, me había invitado a cenar en su piso de la Rue Poissonnière, añadiendo en seguida, temerosa, según me confesó luego, de que su cálida y bella sonrisa no fuera motivo bastante para que aceptara su hospitalidad: «Jean Genet irá también. ¿Le conoce?» *

Sí, le conocía a través de sus libros o, mejor dicho, de su último libro publicado entonces, *Journal du voleur,* que un amigo me había prestado dos años antes, durante mi primera y breve estancia en París. El efecto moral y literario que causó en mí su lectura fue enorme. A la expresión personal, fascinadora e insólita del autor se agregaba la introducción a un mundo para mí totalmente desconocido; algo presentido de modo oscuro desde la adolescencia, pero que mi educación y prejuicios me habían impedido verificar. Recuerdo que quien me pasó el ejemplar manoseado de la obra apuntó una vez con el dedo a un individuo de una treintena de años, de aspecto fanfarrón y malencarado, que se dirigía a la terraza del café situado exactamente delante del nuestro —se llamaba y creo que se llama todavía *La Pérgola,* junto a la boca de metro de Mabillon—, murmurando con aire entendido: «Es el amigo de Genet.» Días más tarde, al devolverle yo el libro, me preguntó si me

* Véase *Coto vedado,* págs. 259-260.

había masturbado al leerlo. Le dije que no y me miró sorprendido, con una mezcla de decepción e incredulidad.

—Yo lo he hecho docenas de veces. Cada vez que lo leo, me hago una paja.

No me han gustado nunca esa clase de confidencias y corté la conversación. Según me dijo años después Genet, nada le irritaba más que el inoportuno homenaje a las virtudes pornográficas de su obra: la opinión de los homosexuales sobre ella no le merecía ningún crédito y sólo apreciaba el elogio de quienes, fuera del gueto por él descrito, tomaban sus novelas por lo que eran, es decir, un mundo autónomo, un lenguaje, una voz. En cuanto al supuesto amigo señalado por mi iniciador en aquéllas, debía de ser, teniendo en cuenta las fechas, Java o René. «Pero ninguno de ellos frecuentaba Saint-Germain-des-Prés, observó Genet al mencionarle el hecho. Los dos chuleaban putas en Montmartre o robaban a los maricas en los urinarios o el Bois de Boulogne.»

Diez días después de nuestro primer encuentro en la Rue Poissonnière, acompaño a Monique a verle. Genet está enfermo, no recuerdo de qué, y ella le lleva un bolso con comida y medicamentos. Subimos a un pequeño estudio de la Rue Pasquier, en donde nos recibe acostado. Al cabo de un rato aparecen nuevas visitas: Madeleine Chapsal y Jean Cau, entonces secretario de Sartre y más tarde fiel portavoz de los miedos y fobias de la derecha.

Los diarios traen noticias cada vez más alarmantes de la represión en Argelia y Genet ha tenido la idea de celebrar a su manera el Día de Difuntos que se avecina. Ha redactado un texto, dirigido a quienes visitan la tumba de sus próximos, para ser distribuido a la puerta de los cementerios. Genet busca sus gafas en la mesita de noche, se las cala y lee con esa voz suya inimitable, grave, severa, llena de intensidad y cólera retenida, un escrito acusador, de gran violencia poética, incitando a la asistencia a pensar en los otros muertos, los que caen diariamente segados por las balas criminales de *su* ejército y *su* policía: viejos, niños, mujeres, campesinos humildes y analfabetos...

El texto me conmueve, pero Jean Cau arroja en seguida un cubo de agua fría: el tono es demasiado agresivo, dice, y su efecto sería contraproducente. Propone entonces redactar otro, mucho más mesurado y eficaz, en el lenguaje habitual a esa clase de manifiestos. Mientras discute los términos con los visitantes que ahora llenan el estudio, observo que Genet parece desentenderse por completo de la conversación, como si la acción planeada de acuerdo con la línea política de una oposición respetuosa y siempre a la defensiva no le concerniera.

Su texto no será difundido nunca y, según me escribe Monique a Barcelona, adonde regreso unos días después, la empresa de agitación poética propuesta por Genet no se lleva a cabo.

Pasa un año. Monique me ha informado regularmente de sus contactos con el poeta y yo he leído entre tanto la totalidad de sus obras durante mis últimos meses de servicio militar. Cuando concluyo éste, vuelvo a París con Monique y me instalo en su casa de la Rue Poissonnière.

Genet se descuelga allí sin previo aviso —el piso de Monique es para él una especie de cantina—, y aunque deseo hablarle de sus libros, advierto en seguida que el tema le disgusta. Acostumbrado a la oronda vanidad de los letraheridos hispanos, su actitud me sorprende. Genet impone una distancia infranqueable entre él y la obra, huye como de la peste de quienes por buenas o malas razones la admiran, asume la lejanía y despego de un Rimbaud traficante en las estepas desoladas de Harar. Cuando mucho más tarde me pregunte mi opinión sobre ella, lo hará con pudor y modestia, sin la agresividad e ironía en que, para defenderse de una veneración o curiosidad inoportunas, se envuelve de ordinario.

Entre los que aparecen por casa de vez en cuando figura asimismo René, a quien Monique conoce de la época en que él frecuentaba al poeta y se buscaba un *modus vivendi* despojando con nocturnidad a los homosexuales en las zonas habituales de ligue. Dicha relación amistosa, puntuada de incidentes cómicos, ha sido retratada con gracia en *Les poissons-chats,* la primera novela de Monique. René tiene entonces una treintena de años, es alto, macizo, basto y su rostro, vulgar y abultado, delata en seguida su pasada condición de truhán; casado ahora y padre de dos hijos, limpia colchas, sofás y sillones a domicilio, un trabajo que le permite no sólo ganarse honradamente la vida sino calzarse también, siempre que la ocasión se presente, a numerosas sirvientas y aun amas de casa. Para ello pregunta con insistencia el origen de las manchas rebeldes a su enérgica terapéutica, descarta secamente hipótesis confusas y acaloradas, centra poco a poco las sospechas en el origen espermático de la libación. Sus visitas a la Rue Poissonnière obedecen tanto al deseo de evocar los viejos tiempos con Monique como al propósito de tirarse a Hélène, la asistenta que vive con nosotros y acompaña a la niña a la escuela.

Hélène habla a tontas y a locas, se maquilla exageradamente y sale a bailar por las noches. A través de sus relatos extravagantes deducimos que se trata con algún proxeneta, pues ha sido invitada a Casablanca a trabajar como esteticista; es madre soltera y ha confiado a sus tres hijos a la Asistencia Social. Su continua verborrea irrita a Genet: mientras ella sirve la comida, reclama bolas de cera para los oídos. Un día, avasallado por su cháchara, exclama fuera de quicio:

—*Nom de Dieu! Vous ne pouvez pas avoir une idée générale?*

Algunos encuentros de aquellos meses, preservados del olvido gracias a la pequeña agenda de Monique.

Acompañamos a Genet al Quai de Conti, adonde debe asistir a la recepción oficial de Jean Cocteau en la Academia: es el primer y último acto mundano al que le he visto acudir en mi vida. Visiblemente, la ceremonia le fastidia y, al dirigirse al encuentro de sus colegas, lo hace a regañadientes, excusándose con nosotros y furioso consigo mismo. Ni física ni moral ni literariamente pertenece a su mundo: Genet, en la galería de invitados del Institut, es el halcón introducido por error en una asamblea de pavos reales. Lo que verá y oirá allí alimenta cuanto desprecia: sentimientos de asco, ganas de vomitar.

Cocteau había contribuido decisivamente doce años antes a hacerle salir de la cárcel y se siente en deuda con él. No obstante, evita su trato siempre que puede: su mundanería y exhibicionismo le ofenden. Cuando el autor de *Les enfants terribles* fallezca, Genet me hablará de él y la superficialidad de su obra sin malquerencia pero sin piedad.

En otra ocasión, la agenda indica escuetamente una «cena Genet-Violette Leduc en un restaurante chino», de la que no conservo con todo ningún recuerdo.

Violette Leduc acaba de salir entonces del sanatorio siquiátrico en donde, gracias a la generosidad de Simone de Beauvoir, se había recuperado de una de sus crisis, medio reales, medio simuladas, de locura y depresión. La fuimos a ver con Monique —quien admiraba profundamente su obra y me había hecho leer sus libros, entonces casi desconocidos—, a una hermosa villa de las afueras de París, con un gran parque de castaños de Indias amarillos y casi deshojados. Violette —cuya terrible semblanza física trazó Maurice Sachs de manera inolvidable— había sollozado sobre su abandono y soledad: sufría o fingía sufrir de un delirio de persecución, pero a ratos parecía serenarse y su tosco rostro de pepona se ensanchaba en una astuta y maliciosa sonrisa. Era «comediante y mártir», conforme a la expresión acuñada por Sartre, y había aparentado extasiarse ante la «feliz pareja» que formaba yo con Monique. Quería que le pasase algún pantalón viejo, «con un poco de semen en la bragueta», decía con aire plañidero, pues vivía sola, sin hombre, y aquel recuerdo mío la calentaría un poco. A falta de unos tejanos disponibles, consiguió unas cuantas fotografías que nos habían sacado en España: con ellas dormiría mejor, se sentiría más acompañada, podría forjarse la ilusión de participar a distancia de nuestra dicha. Unos días después telefoneó a Monique, todavía desde la clínica: mientras paseaba por el jardín, alguien se había colado en su habitación y había hecho trizas, frenéticamente, todas nuestras fotos. *Dites à Juan qu'il y a sans doute quelqu'un qui lui veut du mal.*

Fuera de sus vínculos lésbicos, tan bellamente descritos en sus libros, Violette había tenido dos pasiones en su vida: Maurice Sachs y Genet. Amores imposibles, si puede decirse, por la diferencia de sexos, cuyo fracaso, tristeza y humillaciones referirá más tarde en *La bâtarde* de modo magistral. Años atrás, según Genet nos confió un día, le había invitado a cenar con su amigo Java a su pequeño apartamento cerca del Faubourg Saint-Antoine. Violette había guisado un plato con salsa e insistía en que se sirviera, aunque Genet no tenía apetito. Como él rehusara, adoptó un tono quejumbroso: «Ya veo que desprecia usted a los pobres» o algo por el estilo. Furioso, Genet volcó la mesa con cuanto había encima y la salsa cayó en el escote de ella y se escurrió entre sus pechos. Él salió con su amigo dando un portazo y el día siguiente la había encontrado tendida delante de su puerta, sollozando, todavía cubierta de salsa. Desde entonces, oponía una resistencia implacable a sus acosos admirativos e ignoro por qué razón bajó la guardia y cenó con nosotros y ella en la fecha marcada en la agenda de Monique.

En aquella época Genet mantiene intacta su voluntad de provocación: cantor del crimen, el robo, la homosexualidad, no cesa de cobrarse la deuda que, desde la concepción en el vientre de su madre, la sociedad ha contraído con él; de resarcirse, ahora que es respetado y famoso, de las miserias e injusticias sufridas en su niñez y juventud. Responde con insolencia a la admiración de los respetables, exhibe su ruda franqueza ante los hipócritas, saca sin escrúpulo dinero a los ricos para entregarlo a quienes, como él, no han gozado de entrada de fortuna y educación. Sus cóleras son violentas y bruscas: su primer editor, el traductor norteamericano de sus obras, Jean Cau —que ha venido a justificar su despido por Sartre—, recibirán un día u otro sus bastonazos e injurias.

A la invitación de asistir a la cena oficial de homenaje a un ministro por el mundo de la cultura, contestará con la pregunta de si ha sido invitado a título de ex presidiario, ratero o maricón. Una vez, en la terraza del *Flore,* será saludado desde otra mesa, con ademán furtivo, por un homosexual vergonzante y, alzando la voz, le espetará: «¿Qué, te la metió bien el chulo de la otra noche?» En el restaurante en donde almorzamos, una señora pintarrajeada habla y besuquea a un perrillo faldero en la mesa vecina; Genet hace una mueca de asco y la dama le pregunta:

—*Vous n'aimez pas les animaux?*

—*Madame, je n'aime pas les gens qui aiment les animaux.*

Recuerdo igualmente la ocasión en que, bastantes años más tarde, Monique y yo le acompañamos a ver a una ferviente admiradora suya, esposa de una importante personalidad estatal, a quien acudía a solicitar una intervención en nombre de un amigo. La dama, para halagarle, cita de memoria una frase suya, no sé ahora a propósito de qué, que había sido reproducida tiempo atrás en los periódicos.

—Sabe usted —le dice—, cuando leo o escucho algo inteligente siempre lo retengo.

—Y cuando oye usted una tontería, la suelta —responde Genet.

Ella encaja el golpe sin pestañear y, dando muestras de magnanimidad y señorío, toma nota de cuanto él le pide e interviene decisivamente en su favor.

La representación de su teatro empieza a procurarle dividendos y, por primera vez, vive con cierta holgura. A partir del éxito mundial de *Le balcon,* repartirá los derechos de autor entre sus protegidos reservando tan sólo para sí lo estrictamente indispensable.

Hasta la fecha, sus estratagemas para obtener *pasta* podrían ilustrar una antología de trucos y expedientes, dignos de un héroe de nuestra picaresca: préstamos, sablazos, hoteles abandonados sin abonar la cuenta... Genet actúa en estos casos sin remordimiento alguno: su moral se sitúa a un nivel diferente. Una vez en éste, su conducta será, al contrario, modelo de escrúpulo, de rigor. Pero, y esto sólo lo advertiré más tarde, su nivel *varía*. La entrega absoluta a la amistad no excluye así el germen de una posible e inopinada traición.

Su recurso habitual cuando se halla sin fondos consiste en vender a sus editores títulos de libros inexistentes: *Le bagne, La fée, Elle, Splendid's (La rafale), Les fous...* Cuando Gallimard adquiere los derechos de publicación de sus «obras completas», Genet socaliña dinero a Gastón con el aliciente de promesas miríficas: *Jeanne la Folle, Les hommes, Foot-ball...* El fundador de la NRF, cuyo olfato literario es el de un auténtico perro de caza, tiene además un *faible* por Genet: mientras es capaz de rehusar con sequedad la ayuda a un autor anciano o menesteroso, cede siempre, con excitación mal oculta, a sus continuos ardides y trampas. La certeza de ser engañado por él le procura intensa satisfacción. El viejo Gastón es un «monstruo sagrado», bajo el cual Gallimard no será una mera fábrica de producir libros: su personalidad, caprichos y fantasía ejercen entonces un influjo saludable y el poeta, con su insolencia y desenvoltura, disfruta sin trabas de su beneplácito y protección.

Genet me llama ahora *l'hidalgo* y parece sentirse a gusto en mi compañía cuando aparece por la Rue Poissonnière. Monique le sirve de buzón y le ayuda a resolver los pequeños, pero enojosos problemas de la vida diaria: concertar citas, rehuir encuentros molestos, obtener Nembutal o Supponéryl para dormir.

Vive solo, en hoteles modestos situados casi siempre en las proximidades de alguna estación, como para subrayar así su movilidad y ligereza. Sus bienes caben en una maleta mediana o pequeña: una muda de ropa, algunos libros y cuadernos, los somníferos y medicamentos, sus manuscritos. En esa época escribe aún: ha publicado meses atrás *Le balcon* y pronto seguirán *Les nègres* y *Les paravents*. Lee los periódicos y comenta luego los acontecimientos políticos: la guerra de Argelia, los últimos coletazos del colonialismo francés...

Su austeridad y retraimiento monacales evocan la idea de santidad: desapego real tocante a propiedades y bienes. Come de modo frugal, bebe apenas, el único lujo que se consiente lo constituyen los cigarros o puritos holandeses de cajetilla metálica, que fuma sin parar. Fuera de la satisfacción de sus módicas necesidades personales, el dinero le quema las manos: lo guarda siempre en pequeños fajos en el bolsillo del pantalón, presto a distribuirlo entre sus protegidos, alguien con quien simplemente simpatiza o el muchacho o macarra con el que acaba de ligar.

Hablamos sobre todo de política. Aunque estoy físicamente en París, mentalmente sigo viviendo en España. Mi hermano Luis y gran parte de los amigos barceloneses han ingresado en el PCE clandestino y soy el compañero de viaje marginal, pero útil que ayuda a coordinar desde fuera campañas de prensa y actividades culturales contra el régimen de Franco. Empiezo a conocer la obra de autores como Céline, Artaud, Beckett y sé en mi fuero interno que su expresión literaria, como la del propio Genet, es mucho más bella, densa y audaz que la que yo y mis colegas nos proponemos por meta; pero, al mismo tiempo, estoy convencido de que es un lujo que no podemos permitirnos. La situación de España, pienso entonces, exige de nosotros la claridad y eficacia (léase facilidad y maniqueísmo) de la novela realista y testimonial (*Karl Marx, l'éternel voleur d'énergies!* que hubiese dicho Rimbaud). Así, me impermeabilizo durante años a la influencia políticamente *peligrosa* de Genet (lo que no impedirá sin embargo que cale más tarde en mí lenta y perdurablemente).

Genet simpatiza con nuestras opciones políticas y le agrada discutir con Luis y su amigo Octavio Pellissa, cuando vienen a París a informar o recibir instrucciones de la dirección. Como verificaré después, la disciplina, impenetrabilidad y secreto inherentes a la jerarquización de los partidos comunistas y su perenne mentalidad de «fortaleza sitiada» le atraen y fascinan. Por encima de todo, siente un odio visceral por el sistema social en que vive y las desigualdades económicas, culturales y étnicas que engendra su dominación. Pero, al mismo tiempo, nuestro apoyo exclusivo a España le choca y es objeto de su ironía. Genet conoce bien la Península y encuentra a los españoles resignados a su suerte, sentimentales y blandos, en una palabra, incapaces de repetir sus hazañas revolucionarias del 36.

Machado es entonces nuestra Biblia y le presto una traducción de su poesía y el *Juan de Mairena.* Genet me devuelve los ejemplares al cabo de unos días y formula una serie de críticas: el horizonte literario y humano del autor le parece reducido y estrecho; su castellanismo es una forma de contemplarse narcisistamente el ombligo y resucitar los valores retrógrados del paisaje. Machado no sólo escribe en español —como él escribe en francés— sino que quiere *ser español,* una identificación cultural que él no comprende y tilda de chovinista. A él, el paisaje moral francés le deja totalmente indiferente: ni los jardines de Versalles ni la catedral de Reims ni la campiña normanda le provocan emoción alguna. Entonces, ¿por qué ese amor por Soria, Castilla, los chopos del río, la lenta procesión de los álamos? La patria, dirá mucho después, sólo puede ser un ideal para aquellos que no la tienen, como los *fedayín* palestinos.

—¿Y el día que la tengan? —le pregunto.

Él guarda silencio durante unos momentos.

—Entonces habrán conquistado el derecho de arrojarla a la taza del retrete y tirar, como yo, de la cadena.

Tras una de sus frecuentes ausencias reaparece un día en Rue Poissonnière con un muchacho de una veintena de años. Abdallah es hijo de un argelino y una alemana, ha trabajado desde niño en un circo y hace números de acrobacia. Su rostro, de una gran seducción, presenta una mezcla armoniosa de rasgos viriles y femeninos. Su voz es suave, su porte gracioso y elegante y, al hablar, se expresa siempre con gran delicadeza y pudor.

La relación entre ambos es paterno-filial. Genet ha decidido convertirle en un gran artista e inventa para él suertes de saltimbanqui que exigen un paciente y riguroso entrenamiento. Un admirable texto poético, *Pour un funambule,* será el resultado de la conjunción de sus voluntades. Abdallah se entrega con entusiasmo a la tarea, Genet parece muy satisfecho de sus progresos y su amistad irradia una gloriosa belleza moral.

Cuando Genet viaja, Abdallah viene a visitarnos y tanto Monique como yo nos sentimos muy bien en su compañía. Al cabo de unos meses, Genet nos comunica que su amigo ha recibido su hoja de recluta y, ante la perspectiva de ser enviado a «pacificar» Argelia, han resuelto de común acuerdo que debe desertar. Abdallah no responde a la convocatoria de alistamiento y viene a despedirse de nosotros con su luminosa sonrisa: la aventura le excita y sabe desde luego que moviliza la vitalidad y energías de Genet, para quien la deserción es un valor absoluto. Desarraigado de nacimiento, pupilo de la inclusa, éste predica con el ejemplo las virtudes del exilio. Acercarse a él implica desprenderse de las propias coordenadas, desacostumbrarse a la educación recibida, cortar con pasados sentimientos y efectos, vivir como un extranjero en perpetua disponibilidad. Para acomodarse a la imagen que de él desea, Abdallah asumirá su nomadismo, construirá la propia vida en torno a una empresa llena de riesgo, caminará sobre su cuerda floja de volatinero sin seguro ni red. Pero es joven y fuerte, la voluntad de Genet le sostiene y confía animosamente en que la suerte le sonreirá.

Cuando le acompañamos a la Gare de Lyon, en donde toma el tren que le conduce a Bordighera con su material de funámbulo, ignoro que su deserción no será la última y, años más tarde, la situación se repetirá con Ahmed y Jacky. Monique y yo le besamos ambas mejillas y él nos hace desde la ventanilla del tren en marcha un adiós, cada vez más pequeño, con su mano.

Durante varios meses Genet viaja: sigue a Abdallah por Italia, Bélgica y Alemania y vigila de cerca su entrenamiento. L'Arbalète acaba de publicar *Les nègres*, que pronto será montada por Roger Blin. El buen humor de sus mensajes y llamadas telefónicas indica que atraviesa una fase creadora: sólo se lamenta de sus dificultades en conseguir somníferos. Monique se los envía de vez en cuando por correo, pero el procedimiento es peligroso. Cuando se instala en Amsterdam junto a Abdallah decidimos ir a verles y salimos de París por carretera en compañía de Octavio. Odette, una amiga de Monique, se reunirá con nosotros por tren el día siguiente.

Genet nos enseña la ciudad, bromea sobre De Gaulle y sus manías de grandeza, le encanta saber, dice que *la France se fait baiser per sa grosse bite molle*. Nunca le he visto tan contento de existir como entonces y no le volveré a ver ya después. Come con excelente apetito, hace el payaso cuando Monique saca fotos, se interesa por la situación española y el reciente exilio de Octavio. Luego, nos conduce a la sala donde Abdallah ensaya diariamente su número de baile.

El muchacho lleva un vestido diseñado por el propio Genet, que acentúa la gracia y esbeltez de su cuerpo. Sube al cable tendido entre los dos postes y comienza a moverse con agilidad y ligereza irreales. Sus pies parecen rozar apenas la cuerda mientras oscila al compás de un *calypso* a casi dos metros del suelo. Al llegar al salto mortal todos retenemos el aliento contemplando el increíble desafío a la ley de la gravedad: su acrobacia es una levitación. *Sévère et pâle, danse, et si tu le pouvais, les yeux fermés*, ha escrito su amigo. El funámbulo los mantiene abiertos: cuando concluye y salta a la alfombra bajo el techo artesonado de la inhóspita sala de fiestas en que se ejercita, advierto de golpe su tensión y esfuerzo, el sudor que le baña la frente, la fragilidad de su bella sonrisa. Genet oculta su orgullo de Pigmalión y dice a Abdallah que ha mejorado su técnica, pero el número no está a punto: debe olvidarse de los espectadores, concentrarse exclusivamente en el baile, aligerar todavía sus movimientos. Abdallah le escucha, cansado, pero satisfecho y aguardamos a que se mude de ropa para salir a cenar.

No sigo una cronología estricta de los hechos sino el desorden coherente de la memoria.

Asistimos —empleo el plural por Monique— al estreno de *Les nègres* en el Lutèce. Aunque soy muy poco aficionado a espectáculos teatrales —casi siempre me aburro en ellos y basta con que me acomode en el asiento para que me entren ganas irresistibles de toser, me hormigueen súbitamente las piernas o me duela la espalda—, la densidad poética del texto, el extraordinario montaje escénico, la recitación y mímica de los actores me entusiasman: es una obra más bella y provocadora aún que *Le balcon* y prefiero la escenificación de Blin a la que Peter Brook presentó, de la última, en el Gymnase.

Un espectador se levanta en medio de la representación y sale dando muestras de desagrado: es Ionesco. La secretaria de Gaston Gallimard, que ha presenciado el incidente con nosotros, le preguntará el día siguiente el motivo.

—Me sentí el único blanco de la sala —responde el escritor.

Genet sigue en Holanda rehuyendo la curiosidad de los periodistas pero, cuando vuelvo a verle, acepta por primera vez de buen grado discutir de teatro y literatura. Los autores que entonces ocupan el candelero —Malraux, Sartre, Camus— no le interesan ni poco ni mucho. La literatura de ideas, dice, no es literatura: quienes la cultivan se equivocan de género. Su lenguaje es liso, convencional, previsible: parte de algo ya conocido para llegar a algo conocido también. Su empresa no es una aventura, sino un simple trayecto de autobús. Entonces, ¿para qué tanto esfuerzo?

Admira sobre todo a los poetas: Nerval, Rimbaud, Mallarmé e, inesperadamente para mí, Claudel. El deseo de ser escritor le vino en la cárcel después de leer a Ronsard. Céline, Artaud, Michaux, Beckett le merecen igualmente respeto. Años más tarde, instalado ya en una soledad absoluta y sin retorno, me hablará con emoción de Dostoievski y *Los hermanos Karamazov*.

Hemos vuelto a Amsterdam con Florence Malraux y un amigo. Genet nos ha reservado habitaciones en un hotel del centro, pero nos encontramos con la sorpresa de que la dirección no nos admite: nuestras parejas son «ilegítimas». Genet ríe complacido: Abdallah y él, en cambio, no tienen ningún problema. ¡Bendita Holanda, paraíso del homosexual!

Abdallah se entrena ahora con Ahmed, un amigo de infancia que trabaja también en el circo. Es Navidad, y pasamos el día vagabundeando junto a los canales. Los dos muchachos nos muestran el barrio de vida alegre, el baile frecuentado por guyaneses y curazoleños, las prostitutas al acecho tras las vitrinas como sirenas iluminadas en un acuario.

En vísperas de Año Nuevo vamos a Haarlem a ver «Las Regentas» de Hals. Genet admira apasionadamente el cuadro y afirma que el pintor descubrió en él la *bondad*. La obra de los grandes holandeses le conmueve: es un visitante asiduo del Rijskmuseum y bastantes años después de sus páginas sobre el maestro de Leyden, confiará a Monique, tras haberse visto desnudo en el espejo, que su cuerpo envejecido le recuerda a la «Betsabé» de Rembrandt.

La Rue Poissonnière sigue siendo entonces su *point de chute*. Aparece de pronto, entre dos trenes, a recoger sus somníferos y correspondencia o concertar una cita con sus editores. Huye, con repugnancia, de la gloria y reconocimiento mundanos. Un día, de visita en Gallimard, ve un rimero de libros en la habitación en donde los autores firman los ejemplares reservados a personalidades, libreros y críticos: se trata de una obra de Montherlant. Tras asegurarse de que nadie vigila, transforma el consabido *Avec les hommages* del autor en un insólito *Avec les hommages de ce con de Montherlant*. Los volúmenes serán enviados a sus destinatarios y algunos académicos y espíritus distinguidos protestarán telefónicamente del ultraje y los devolverán.

Abdallah ha ultimado entretanto su danza de volatinero y empieza a representarla con éxito en Bélgica y Alemania. Las noticias que nos llegan de su jira son optimistas. *Tu seras cette merveille embrasée, toi qui brûles, qui dure quelques minutes,* ha escrito para él Genet; y el público, *ignorant que tu es l'incendiaire, il applaudit l'incendie.* Las fotografías que recibimos lo muestran airoso y grácil mientras brinca sobre la cuerda floja con su traje brillante y ceñido. Un día, de modo indirecto, nos enteramos de su accidente: ha caído en Bélgica, durante su número y se ha fracturado una pierna. Una operación posterior ha dado resultados satisfactorios, pero debe someterse a un largo tratamiento reeducativo. Genet permanece a su lado para alentarle. Abdallah quiere volver a su baile, presintiendo oscuramente que, de no hacerlo, dejará de apasionar a su amigo: sabe quizá que la empresa es superior a sus fuerzas; con todo, se obstina en vencer al destino. La vida que conocía y apreciaba antes de encontrar a Genet ha perdido para él todos sus alicientes. No sólo ha desertado del ejército sino de cuanto satisface de costumbre al individuo «normal»: trabajo rutinario, diversiones, amigos, espacio familiar. Su entrega moral y afectiva a Genet es un camino sin retroceso: ruptura de puentes, táctica de tierra quemada. Por eso, seguirá bailando sobre la cuerda floja, asumirá la soledad absoluta de su reto, se confundirá con esa imagen leve y concisa que mantiene al público en vilo mientras ejecuta audazmente su salto mortal.

El territorio de Genet es *discontinuo*: presenta quiebras, altibajos, rupturas, bruscas desafecciones. Pacientemente construye escenarios que abandona de pronto dejando a sus actores alienados y huérfanos. Es abnegado, fiel, generoso, sumiso en apariencia al amado pero, al mismo tiempo, voluble, posesivo, exigente, capaz de dureza y de crueldad. Esa discontinuidad tiende no obstante a repetirse, obedece a ciclos sutiles y aleatorios, adquiere con los años una misteriosa coherencia.

Cuando Abdallah cae por segunda vez, la penitud moral de su amistad con Genet descabalga a una realidad inhóspita, gris y sin perspectivas: el funámbulo de ademanes escuetos y puros, investido de exactitud milagrosa, no volverá a bailar. Acomodarse a una vida ordinaria resulta difícil: la experiencia le ha marcado para siempre. En adelante está condenado a ser un peso muerto en la vida de Genet, el recordatorio molesto de un sueño frustrado. Ni uno ni otro intentarán un vano proceso de reinserción social. Para consolarle, Genet le dará un cuadro de Giacometti, con el producto de cuya venta podrá viajar durante meses por Extremo Oriente: fugitivo de sí mismo, exiliado del mundo, ha empezado, tal vez sin saberlo, su inexorable cuenta atrás.

Genet milita entonces activamente por la independencia de Argelia. L'Arbalète publica *Les paravents* que, por la candente actualidad del tema, tardará años en poderse representar.

Se presenta a menudo en casa en compañía de Jacky. El muchacho es hijastro de Lucien, ese *pêcheur de Suquet* a quien dedicara alguna de las novelas y poemas de su primera etapa. Genet lo ha seguido tratando después de su matrimonio, le ha ayudado a establecerse y conoce a Jacky desde niño. Éste manifiesta muy temprano una irresistible pasión por los automóviles: a los trece o catorce años se dedica a forzarlos siempre que puede para escapar en ellos a gran velocidad. La policía le detiene, pero le suelta en seguida por tratarse de un menor. Su espontáneo desprecio de las leyes, audacia y desenvoltura divierten y seducen a Genet, quien descubre en el mozo una incipiente afinidad espiritual. Tiempo atrás, se había fugado de casa y lo albergamos unos días en la nuestra. Frente a un Lucien aburguesado y conformista, su desvío precoz le reviste a sus ojos de un aura atractiva de marginalidad.

Releo al redactar estas notas *L'enfant criminel*. La experiencia carcelaria infantil de Genet, esa *región moral,* cruel y fascinadora de los centros correctivos para menores no dejará nunca de obsesionarle. Denunciado por el músico ciego a quien servía de lazarillo —España, con su brillo y andrajos, se cruza ya en su camino—, será enviado a reeducarse a uno de ellos por haber gastado en los tenderetes y barracas de la feria la pequeña cantidad de dinero que le había confiado aquél. Genet me dirá una vez que, al darse cuenta de su «crimen», pensó en suicidarse. En su lugar, conocerá ese feroz universo que abona sus sueños de abyección y de gloria, crea una distancia insalvable entre falta y castigo, preserva intacto su orgullo rebelde y tenaz. La severidad de la pena le impone una conducta digna de la misma: Genet se esforzará en merecerla. En adelante, el niño adiestrado a la mímica hipócrita del monaguillo podrá entregarse a la verga dura de sus amantes senegaleses, robar, mendigar, prostituirse, aceptar con arrogante desafío su idealizada imagen de delincuente vocacional.

Cuando, escritor ya célebre, será invitado por el director de una institución juvenil sueca, tras una visita a su centro «humanizado» y sin rejas, a dirigir la palabra a los adolescentes en vías de rehabilitación, el discurso de Genet a éstos llenará de estupor al filántropo y dejará al punto de traducirlo: la sociedad busca castraros, volveros grises e inofensivos, privándoos de cuanto os singulariza y distingue de ella, ahogando vuestra rebeldía, despojándoos de vuestra belleza; no aceptéis la mano tendida, no caed en la trampa; aprovechad la estupidez de este fulano para largaros y dejarlo plantado...

Según me dijo Genet al referir el episodio, los jóvenes le escuchaban sin comprender una palabra, el director estaba furioso y, olvidando su liberalismo y buenos sentimientos, le había conminado a irse de allí con amenazas e insultos.

El adolescente que, en ruptura con la familia, se dirige instintivamente a él en busca de apoyo, no pertenece a la categoría de los rebeldes que se dejan normalizar. Jacky no aspira a un hogar propio ni una existencia holgada ni un puesto de trabajo sino a una profesión difícil y peligrosa en la que se explaya y tiene fe. Es vivo, porfiado, simpático y no carece de gracia física. Cuando madure y se haga hombre entrará, muy naturalmente, en la vida de Genet.

No me propongo relatar los acontecimientos que configuran una biografía sino delimitar y ceñir con ayuda de ciertos hechos y elementos el espacio físico y moral del poeta: su vitalidad, humor, caprichos, comedias, sus cóleras fingidas, sus cóleras reales: la *gracia* singular que implica su conocimiento y también la condenación.

Sus afinidades y ojerizas son instantáneas e imprevisibles. La presencia de una persona que le resulta antipática lo encierra en un mutismo hosco y excluyente, que obliga al apestado a retirarse de su campo visual. Le gusta contradecir los lugares comunes y evidencias presuntas, desmontar alegremente las certidumbres más asentadas. Acoge con un silencio glacial los torpes intentos de conversación de los taxistas o responde a sus trivialidades con ironía mordaz. Cuando el mozo del gran hotel de lujo descorre la cortina del balcón para mostrarle la sublime perspectiva que de allí se contempla, ordena que la corra de nuevo y traiga, si lo tiene, un panel o biombo con la fotografía de una fábrica. Los pavos reales de la literatura le provocan una náusea irresistible: un día, hojea la novela de uno de ellos y exclama: «¿Por qué diablos no hace como yo, y cierra el pico cuando no tiene nada que decir?» Pero si se siente bien, entre personas que aprecia, es afectuoso y atento a sus problemas, mantiene con ellas relaciones de respeto y pudor. El tuteo agresivo le molesta: pese a nuestra larga intimidad, nos hablamos siempre de usted.

Me escribe de vez en cuando de Grecia, Marruecos, España o alguna ciudad francesa de provincias. En el sobre añade, bajo mi nombre, «el amigo» o «el concubino de Monique». En una ocasión —doy un salto adelante de varios años— le acompaño, después de almorzar, a la Gare du Nord: en el compartimento del vagón en el que se instala hay una dama de mediana edad que le reconoce y entabla conversación con él. Como es la hora de la partida, nos despedimos y me apeo. Dos días después recibo una carta suya:

> Ahí va, Juan, la tarjeta de visita de la idiota del tren [...] Adora el *Fin de los Romanov* y está muy impresionada con la aventura de Anastasia. Ha votado *no* en el referéndum. Su gran hombre es Tixier-Vignancourt. «Es el mejor abogado de la audiencia» y «tiene una voz de bronce». ¿Mayo del 68? Dios nos libre de que el 69 sea igual [...] Su marido es un gran cerdo que le aguarda en la estación. El cerdo es alcalde de un pueblecillo junto al mar.
>
> Pero... llegando a A., en donde baja, había en la redecilla del portaequipajes una maleta enorme, sí, enorme y probablemente pesada: es lo que ella me da a entender, y que ella, aunque joven, empezaba a sentir la edad, y se sentía débil, y no había maletero en la estación de A...
>
> Entonces!!!
>
> Me reí burlonamente, cogiendo con una sola mano mis dos maletillas minúsculas y el bastón. Ella tuvo que cargar con su maletón esperando que el viejo cerdo viniese a auxiliarla.
>
> Y así hicimos los dos *un bout de chemin ensemble*, como decía el Frente Popular.

Cuando Genet asume el destino de alguien apecha también con la responsabilidad de su familia: primero la mujer de Lucien y los hijos de ésta; luego, la madre de Abdallah, una alemana gruesa y semiparalizada, que vive sola y a quien Monique va a visitar de vez en cuando durante las ausencias de su hijo: chapurrea un francés difícil, se queja de su aislamiento y un día se levanta las faldas y le muestra una hernia enorme. Pronto seguirán la jovencísima esposa de Jacky con el hijo de ambos y Ahmed, el amigo de infancia de Abdallah. Según sabría mucho más tarde, se ocupó igualmente del hogar larachí de Mohamed y el porvenir de su niño.

Para resolver los múltiples problemas de sus pasaportes, permisos de residencia, visados, antecedentes penales, amnistías, Genet utilizará sin escrúpulo su fama y el esnobismo de los poderosos, recurrirá a Pompidou, Defferre o Edgard Faure, escribirá una carta extravagante al embajador de China. Cuando necesita algún servicio, despliega una actividad y tesón increíbles, moviliza las fuerzas de sus amistades. Exige una entrega absoluta: quiere todo e inmediatamente.

Le agrada llegar a casa a la hora del almuerzo, irrumpir en la cocina y servirse allí, sin perder un segundo, del *petit salé aux lentilles* que hierve en la cacerola. Entonces lo devora sentado en cualquier sitio, como un niño malcriado y hambriento, con la risa bailándole en los ojos.

Jacky eludirá también el servicio militar. Genet viaja con él a Italia, en donde se entrena en el circuito automovilístico de Monza y cuando el muchacho adquiere un buen dominio del volante, le compra el bólido indispensable a su oficio de corredor·profesional. Durante meses, le acompañará a pruebas y competiciones por diversos países europeos. El dos de junio de 1963, Jacky corre en Chimay, junto a la frontera francesa, y vamos a verle con un matrimonio amigo. Genet está agitado como un padre en vísperas de un examen decisivo para el futuro de su hijo: cuida de su reposo y alimentación, le prodiga consejos. Permanece en la pista con Jacky hasta la señal de partida y, cuando el Lotus pilotado por éste gane la carrera, su rostro resplandecerá de júbilo.

Abdallah ha vuelto entretanto de su viaje a Japón y Oriente Próximo. Genet ha conseguido su indulto, se muestra con él vigilante y solícito pero, inevitablemente, sus relaciones se degradan: Abdallah no será nunca el artista «precioso y raro» que inflamará con su audacia la pasión del poeta. Se ha jubilado de cuanto le asía a la vida y sabe que su puesto ha sido ocupado por un rival.

Intentará suicidarse en Casablanca y, cuando su amigo acuda a verle, comprobará que regresa, tal un espectro, del «escuadrón compacto de las sombras».* Abdallah mantiene una relación tempestuosa con Erika, una muchacha griega, seca y dura, que Genet no soporta: se manifiesta con éste vindicador y agresivo, le responsabiliza de su propio fracaso. Le vemos a menudo, con él o con ella —pero nunca con ambos—, vulnerable y frágil, como un condenado cuya sentencia ha sido momentáneamente suspendida. A solas sigue siendo el muchacho —ahora hombre— inteligente y sensible, púdico y delicado que nos cautivó desde el primer encuentro. Pero desprende de sí un aire de angustiosa precariedad. Genet tiene la idea desafortunada de que asesore a Jacky, concurra a sus competiciones y entrenamiento. Él lo intenta, de modo patético, pero desiste en seguida. Las riñas son frecuentes y Abdallah deja el receptor descolgado la noche en que Genet debe telefonearle a casa. Así lo confía después a Monique, pero Genet tiene probablemente razón cuando responde: «no, en realidad temía que yo *no* le llamara». Cuando ninguno de nosotros tiene noticias suyas, Ahmed se escurre del cuartel para verle y comprobar que sigue en capilla. Un día rompe con Erika y nadie vuelve a saber de él. El doce de marzo de 1964, prevenidos por Genet, los dueños de la *chambre de bonne* que ocupa en la buhardilla de un inmueble de la Rue de Bourgogne, forzarán la puerta y encontrarán su cadáver.

* José Ángel Valente, *Poemas a Lázaro*.

Concluida la encuesta policial, nos reunimos en la *Morgue* con un pequeño grupo de amigos. Abdallah es irreconocible: el envenenamiento causado por los somníferos le ha teñido el rostro, su cara es la de un negro. Genet dirá sollozando que ha vuelto a África, ha expulsado de sí cuanto, ajeno a sus orígenes, había adherido engañosamente a su piel...

El entierro en el pequeño cementerio musulmán de Thiais es siniestro. Genet apenas puede sostenerse y camina penosamente tras el mufti. De pronto, entre las tumbas, divisamos a Ahmed, que acaba de desertar a su vez y se esconde de la policía. Sopla un viento desagradable y, como corresponde a tan melancólicas circunstancias, la llovizna no falta a la cita.

Voy a ver a Genet con frecuencia a su hotel del bulevar Richard Lenoir. Su aspecto es calmoso en apariencia, pero el gesto irreparable de Abdallah ha liberado en él una serie de mecanismos internos hasta entonces ocultos. Su forma de razonar, brillante, original, grávida de sorpresas, converge de pronto a una mística de la entrega, al salto absoluto a una trascendencia sin Dios. Inmolando su vida, su amigo ha ganado la última y más difícil batalla, hacia la que su arte singular de funámbulo irremediablemente tendía. Su aniquilación física es la victoria que anula pasados fracasos: Genet ve en ella el símbolo de su fuerza y purificación.

Me resulta difícil seguirle por esos caminos: advierto que se está gestando en él un debate intenso en términos de exaltación y culpabilidad. Respeto y comparto su dolor pero compruebo con impotencia que no puedo prestarle ningún auxilio.

Genet regresa a París después de una ausencia de varios meses. El 22 de agosto me pide que vaya a verle a solas al hotel Lutecia. Cuando llego a su habitación está vestido como para salir, pero me dice en seguida que me acomode, que comeremos luego. Le obedezco, sorprendido por la solemnidad del tono y escucho su voz —esa voz grave, severa, inimitable de las grandes circunstancias— mientras me anuncia su decisión irrevocable de suicidarse.

Para mi gran consternación, explica que ha destruido la totalidad de sus manuscritos, sus ensayos, las dos obras de teatro posteriores a *Les paravents*. En adelante no volverá a escribir ni tocar siquiera un bolígrafo o lápiz. Ha redactado, y me entrega, un testamento ológrafo en el que lega sus bienes, por partes iguales, a Ahmed y Jacky y nos designa, a Monique y a mí, sus albaceas. Al concluir el breve parlamento parece alegre y sereno, como si se hubiera sacado un peso de encima. Me hace prometer que no hablaré del asunto con nadie y me invita a almorzar.

Durante algún tiempo le veo constantemente y trato de mostrarle la inutilidad de su autopunición. Genet no me escucha: habla del gesto de Abdallah con el bello lenguaje de un Mawlana o un San Juan de la Cruz. Aunque el vértigo de la muerte sea intenso, intuyo no obstante que su resistencia interior no lo es menos. A decir verdad no conozco a nadie con mayor vitalidad ni apego a la vida que él: su energía física es endiablada. El uso y abuso de los somníferos hubiese acabado con la salud de cualquiera mientras apenas hace mella en la suya. Recuerdo la ocasión en que, cebado de hipnógenos y calmantes para combatir un dolor de muelas, saltó como un tentetieso de la camilla del odontólogo cuando la enfermera le había exhortado a un poco de paciencia mientras aquél procedía a otra, interminable, extracción: había salido en tromba a la calle, en medio del estupor de todos y atravesó París, cargado como una pila eléctrica, hasta dar con otro dentista.

Aunque le había prometido mi silencio, informo de todo a Monique. La decisión de Genet es indudablemente absurda, pero no sabemos qué hacer para razonarle. Entonces ella tiene la idea de hablar con Sartre: sólo él, dice, posee la inteligencia necesaria para argüir convincentemente a Genet. Según me contará después de verle, Sartre se muestra menos inquieto que nosotros: está persuadido de que no se matará. Le dice a Monique que no sabe lo que es envejecer y que el remordimiento de Genet se debe menos a su tristeza que a su carencia de ella. Si ha quemado sus manuscritos, añade, no lo ha hecho para castigarse sino, sencillamente, porque no los juzgaba a la altura de sus exigencias.

Su opinión nos alivia, pero Genet continúa obsesionado con la idea de suicidarse. No lee siquiera los periódicos, parece desinteresarse de todo y su rechazo de la escritura le conduce al extremo de negarse a estampar la firma en cheques y documentos. Ha conseguido una suma importante de sus editores y la distribuye entre sus protegidos y la madre de Abdallah. Poco a poco, me invade la molesta impresión de que me toma por testigo, de que mi presencia sólo sirve para reafirmarle en sus propósitos. La situación es penosa y no sé cómo cortarla. Un día, mientras almorzamos cerca de casa, abandono mi reserva y delicadeza, busco la forma de provocarle y le alargo brutalmente un bolígrafo. Genet lo arroja al otro lado del comedor y se encastilla en un silencio ceñudo. Es la ruptura, y durante casi dos años no le volveré a ver.

Monique y yo hemos ido a vivir a Saint-Tropez y allí nos enteramos de sus dos tentativas de suicidio en Domodossola y Bruselas, del grave accidente automovilístico de Jacky que, como el de Abdallah años atrás, pone punto final a su sueño. Por las noticias que nos llegan de sus amigos, deducimos que Genet sale lentamente del túnel. Durante un viaje a París, Monique le ve un par de veces a solas y le refiere el cambio operado en nuestras relaciones: la pasión árabe ha irrumpido en mi vida, la parte más secreta de mí mismo le escapa. Genet parece encantado por la novedad: mi homosexualidad le satisface enormemente y desea verme. Cuando al fin nos encontramos se muestra de nuevo cordial, irónico e incisivo, pero ni él ni yo somos los mismos de antes: de común acuerdo, evitaremos en el futuro toda referencia a Abdallah.

Fuera de sus fugaces rachas de lujo —cuando se hospeda en hoteles de cinco estrellas— la habitación del poeta es pequeña, modesta, sin adornos de ninguna clase: una cama, un par de sillas, la mesita de noche, el lavabo. También: un cenicero con las colillas de sus cigarros, unos cuantos periódicos, su maleta, el bastón.

Ahora camina apoyándose en éste, con cierta coquetería y evita los barrios donde la gente le reconoce. Almuerza en cualquier sitio, pasea, lee, acostado, la prensa parisiense. Su relación con el francés es paradójicamente monógama: Genet opone una total impenetrabilidad a los otros idiomas; sólo comprende el italiano y las expresiones más crudas del nuestro.

De noche cena apenas y se acuesta temprano. Toma su dosis de Nembutal y, cuando el sueño le vence, es como si se sumergiera con lentitud en un pozo o una tumba: su viaje nocturno a las sombras con la mascarilla rígida de la muerte. Todos los días, al amanecer, su resurrección será la de un Lázaro.

Genet ha vuelto a la vida, pero no escribe. A momentos, la literatura parece serle indiferente y extraña, como a un creyente que sin saber cómo ha perdido de golpe la fe, el estado de gracia. Su prodigiosa inteligencia sigue funcionando, pero actúa sólo en terrenos baldíos: el arco voltaico, el chispazo generador de la obra no se reproducirán, milagrosamente, sino en la fase terminal de su cáncer.

Su anterior exaltación lírica —«*je ne connais d'autre critère de la beauté d'un acte, d'un objet ou d'un être*, había escrito, *que le chant qu'il suscite en moi et que je traduis par de mots afin de vous le communiquer: c'est le lyrisme*»— ha sido reemplazada por sentimientos y afectos más pedestres y rutinarios: se ocupa escrupulosamente, como un padre, de la vida errante de sus protegidos. Ahmed prepara en España un número ecuestre; Jacky, divorciado, seguirá los pasos de Abdallah en el Japón. Hace muchos años que Genet no va al cine ni al teatro ni lee obras literarias: ha vivido siempre al margen de las modas y antojos del mundillo intelectual, pero ahora pasa de la literatura. El canto interior —si lo hay— no se traduce en esa escritura bella y revulsiva que inflama y se propaga como un fuego desde el milagro de *Notre-Dame des Fleurs*. También él sobrevive a la mutilación del impulso que trasciende, como Abdallah después de su caída de la cuerda o Jacky del accidente que casi le costó la vida.

En un afán de simetría extraño, el destino los ha nivelado a los tres.

El escándalo suscitado por la representación de *Les paravents* en el Odéon le rescata brevemente del anonimato en el que se protege. Pero, si en adelante toma la pluma, lo hará únicamente al servicio de los grupos revolucionarios con quienes simpatiza: los palestinos, Panteras Negras, la banda Baader-Meinhof.

Los acontecimientos de mayo del 68 le devuelven su vieja combatividad y energía. Genet va a la Sorbona, recibe, abrumado, el aplauso de sus ocupantes y se vuelve a esconder. Un día, mientras almorzamos en casa, oímos los gritos de una manifestación frente al cercano edificio de *L'Humanité*. La víspera se trataba de los gochistas hostiles a la línea «prudente y responsable» adoptada por el PC francés. Según advertimos en seguida, los nuevos manifestantes pertenecen a la extrema derecha: agitan banderas francesas, claman contra el «oro de Moscú». Genet, sin vacilar, agarra la sopera y trata de arrojarla desde la ventana a los manifestantes reagrupados bajo nuestro inmueble. Monique se la arrebata: ¡es de la vecina! Él coge entonces un plato, que va a estrellarse contra la boina, el cráneo, de un individuo de una cincuentena de años, que parece un miembro de la Action Française inventado por Buñuel. La frente le sangra ligeramente mientras mira, arriba, al genio encolerizado que le insulta. *Grossier personnage!,* se limita a decir.

Durante mi estancia en California, Genet me bombardea de telegramas: quiere que le ayude a pasar ilegalmente la frontera canadiense para encontrarse con los Panteras Negras. Cuando me dispongo a reunirme con él en Toronto, me avisan que no es necesario. El agente de inmigración a quien ha tendido un pasaporte que no le pertenece, ha combatido en Francia durante la guerra mundial y ama el chic de París y el *esprit* francés. Sabe incluso silbar la Marsellesa. Genet, sonriente, la silba con él. El policía se olvida de mirar la fotografía y fecha de nacimiento a todas luces falsas y, entre sonrisas y silbos patrióticos, Genet se cuela en Estados Unidos, para perplejidad y desconcierto del FBI.

Desde entonces, prosigue su vida vagabunda: permanecerá varios meses en Jordania y el Líbano con los guerrilleros de la OLP, viajará por Pakistán y Marruecos. Me escribe de Tánger, quejándose del sol, «justo en el momento en que tengo ganas de lluvia», y de su reciente estancia en Barcelona: *Ah, la Méditerranée, grand lac salé, comme tout ça me fait chier!* Más tarde, reaparece en París con Mohamed, un hombre joven y físicamente atractivo, a quien ayudará a salir de la pobreza y acomodarse en su ciudad natal.

En los últimos tiempos dejo de verle, pero recibo noticias suyas a través de terceros: la discontinuidad reitera sus ciclos, irregulares pero previsibles. Como compruebo al redactar estas notas, la misteriosa coherencia que envuelve cuanto toca se extiende más allá de su obra y teje en la vida misma del artista la compleja red de atracciones, repulsas, órbitas, círculos, tensiones, rupturas de una especie de sistema solar con sus astros fijos, satélites, planetas muertos, estrellas fugaces: ámbito a la vez moral, poético y físico, universo genetiano cuyas leyes sutiles están todavía por descifrar.

Conocer íntimamente a Genet es una aventura de la que nadie puede salir indemne. Provoca, según los casos, la rebeldía, una toma de conciencia, afán irresistible de sinceridad, la ruptura con viejos sentimientos y afectos, desarraigo, un vacío angustioso, incluso la muerte física.

Si en mi juventud imité de modo más o menos consciente algunos modelos literarios europeos y americanos, él ha sido en verdad mi única influencia adulta en el plano estrictamente moral. Genet me enseñó a desprenderme poco a poco de mi vanidad primeriza, el oportunismo político, el deseo de figurar en la vida literariosocial para centrarme en algo más hondo y difícil: la conquista de una expresión literaria propia, mi autenticidad subjetiva. Sin él, sin su ejemplo, no habría tenido tal vez la fuerza de romper con la escala de valores consensuada a derecha e izquierda por mis paisanos, aceptar con orgullo el previsible rechazo y aislamiento, escribir cuanto he escrito a partir de *Don Julián*.

En enero de 1981 tropecé casualmente con Jacky en Marraquech, junto a la plaza de Xemáa el Fna. Hacía años que no le veía y tardé unos segundos en reconocerle: había enflaquecido, sus rasgos eran más puros y expresivos y una barba negra, cerrada, le daba la apariencia severa, casi arisca de un montañés marroquí.

Según me mostró nuestra plática, el cambio no se limitaba a su aspecto: su inteligencia y sensibilidad se habían afinado también. Acababa de acompañar a Mohamed al Sáhara y regresaba sin prisas, a veces a pie, deteniéndose a descansar en los pueblos. Su vida era ascética y solitaria. A veces pintaba y quería aprender el árabe, como antes había aprendido el japonés. Tenía muy poco dinero, pero parecía feliz.

Mientras revisaba estas notas, un periodista me dio la mala nueva de la muerte accidental de Genet en uno de esos hoteles anónimos que frecuentaba, si no próximo a una estación en el camino de un aeropuerto: en los últimos años, había sustituido el tren con el avión pero su disposición a partir, su permanente transitoriedad seguían siendo las mismas. Desde su cáncer de garganta y sucesivos tratamientos quimioterápicos, le había perdido de vista: el núcleo de amigos se reducía a Jacky, Mohamed y los camaradas palestinos. Las estancias en Rabat y Larache alternaban con breves visitas a París adonde iba únicamente a cobrar los derechos de autor o someterse a vigilancia médica. Europa, en su totalidad, había cesado de interesarle y sólo se sentía bien entre árabes. El fin le pilló en uno de los viajes a esa Francia que odiaba, cuando quería corregir las pruebas de su último libro *Un captif amoureux*. Su voluntad de ser inhumado en Marruecos, de no dejar rastro de sí en su país fuera de su prosa revulsiva, bella y emponzoñada complicó al parecer las formalidades del entierro. Como veintidós años antes el de Abdallah, su cuerpo permaneció varios días en el depósito de cadáveres; y como Abdallah ennegrecido a causa del envenenamiento había vuelto a sus orígenes africanos, Genet se reintegraría a su vez simbólicamente en su tierra adoptiva: según supe por sus amigos palestinos, el funcionario de aduanas que acogió el féretro preguntó a quienes lo acompañaban si se trataba del cuerpo de un obrero marroquí emigrado. Conmovidos, orgullosos, dijeron que sí.

La soledad de los muertos, había escrito a propósito de Giacometti, «es nuestra gloria más segura»: Genet, obrero magrebí de honor, descansa en el viejo cementerio español de Larache actualmente abandonado y cuyo único acceso atraviesa el basurero de la ciudad. Su tumba tiene vista al mar y se halla significativamente en medio de la de nuestros olvidados compatriotas, de nuevo y para siempre ese *Gênet d'Espagne* que, como el fulgor de un incendio aparece en las páginas de *Diario del ladrón*.

IV

EL GATO NEGRO
DE LA RUE DE BIÈVRE

A fines de abril de 1982, después del pequeño acto de presentación de un libro mío en la ya histórica librería parisiense de Ruedo Ibérico, me fui a cenar con un grupo de amigos a uno de los numerosos restaurante norteafricanos del barrio: un figón barato en donde, según José Martínez, servían un excelente alcuzcuz. Bordeamos la plaza de Maubert-Mutualité, atravesamos el bulevar Saint-Germain y, conversando animadamente, torcimos por una bocacalle estrecha, a la izquierda de la cual, a una cincuentena de metros de la esquina, se hallaba el local: una estancia mediana, rectangular, cuya configuración, en el momento de sentarme a la mesa, me recordó de pronto una habitación conocida. Sólo entonces advertí que estábamos en la Rue de Bièvre —famosa ahora por residir en ella el presidente François Mitterrand—, una callejuela que años atrás, por espacio de muchos meses, había sido objeto asiduo de mis visitas. Pregunté en árabe al camarero que nos atendía el número del restaurante: *setta u aacharin, yasidi,* el veintiséis, señor. Mientras mis acompañante elegían el menú de la cena, empecé a recomponer mentalmente, tras el decorado marroquí de circunstancias, la disposición de los muebles de esa antigua oficina de *Libre* censurada por mí hasta el extremo de no identificarla cuando el azar me había hecho penetrar en ella. Aquellos pocos metros cuadrados del 26 Rue de Bièvre habían desempeñado, con todo, un papel importante en mi vida y la de un puñado de escritores de lengua castellana: la revista crítica trimestral del mundo de habla española que debía habernos aglutinado se convirtió en verdad, por una serie de causas e imponderables, en el arma de nuestro enfrentamiento y, a la postre, de nuestra enemistad. Las relaciones personales que unían a sus iniciadores —protagonistas casi todos ellos del mal llamado *boom* latinoamericano— se agriaron y, en cierto modo, terminaron allí. Sentimientos de duda, recelo y aun franca hostilidad sustituyeron la vieja cordialidad y camaradería. Un gato negro había cruzado inopinadamente el domicilio de la revista: el célebre caso Padilla. Sus consecuencias dieron al traste con nuestros originarios propósitos de diálogo y discusión. El anatema, la agresión, el ataque iban a transformar en adelante a la comunidad cultural hispánica en un mundo de buenos y malos digno de una película del Far West. *Libre* significó así el final de muchas amistades e ilusiones. Desde su clausura por razones tanto políticas como financieras —tras año y pico de existencia tensa y zarandeada—, no había vuelto a acercarme a la travesía del bulevar Saint-Germain en la que ya en 1971 se alojaba el futuro presidente de la República francesa. Que once años después, nuestro local se hubiese metamorfoseado en un modesto restaurante de alcuzcuz me pareció no sólo una broma personal sino también una especie de señal del destino. Aquella noche, a lo largo de la cena, no dejé de pensar en el olvidado episodio de la revista y, paladeando aún el sabor familiar del té con menta, decidí volver sobre él por escrito cuando el tiempo y la ocasión lo permitieran.

En la primavera de 1970, una periodista militante en los movimientos marginales surgidos de mayo del 68 telefoneó para decirme que una amiga suya, atenta a las cuestiones de Iberoamérica, estaba dispuesta a financiar una revista político-cultural destinada al público de habla hispana. Me dio sus señas y, después de una breve conversación telefónica con la interesada, acudí a verla, en compañía de la periodista, a su elegante residencia de la Rue du Bac. Albina de

Boisrouvray era entonces una mujer muy joven, sumamente bella, apasionada de cine y literatura, cuyos orígenes —su abuelo materno Nicanor Patiño, había sido el famoso «rey del estaño» boliviano— explicaban su familiaridad con los problemas y realidades de nuestro mundo. Un viaje reciente a Latinoamérica —adonde volvería más tarde a reunir testimonios y materiales sobre la captura y asesinato del Che— le había revelado brutalmente la opresión, injusticia y atraso reinantes en la mayoría de nuestros países y hecho concebir el propósito de crear un medio de expresión al servicio de quienes, en el campo literario y político, se esforzaban en denunciarlos. Me alargó modestamente, como tarjeta de visita, sus colaboraciones en revistas y semanarios como *Il Manifesto, Politique-Hebdo* o *J'accuse* y estableció los límites precisos de su empeño en la empresa: estaba de acuerdo en adelantar la suma de cien mil francos para la creación de la revista y respetar escrupulosamente su independencia. Expuse ante ella a brochadas mi idea de la futura publicación, sus propósitos y ambiciones, la lista de los eventuales colaboradores con quienes me pensaba asesorar. Albina mostró su conformidad con mis planes y convinimos en que, una vez hubiese realizado las primeras gestiones y me hubiera puesto al habla con mis amigos, nos volveríamos a encontrar.

Durante las semanas que siguieron a esta entrevista, expliqué el proyecto de viva voz o por carta a una docena de autores entre los que figuraban Cortázar, Fuentes, Franqui, García Márquez, Semprún, Vargas Llosa y Sarduy. Recuerdo que Severo, tras escuchar mi panegírico de Albina —«joven, bella, culta, millonaria y, además, de izquierda»— exclamó con su inimitable acento: «¡No puede ser! O, si es así, tiene cáncer.»

Dada la dispersión física de los contactos, decidimos aplazar la discusión sobre el tema en espera de la circunstancia oportuna que nos reuniese. Ésta se presentó sólo meses más tarde, con motivo del estreno de una obra teatral de Carlos Fuentes en el festival de Aviñón. Sus amigos habíamos prometido asistir al acto y el mismo día de la *première* nos congregamos a discutir de la revista en la casa de veraneo de Cortázar, en la vecina localidad de Saignon.

Yo había salido por carretera de París con dos periodistas y, al llegar al pueblecito provenzal en el que nos habíamos dado cita, descubrí en seguida el autobús en el que numerosos amigos de Carlos habían venido desde Barcelona. Donoso, García Márquez, Vargas Llosa nos aguardaban en el jardín del pequeño chalé de Cortázar: éste vivía ya separado de Aurora y su compañera de entonces, Ugné Karvelis, oficiaba de anfitriona. Acababa de regresar de Cuba —en donde mantenía numerosas relaciones con escritores y funcionarios culturales—, y nos transmitió a Vargas Llosa y a mí los recuerdos del ya «conflictivo» Padilla.

Cuando abordamos el tema de la revista, mis compañeros coincidieron conmigo en el interés y oportunidad de la empresa: el objeto primordial de ésta, subrayé, debería consistir en una desmilitarización de la cultura, tal y como la había propuesto Sartre años atrás en un coloquio de escritores de Leningrado. La radicalización de la revolución cubana y el recrudecimiento de los conflictos sociales y políticos en Latinoamérica tendían a instaurar una atmósfera de guerra fría en el campo de las letras hispánicas y recluir a los escritores de la isla en una mentalidad de fortaleza asediada perjudicial a sus intereses. Una revista como la que nos proponíamos, resuelta a prestar desde afuera un apoyo crítico al régimen de La Habana, no sólo contribuiría a evitar el aislamiento cultural de éste sino que reforzaría la posición de los intelectuales que, en el interior del mismo, luchaban, como Padilla, por la libertad de expresión y una auténtica democracia.

La operación *Mundo Nuevo* —denunciada inmediatamente por Cuba como una cobertura de la CIA— había avivado el recelo de los responsables culturales castristas de cualquier iniciativa venida de Europa. Aunque la imagen entonces difundida de Emir Rodríguez Monegal como un peligroso superagente hacía reír a quienes le conocíamos, lo cierto es que las pasadas conexiones de *Encounter, Preuves* y *Cuadernos* con los servicios secretos estadounidenses habían envuelto a la publicación sucesora de la que por espacio de años dirigiera Gorkin en una nube de sospechas difíciles de barrer. Rodríguez Monegal aseguraba que la nueva financiación de la revista era absolutamente privada y, como los hechos se encargaron de probar, decía la verdad. Con todo, los vínculos existentes entre la nueva publicación y la vieja —simbolizados por su permanencia en el local de *Cuadernos*— entretenían un equívoco del que todos, empezando por el propio Emir, éramos plenamente conscientes. Si autores luego asociados al proyecto de *Libre* como Paz, Fuentes, García Márquez, Donoso, Sarduy o yo habíamos publicado textos o entrevistas en *Mundo Nuevo,* otros, como Cortázar y en general los colaboradores de la revista de la Casa de las Américas, se habían mantenido prudentemente a distancia. Las suspicacias del núcleo dirigente de la cultura cubana habían aumentado dos años más tarde a causa del malestar creado entre nosotros por los ataques del órgano de las Fuerzas Armadas a Padilla, cuya crítica de Lisandro Otero y defensa de la novela de Cabrera Infante produjeron escándalo. La famosa entrevista del autor de *Tres tristes tigres* en *Primera Plana* en agosto de 1968 había tenido el efecto de un explosivo: independientemente de nuestras voluntades y esfuerzos, la idea de una turbia conspiración contra Cuba empezó a tomar cuerpo. Coincidiendo con la entonces sorprendente aprobación por Castro de la invasión soviética en Checoslovaquia, la política cultural del gobierno revolucionario adoptó progresivamente una actitud de repliegue y endurecimiento. A las desilusiones e inquietudes con respecto a Cuba de un núcleo de compañeros de viaje entre los que yo me encontraba correspondía una política cada vez más ruda y sectaria de la revolución. Aunque arriesgada, la idea de tender un puente entre nosotros y ésta —de propiciar el diálogo entre Cuba y la izquierda no comunista europea y latinoamericana— era no obstante tentadora. Como los hechos se encargarían de probar, iba a resultar inviable. Inevitablemente, durante nuestra conversación informal en la escalera del jardín de Cortázar, el tema de la participación de Cabrera Infante en nuestro proyecto provocó un primer y ya revelador enfrentamiento: mientras Vargas Llosa y yo nos mostrábamos favorables a ella siempre que fuese estrictamente literaria, nuestro anfitrión afirmó de modo rotundo que si Guillermo entraba por una puerta él se salía por la otra. No recuerdo las intervenciones de los demás asistentes, aunque sí las palabras de Donoso en el autocar que nos conducía a Aviñón, sorprendido e irritado como yo por el veto de Cortázar. Con todo, unas razones políticas que entonces me parecieron de peso me indujeron equivocadamente a ceder: según pienso ahora, el proyecto de nuestra publicación debería haber muerto allí. La necesidad de mantener el contacto con la revolución cubana y ayudar a los amigos que dentro de ella y en condiciones cada vez más difíciles compartían mis posiciones e ideas se impuso a mi repugnancia al anatema. *Libre* nació fruto del cabildeo y compromiso: la eventual participación de los escritores cubanos en la misma exigía el sacrificio de Guillermo y, tanto Cortázar como Vargas Llosa, cuyos vínculos permanentes con la Casa de las Américas los convertían en nuestros intermediarios ideales, se comprometieron a defender el proyecto ante sus colegas en la siguiente reunión anual del comité de redacción. Agrupados en torno a Carlos Fuentes, en el soberbio recinto pontifical que servía de marco a su obra, los futuros promotores de *Libre* brindamos inocentemente por el éxito de nuestro intento.

Prodigiosa condensación de impresiones, imágenes, ritmos, olores, nada más bajar del avión en un aeropuerto en el que contra todo pronóstico no te espera nadie: acento isleño dulce a tus oídos, cálida inmediatez del aire, rostros morenos lampiños o hirsutos, uniformes y gorras verde olivo, aromas vegetales difusos, tronco esbelto y langor de pencas de palmas reales. Vuelos irregulares, llegada a todas luces intempestiva, radiogramas sin aparente destinatario. Cumplir con las formalidades policiales, coger un taxi, dudar entre las señas de la Casa de las Américas y las del periódico dirigido por Carlos Franqui. Escoger las últimas y aterrizar con la maleta en el vestíbulo de Revolución custodiado por milicianos armados. Franqui acude a recibirte con sencillez, bromea sobre el funcionamiento del servicio postal cubano, te acompaña al hotel Habana Libre en donde te han reservado una habitación.

Las plantas de todos los invernaderos de Europa parecen haber huido de golpe y haberse dado cita en La Habana: flamboyanes, buganvillas, araucarias, especies de hojas lobuladas y consistencia cauchosa, ficus de tronco inmenso y nudoso, con ofidianas raíces al aire. Agitación callejera, exuberancia de ademanes y gestos, una mulata que camina calzada en sus pantalones, con un temblor de caderas, dirá el chófer, semejante al de un flan en la mano de un viejo.

Hay ciudades que se apoderan del viajero desde el instante de su llegada y otras que exigen un tratamiento cautelar, de

*imprevisibles tropismos. Las hay también a las que el fo-
rastero no se adaptará jamás y su encuentro será como el
de dos desconocidos que, después de charlar en un café o
compartimento de tren, se separan con rumbos distintos.*

*Aire sutil de La Habana, embebido de luminosidad te-
nue e inconfundible: viento racheado del Malecón, empírea
serenidad del Prado, brisa tutelar de muelles portuarios,
atmósfera estancada de un callejón sacudida de leve temblor
festivo.*

*Marea humana de la Revolución invadiendo las calles del
Vedado. Manifestación contra el asesinato de un niño bri-
gadista: desfile incesante de voluntarios, despliegue de pan-
cartas patrióticas e iracundas, himnos carraspeados por altavoces, letras burlonas, lemas y consignas.*

*Te abres camino con Franqui entre la masa de asistentes
al acto, venidos a escuchar las palabras del Líder. De pronto,
un vendedor de helados, obligado a ausentarse de allí unos
minutos, confía con natural premura a tu acompañante la
guarda de su carrito; para maravilla tuya, el director de
Revolución atiende de buen humor el negocio y despacha
mantecados a los clientes con la rapidez, eficacia y ahínco
de quien no hubiera hecho sino esto a lo largo de toda
su vida.*

*Tus cartas a Monique transmiten sentimientos de arrobo
y felicidad, se esponjan en una atmósfera solidaria propicia
a la ilusión lírica: el pueblo ha recobrado su dignidad y lo
proclama; la dicha está al alcance de todos; pese al boicoteo
y las amenazas nadie está dispuesto a ceder. ¿Cómo vivir,
después de tantos sueños frustrados, sin el fervor y apoderamiento de Cuba? ¿Qué mejor prenda de amor que invi-
tarla a compartir contigo la Isla?*

*Curiosa sensación de vivir una prismática aceleración del
tiempo. Reacción popular espontánea a la conferencia de*

Punta del Este y exclusión de la OEA: movimientos de vaivén sincopados, círculos de manos alzadas, clamor de millares de gargantas contra la inadmisible intervención extranjera. Tercer aniversario de la caída de Batista: enfebrecidos discursos, frases coreadas con ritmo de pachanga, empeño en defender las conquistas revolucionarias y dar la vida por ellas. Viaje a Santiago y provincia de Oriente: suntuoso esplendor vegetal, playas blancas, milicianos bailando bajo los cocoteros, zafra liberada de esclavitud secular, guajiros cortando alegremente la caña, discusiones y charlas políticas con fonética musical caribeña.

Experiencia literaria de Pueblo en marcha, exorcismo de tus contradicciones y culpabilidad ancestral. Operación de desconstruir moralmente un pasado que te fascina y deslumbra: apropiación de un universo mulato en cuyo dulzor te sumerges con inocente beatitud lustral.

Imposibilidad de distinguir en tu bisoñería y confusión de ánimo la compleja superposición de estratos: lo español y lo africano, lo propiamente isleño, lo creado e impuesto por obra de la Revolución; presencia simultánea de un pasado residual condenado a extinguirse y de un futuro transmutado en presente con apresurado, jubiloso fervor.

Descubrimiento feraz del ámbito lucumí y abakuá: plantes ñáñigos, diablitos danzantes, misterios del cuarto fambá, sincretismo religioso, sacrificios rituales, ceremonias y altares de santería. Querencia, orientación instintivas a zonas promiscuas y de existencia precaria: nocturnidad salina del muelle, cenas en la taberna San Román, veladas musicales con sirenas coriáceas e irredimibles, infinitos cubalibres en los chaflanes de Jesús María, mescolanza barriobajera de fecunda porosidad. Capilaridad y ósmosis de los dos planos: los milicianos de los Comités de Defensa son simultáneamente ñáñigos, las prostitutas se alfabetizan e insertan en los programas de reeducación.

El itinerario de tus merodeos, paralelos a los de un Infante difunto, comulgan con su premonitoria visión de

Bulwer: rastreo minucioso de un mundo seductor y caduco antes de verlo inexorablemente barrido por el pompeyano torrente de lava, el fuego purificador.

Creencia medular en un destino compartido, libre de las nociones de clase social, poder económico, racismo, explotación, plusvalía. Pláticas vesperales en el Parque Central, vagabundeos aguijadores por Regla y Guanabacoa, conversaciones con ron y música de vitrola, tuteo inmediato de allanadora familiaridad. Imantación personal a nuevos campos magnéticos, afinidades subterráneas y tácitas, ideales enardecedores todavía sin oxidar. El cerco a que está sometida la isla instiga a cerrar filas, desdibuja y abole la frontera de lo público y lo privado. Acodado en tu balcón del piso decimoctavo, contemplas exaltado y aprensivo el panorama de la ciudad transfigurada por el crepúsculo: horizonte cautivo, luz amedrentada y cobarde, leve irisación del aire, evanescente labor de esfumino, lenta, suave palpitación de gigantesco animal herido y jadeante.

Acechadero, mirador de diablo cojuelo, perdido en tu reflexión solitaria: parpadeo intermitente de antenas en algún rascacielos, sombras agazapadas, siluetas confusas, avasalladora negrura, lamento sordo de bestia a punto de ser absorbida en el remolino y desaparecer contigo en la noche, en el vórtice del sumidero.

Como esa nubecilla aborregada e ingenua que, surgida sin saber cómo en un cielo nítido y liso, convocará poco a poco en torno a ella masas de bordes brillantes, expansivas, voraces, de hosca y amenazadora presencia, la aparición del primer, de los primeros síntomas de deterioro pasará inadvertida a tus ojos y será descartada por fútil e incierta, pese a la cauta previsión de los meteorólogos.

Por distintos medios y vías, tus amigos transmiten prudentemente el mensaje: Lunes ha sido cerrado, los funcionarios del Partido acaparan los puestos responsables, la cul-

tura ha perdido su autonomía y acata paulatinamente las directivas de nuevos y obtusos comisarios. Silencio embarazado a tus preguntas, conversaciones interrumpidas por la llegada de extraños, inquietudes regularmente acalladas por tu voluntad de contrapesar los eventuales defectos con los beneficios inmensos que aporta la Revolución.

Walterio Carbonell, Padilla y Cabrera Infante te irán a despedir el 21 de febrero a Rancho Boyeros y tu agorera fotografía con ellos, conservada en tu Archivo de Boston University, aparecerá el día siguiente en las páginas del diario de Carlos Franqui.

Durante mi breve y última visita a Cuba —invitado junto a una cincuentena de escritores y artistas a las fiestas de aniversario del asalto al Moncada, en julio de 1967—, me encontré con una situación muy distinta de la que había conocido en mis anteriores estancias. A las dificultades creadas por el riguroso bloqueo estadounidense y los errores de la propia dirección cubana se había agregado un clima de reserva, cuando no de temor, que quienes hemos sido educados bajo una dictadura captamos con mayor facilidad que las personas habituadas a los derechos y libertades de una sociedad democrática. No es mi propósito señalar aquí las transformaciones sufridas por el proyecto revolucionario cubano desde sus comienzos al fracaso histórico de la zafra gigante de 1970: a ellas me he referido en otro lugar y no volveré sobre el tema.* Indicaré tan sólo que el entusiasmo popular que había conocido había sido sustituido con un entusiasmo de consigna, que disimulaba a duras penas su índole forzada, puramente oficial. La cordialidad de nuestra recepción, los esfuerzos desplegados por Franqui para facilitarnos las cosas y dar un tono de espontaneidad a las festividades no bastaban para ocultar la presencia de una burocracia ubicua y omnímoda que, entre bastidores, seguía discretamente nuestros pasos. Recuerdo que durante el *happening* organizado por Franqui frente a la antigua funeraria Caballero fui entrevistado en directo por la televisión y, mientras estábamos preparando el esquema de lo que

* Véase mi ensayo «Cuba, veinte años de revolución», *El Viejo Topo,* marzo de 1979. *Idem,* «Ni dios ni amo», entrevista realizada por Ernesto Parra, noviembre de 1978, incluida en *Contracorrientes,* Barcelona, 1986.

debía ser la entrevista, el periodista encargado de ésta me rogó que, al referirme a la narrativa cubana, no mencionara a Cabrera Infante pese a que por aquellas fechas no había roto aún con la revolución: obedeciendo en apariencia a sus consejos, me abstuve de citar su nombre pero observé que las novelas cubanas más importantes aparecidas en los últimos años eran *Paradiso, Tres tristes tigres* y *El siglo de las Luces*. El día siguiente, recibí una llamada telefónica en mi habitación del hotel Nacional: era Lezama Lima. Me agradeció la referencia que había hecho a su novela y añadió: «¿Sabe usted que es la primera vez que alguien ha hablado de ella en la televisión de mi país?» Pero, para la mayoría de los invitados, en especial aquellos que visitaban Cuba por primera vez y desconocían nuestro idioma, el viaje fue un éxito. Mis amigos franceses —Marguerite Duras, Nadeau, Guyotat, Schuster— estaban encantados con la atmósfera de libertad reinante que empequeñecía a sus ojos, según Dionys Mascolo, la que conocían en París. La luna de miel de Castro con los intelectuales europeos —calificados por él de únicos y verdaderos amigos de Cuba en un sonado discurso— había alcanzado su punto culminante. En 1967, el Líder Máximo admitía de buena gana sus observaciones y críticas. K. S. Karol, que entonces redactaba su libro sobre la revolución, era objeto de atenciones particulares por parte de Castro, a quien acompañaba en jeep y helicóptero en sus viajes por la isla. Surrealistas como Leiris y Schuster creían haber encontrado allí la revolución libertaria de sus sueños: cuando en el acto de inauguración del Salón de Mayo tropezaron con un estaliniano empedernido como Siqueiros, la poetisa Joyce Mansour le dio una formidable patada en el trasero «de parte de André Breton».

Para alguien que conocía bien Cuba y contaba con numerosos amigos entre sus escritores e intelectuales, la perspectiva era muy otra. Durante mi estancia en La Habana pude conversar extensamente con Franqui, Padilla y otros compañeros que no cito porque residen todavía en el país: por ellos me enteré de los problemas y obstáculos con que tropezaban, de la omnipresencia policial, de los estragos de la autocensura. En el hotel Nacional recibí igualmente la visita de Virgilio Piñera: su deterioro físico, el estado de angustia y pánico en el que vivía se advertían a simple vista. Receloso, como un hombre acosado, quiso que saliéramos al jardín para conversar libremente. Me contó con detalle la persecución que sufrían los homosexuales, las denuncias y redadas de que eran objeto, la existencia de los campos de la UMAP. Pese a sus repetidas y conmovedoras pruebas de apego a la revolución, Virgilio vivía en un temor constante a la delación y el chantaje; su voz era trémula y aun recorriendo los bellos y bien cuidados arriates del hotel, se expresaba mediante susurros. Cuando nos despedimos, la impresión de soledad y miseria moral que emanaba de su persona me resultó insoportable.

Mis sentimientos y opiniones acerca de la revolución cubana se habían modificado sensiblemente durante aquel rápido y agotador viaje. El proyecto de sociedad más justa e igualitaria, pero democrática y libre preconizado en sus orígenes por el 26 de Julio había sido reemplazado con un esquema que conocía muy bien desde mis viajes a los países del bloque soviético: ese «socialismo real» en el que, como dijo en una ocasión el líder estudiantil berlinés Rudi Dutschke, «todo es real excepto el socialismo». Desde entonces, mi sostén exterior a aquélla carecía de convicción y entusiasmo. Con la partida discreta de Franqui poco antes del discurso de Castro en el teatro Chaplin de agosto de 1968, mi esperanza un tanto vaga en una modificación de la línea caudillista y sectaria disminuyó todavía: en un lapso de dos o tres años, Cuba había dejado de ser para mí un modelo.

Mientras consumía mi porción de alcuzcuz en el restaurante marroquí de la antigua oficina de *Libre,* comencé a repasar en mis adentros las etapas de aquel distanciamiento paulatino mío del régimen de Castro: el paso de esa «efusión lírica» que detectaba en mis compañeros de viaje de 1967 —la de los «turistas revolucionarios» magistralmente descritos por Hans Magnus Enzensberger— a una actitud más prosaica y lúcida propia de quien ha dejado de ver las cosas con las anteojeras de la ideología y ha perdido bastantes plumas a lo largo del accidentado trayecto.

El 8 de noviembre de 1968, hacia las dos y pico de la tarde, había bajado como de costumbre al bulevar de Bonne Nouvelle a estirar un poco las piernas y comprar *Le Monde,* cuando una crónica del corresponsal del periódico en Cuba llamó bruscamente mi atención: «El órgano de las Fuerzas Armadas denuncia las maniobras contrarrevolucionarias del poeta Padilla.» El artículo, firmado con las iniciales de Saverio Tutino —enviado especial asimismo del *Paese Sera*— reproducía algunos pasajes de la filípica de *Verde Olivo* contra el poeta, a quien acusaba no sólo de un catálogo de provocaciones literario-políticas, sino también —lo cual era mucho más grave— de haber «dilapidado alegremente» los fondos públicos durante la etapa en que había dirigido Cubartimpex. Según el autor del editorial, Padilla encabezaba a un grupo de escritores cubanos que se dejaban arrastrar por el sensacionalismo y modas foráneas «creando obras cuya molicie se mezcla a la pornografía y la contrarrevolución».

La polémica de Heberto con Lisandro Otero y la antigua y nueva redacción de *El Caimán Barbudo* durante el verano y otoño de 1967 sobre los méritos comparados de *Tres tristes tigres* y una novela hoy justamente olvidada del entonces vicepresidente del Consejo Nacional de Cultura había dividido al mundillo intelectual cubano en dos bandos opuestos e inconciliables: Padilla, con una temeridad rayana en la inconsciencia —esa actitud desenfadada que le conduciría a jugar un juego muy superior a sus fuerzas y para el que a todas luces no estaba moral ni físicamente apercibido— había contrapuesto el talento literario del emigrado a la mediocridad del escritor oficial, motejado a la Unión de Escritores de «cascarón de figurones» y arremetido contra «las falsas jerarquías establecidas a partir del ángulo de flexión de la espina dorsal del escritor, su edad y los cargos desempeñados en el gobierno»; en Cuba, concluía el poeta, «se da el caso de que un simple escritor no puede criticar a un novelista vicepresidente sin sufrir los ataques del cuentista-director y los poetas-redactores parapetados detrás de esa genérica, *la redacción*».

Sus sarcasmos a la docilidad y conformismo de sus colegas suscitaron una serie de reacciones de los «jóvenes autores revolucionarios» agrupados en *El Caimán Barbudo* y del propio Otero. Cuando el eco de la polémica no se había desvanecido todavía, la ruptura pública de Cabrera Infante con la revolución y la recompensa obtenida por *Fuera de juego* en el concurso anual de la UNEAC volvieron a colocar a Padilla en el candelero. Puesto en una situación inconfortable por la violencia del ataque de su defendido, Padilla reaccionó con su ambigüedad característica: si por un lado se desolidarizaba de Cabrera Infante en una carta enviada a *Primera Plana,* del otro —dentro de una perspectiva oficial— mantenía sus «provocaciones». Sea como fuere, su vulnerabilidad era evidente y la lectura de la nota de Tutino en *Le Monde* colmó de inquietud a sus amigos.

Por consejo de Franqui, me puse en contacto con Cortázar, Fuentes, Vargas Llosa, Semprún y García Márquez y, desde el despacho de Ugné Karvelis en Gallimard, intenté comunicarme telefónicamente con Heberto. Ante la inutilidad de mis llamadas —su número nunca respondía— resolvimos enviar un telegrama firmado por todos nosotros a Haydée Santamaría en el que, tras declararnos «consternados por las acusaciones calumniosas» contra el poeta, manifestábamos nuestro apoyo «a toda acción emprendida por Casa de las Américas en defensa de la libertad intelectual». La respuesta telegráfica de Haydée —recibida dos días más tarde— nos llenó de estupor:

Inexplicable desde tan lejos puedan saber si es calumniosa o no una acusación contra Padilla. La línea cultural de la Casa de las Américas es la línea de nuestra revolución, la Revolución cubana, y la directora de Casa de las Américas estará siempre como quiso el Che: con los fusiles preparados y tirando cañonazos a la redonda.

Desde entonces, poco o muy poco había vuelto a saber de Padilla y una serie de amigos que, como Virgilio, Rodríguez Feo, Lezama, Arrufat, Walterio Carbonell o Pablo Armando Fernández, parecían directamente afectados por las denuncias del *Verde Olivo* y la UNEAC y la apropiación del poder cultural por parte de ese grupo de arribistas desenfrenados que se habían distinguido tres años antes por sus absurdas y lamentables invectivas contra Neruda. El número de viajeros de confianza se había reducido considerablemente desde el eclipse de Franqui y los recados o cartas en clave que a veces recibía sugerían ya ese clima de desconfianza casi paranoica tan elocuentemente descrito por Jorge Edwards en su controvertido relato: al proyecto justiciero y fraterno de Marx había sucedido a no dudar la tangibilidad del universo de Orwell.

Inolvidable atmósfera de vigilia de la crisis de los cohetes: incertidumbre general, aprensión difusa, relaciones humanas de autenticidad insólita, lectura nebulosa de signos precursores del cataclismo. Pero humor y serenidad prevalecen: la vida se apura hasta la última gota. Escasez de productos, liquidación del pequeño comercio callejero, austeridad igualitaria impuesta por decreto, aceptación resignada o alegre del heroísmo.

Preparas un guión de cine para el ICAIC y con Gutiérrez Alea y Sarita Gómez recorres y examinas posibles exteriores de rodaje. El aire salitroso del Caribe corroe no sólo fachadas de inmueble y casas legañosas de madera, carrocerías de automóvil y barandillas metálicas: hace mella también en el aspecto y rostro de los moradores de los barrios bajos, devotos de Ochún, Yemayá y Changó: arrugas transformadas en grietas, vetustez súbita, sonrisas enfermas, miradas de soslayo, ojos enmohecidos y opacos, oxidado timbre de voz.

Un domingo de noviembre de 1962, Franqui te lleva a una explotación agropecuaria próxima a La Habana adonde Fidel va a menudo. Al cabo de un rato de paseo en los huertos, una comitiva de automóviles oficiales os previene de su llegada: el Comandante está allí, rodeado de otros comandantes que fuman cigarros como él y le corean las gracias. Franqui acude a saludarle y os presenta: acá el gallego, dice sonriendo, en vez de salir escapado como otros escritores que tú sabes, ha tenido la ocurrencia de hacernos una visita. Fidel bromea contigo y, mientras expone sus proyectos en materia de quesos y derivados lácteos con una pasión que habría encantado a tu padre, le observas con curiosidad. Su rostro es vivo, móvil, astuto: vigila con el rabillo del ojo el efecto de sus palabras y a veces le pillas una expresión matrera o esquiva, instintivamente suspicaz.

Por desdicha para ti, tomará la rauda decisión de enseñarte sus flamantes depósitos de vinagre: aunque entras gallardamente con él dispuesto a seguir hasta el fin sus cursillos, tu alergia innata al ácido acético es más fuerte que tu albedrío y te ves forzado a salir de las cavas enfermo y a punto de asfixiarte. La violencia de tu reacción parece desconcertarle y, después de un recorrido señorial por la finca, se va sin despedirse de ti.

En adelante, le verás de lejos y en público, en sus visitas impromptu al diario de Franqui, saltando de un jeep o encaramado en la tribuna de sus discursos, antebrazo magistral, índice brujo, impartiendo lecciones de cosas con su extrema voluntad didascálica.

Encuentro programado con las brigadas de voluntarios que plantan café en el futuro cinturón de La Habana. *El entusiasmo colectivo parece real y la gente se inscribe para sembrar antes o después del horario habitual de trabajo en fábricas y oficinas. Algunos de tus amigos escritores participan en la campaña con brío y animosidad. La escena te impresiona pero Franqui se encarga de darte la ducha de agua fría. El café no crecerá allí jamás * porque aquélla no es tierra idónea para cafetales. Él es guajiro y sabe la distancia que media entre la realidad y la consigna. Sorprendido, le preguntas por qué pierden tanto tiempo, tesón y energías en una actividad condenada al fracaso.*

Fue una decisión personal de Fidel. ¿Quién le cuelga el cascabel al gato?

*   No creció nunca. Años después, nadie volvería a oír hablar del mirífico cinturón de La Habana.

173

En el vestíbulo del ICAIC, adonde has ido a recoger tu cheque, tropiezas con su director Alfredo Guevara y aprovechas la ocasión para charlar con él. Los ataques de que es objeto por parte del núcleo directivo del viejo PC cubano a causa de su presunta condescendencia con el arte decadente burgués te llenan de alarma. Blas Roca, Vicentina Antuña, Edith García Buchaca le reprochan haber permitido el pase de Accatone y La dolce vita: su enfrentamiento sañudo al ICAIC presagia quizá la llegada de tiempos difíciles, de una etapa cerril, adusta y sectaria. Guevara te escucha sin desdibujar la sonrisa, modula las eses con sibarita fruición: que griten, dice, que griten, lo que Blas y esa gente no saben es que antes de autorizar un guión o comprar un filme europeo, voy y se los cuento a Fidel y, si le gustan, sanseacabó.

Una primera entrevista con el Che, organizada por la Casa de las Américas, quedará en nada: la persona encargada de acompañarte se extravía, llegáis al Ministerio de Industria resollando y el ordenanza os informa de que despacha con otros y justifica el plantón con vuestro lamentable retraso.

Te contentarás de momento con examinarle desde la tribuna de invitados, durante las grandes festividades revolucionarias. Fidel está en el poder; él, solamente acampa. A diferencia del primero, evita con irónico distanciamiento cualquier tentación de servilismo y lisonja. Sus subordinados le admiran y temen: le aureola un carisma evidente y parece defenderse de él atrincherándose en un refugio erizado de pullas y bromas.

Cuando finalmente podrás verle será fuera de Cuba, en Argel, adonde has ido invitado con un grupo de simpatizantes franceses a las ceremonias conmemorativas del primer aniversario de la independencia. Che Guevara está allí, de vuelta de un largo viaje a la URSS y Jean Daniel tiene la idea de un magnífico scoop: entrevistarle para L'Express sobre esta nueva y sin duda instructiva experiencia. Telefoneas al embajador "Papito" Serguera y os cita en la embajada la noche misma. Acudirás con puntualidad escarmentada, pero os hará esperar a su vez en una sala de muebles modestos y en cuya mesa central, de patas bajas, rodeada con un sofá y dos butacas, destaca señera la edición barata de un libro: un volumen de obras teatrales de Virgilio Piñera. Apenas el Che y Serguera aparecen, antes de saludaros y acomodarse en el sofá, aquél repetirá tu ademán de coger el libro y, al punto, el ejemplar del desdichado Virgilio volará por los aires al otro extremo del salón, simultáneamente a la pregunta perentoria, ofuscada dirigida a los allí reunidos

quién coño lee aquí a ese maricón?

¿Presentiste entonces lo que ocurriría, lo que iba a ocurrir, lo que estaba ocurriendo a tus hermanos de vicio nefando, de vilipendiado crimine pessimo y, junto a ellos, a santeros, poetas, ñáñigos, lumpens, ociosos y buscavidas, inadaptados e inadaptables a una lectura unicolor de la realidad, a la luz disciplinada, implacable, glacial de la ideología?

Rescata la escena del olvido, en su breve y deslumbrador fucilazo.

Crudo amanecer del trópico, alto en el camino, tiempo de poner gasolina en el automóvil que te lleva o te trae de algún lado, pequeño quiosco con tacitas de café y batidos de fruta, barrio silencioso, clientes madrugadores o noctámbulos, y la irrupción, su irrupción, irreal, atildado, minúsculo, sin edad, ojeroso, temblando, mi novio, dónde está mi novio, con vocecita trémula y queda, pero aguda y hasta desafiante, hoja sacudida por el vendaval, arrebatada presa de pánico, dónde está, qué será de mí, preguntas formuladas a nadie sino a su propio terror, en medio del silencio embarazado del café insomne, de los clientes enmudecidos por el espectáculo, ademanes veloces de acariciar su escaso *cabello, empolvarse, peinarse sin peine, polvera ni lápiz de labios, sólo guiños, tics, baile de San Vito, devastada sonrisa, seísmo febril, gestos desacordes, incontrolados.*

Impresión del barrio negro de Jesús María, al salir de tu local preferido de madrugada: barecitos y tiendas precintados, aceras desiertas, casas desvencijadas y como vaciadas de su sustancia, acre discusión de borrachos en una calleja oscura, viejos carteles de propaganda desgarrados por el viento, Cuba no es el Congo, no es el Congo, el Congo.
pero ninguna pista o indicación acerca de lo que es Cuba.

Antes, después, un día cualquiera, no sabes cuándo, tu amigo el poeta Navarro Luna pasará a recogerte al hotel para llevarte con él al acto de clausura de un curso de instrucción política de varios centenares de jóvenes voluntarias, a lo que promete ser y no será, como comprenderás más tarde con retrospectiva lucidez, una anodina, rutinaria velada.*

---

* Véase *Coto vedado*, págs. 137-140.

176

A mi vuelta a París en diciembre de 1970, después de una estancia de tres meses en Boston, realicé las primeras gestiones con miras a la creación de la revista. La busca de la persona idónea para el cargo de jefe de redacción ocasionó algunos roces. Ugné Karvelis tenía al parecer un candidato al cargo, pero Franqui desconfiaba profundamente de ella: inmerso en una pesadilla kafkiana en la que realidad y neurosis se unían hasta confundirse, Padilla nos había enviado varios mensajes para ponernos en guardia contra su «doble juego». La ex compañera de Julio Cortázar había tejido poco a poco una red de relaciones privilegiadas entre el mundillo cultural de la *Rive Gauche* y la dirección revolucionaria cubana, y aunque entonces yo ignoraba su agresividad incontrolada, desmesurado afán de poder e increíble, casi florentina capacidad de intriga —particularidades que tendría ocasión de comprobar a mi costa unos años más tarde—, nuestras divergencias de opinión tocante a la evolución del régimen de Castro y el futuro papel que debía desempeñar la revista me aconsejaban mantenerla a distancia. Los candidatos que barajaba tenían el inconveniente de ser españoles o latinoamericanos residentes largo tiempo en Europa, y por consiguiente, alejados de la problemática concreta y real de sus países. Mientras elaborábamos con Severo y Albina una posible lista de escritores adecuados al puesto, García Márquez me sugirió el nombre de un íntimo amigo suyo, cuyas ideas y concepciones culturales y políticas, precisó, eran muy próximas a las mías. Días después, recibí la visita de Plinio Apuleyo Mendoza y, al cabo de una conversación abierta e informal, nos pusimos de acuerdo en la orientación y opciones de *Libre*: apoyo a la experiencia

177

socialista de Allende y movimientos de liberación de América Latina; sostén crítico a la revolución cubana; lucha contra el régimen franquista y demás dictaduras militares; defensa de la libertad de expresión dondequiera que fuese amenazada; denuncia del imperialismo americano en Vietnam y soviético en Checoslovaquia. Plinio tenía por otra parte relaciones de amistad con dirigentes del MAS venezolano —a la sazón el grupo político más vivo y dinámico de Hispanoamérica—, cuya contribución al proyecto me parecía indispensable. Este extremo, y el interés manifestado por García Márquez, me convencieron de que era la persona que buscaba. Se lo presenté a Albina y, tras fijar con ella las condiciones materiales de su trabajo, asumió inmediatamente sus funciones de jefe de redacción.

La elección de una secretaria fue menos laboriosa: Cortázar propuso el nombre de Grecia de la Sobera, entonces esposa de su amigo Rubén Bareiro Saguier. El despacho donde debía asentarse la revista nos fue suministrado por Albina: un pequeño local situado en los bajos del 26 Rue de Bièvre, propiedad de una ex empleada suya. La habitación daba directamente a la calle y disponía de un lavabo y trastienda. Al ser amueblada con materiales de oficina de saldo —mesas, butacas, archivos clasificadores—, descubrimos que resultaba inservible para recibir visitas e incluso circular por ella: la pomposamente titulada «oficina de información de *Libre* en Francia» era en verdad un simpático cuchitril. Al evocar la reducida dimensión del futuro restaurante de alcuzcuz, y aludiendo quizá con humor a las tormentosas relaciones personales de sus antiguos ocupantes, García Márquez sentenciaría unos años más tarde:

—Aquel espacio tan chico no daba más que para joder.

Conforme habíamos acordado en Saignon, Cortázar y Vargas Llosa aprovecharon su viaje a La Habana en enero de 1971, con motivo de la reunión anual del comité de la Casa de las Américas para exponer el proyecto de *Libre* y tratar de interesar a los escritores cubanos en él. El carácter independiente de nuestra empresa y la imposibilidad de controlarla a distancia habían suscitado una actitud de recelo de aquéllos ante la misma, pese a que la declaración de intenciones y la lista de colaboradores constituían la mejor garantía de nuestra predisposición favorable a la revolución. Según me informaron ambos a su vuelta, los cubanos se limitaron a escuchar sus argumentos sin comprometerse a intervenir.

Durante las semanas que siguieron —llenas de rumores hostiles a *Libre* y noticias alarmantes filtradas de La Habana—, Plinio y yo redactamos una nota que, con el aval de Cortázar y los amigos residentes en Barcelona, aparecería más tarde en el número uno de la revista:

> *Las circunstancias existentes en América Latina y en España reclaman con urgencia la creación de un órgano de expresión común a todos aquellos intelectuales que se plantean de modo crítico la exigencia revolucionaria. Libre, publicación trimestral de financiación absolutamente independiente, dará la palabra a los escritores que luchan por una emancipación real de nuestros pueblos, emancipación no sólo política y económica sino también artística, moral, religiosa, sexual [...] Libre se propone una labor revolucionaria en todos los planos fundamentalmente accesibles a la palabra: el «cambiar el mundo» conforme al propósito de Marx, y el «cambiar la vida» según el anhelo de Rimbaud.*

La personalidad social de Albina y sus orígenes familiares —ese «dinero sucio de Patiño» que pronto nos echarían en cara—, habían salido a relucir desde el comienzo mismo de la revista: quienes trataban de descalificar a nuestra amiga a causa del pecado original de sus antepasados parecían ignorar en cambio que un burgués revolucionario como Marx había vivido casi toda su vida de la apropiación de la plusvalía de los obreros de Engels. Tales acusaciones, por grotescas e injustas que fuesen, conseguían no obstante su objetivo: ponernos de entrada en una posición defensiva y obligarnos a justificar una modesta ayuda económica que no requería en verdad justificación alguna.

Mientras establecíamos el sumario del primer número, en el que figuraban colaboraciones de Vargas Llosa, Cortázar, Paz, Donoso, Fuentes y mi hermano Luis, además de unos textos inéditos de Che Guevara prologados por Franqui y un estudio de Teodoro Petkoff, el pequeño despacho de la Rue de Bièvre desbordaba de vida y actividad. Plinio recibía la visita de numerosos latinoamericanos interesados en el proyecto mientras Grecia despachaba con su cohorte de admiradores. Las inquietudes que había experimentado a mi regreso de Boston sobre los riesgos inherentes a la aventura —inquietudes que estuvieron a pique de hacerme arrojar el proyecto por la borda tras haberme ocasionado un dolorosísimo zona— se disiparon gradualmente a medida que la revista cobraba cuerpo. Por primera y única vez en mi vida conocí las alegrías y problemas del trabajo en común —trabajo que, quiero puntualizar, realizaba de forma totalmente desinteresada. Con Marvel Moreno, entonces esposa de Plinio, éste y la mujer de Rubén Bareiro redactábamos la correspondencia con nuestros futuros colaboradores, sentábamos las bases de la distribución de *Libre* en Europa —confiada, por intermédio de Sarduy, a las Editions du Seuil— y discutíamos de su posible impacto en Hispanoamérica. La tempestad que se estaba fraguando sobre nuestras cabezas nos pilló así desprevenidos. Un día me despertó el timbre del teléfono y Plinio me anunció muy excitado que habían detenido a Padilla.

Aquel día gris de marzo del 71, el 3252645 de nuestra oficina de *Libre* sonó constantemente ocupado. Los amigos de Heberto llamaban de España, Inglaterra, Italia, y nos preguntaban qué debían hacer. La escueta brutalidad de lo ocurrido venía a confirmar los temores que desde hacía meses nos asaltaban y nos enfrentaban de golpe a nuestra irremediable impotencia.

A instancias de Franqui, me puse en comunicación con

Cortázar para componer un escrito de protesta al Líder Máximo y solicitar su intervención. El autor de *Rayuela* me citó en su domicilio de la Place du Général Beuret y entre los dos redactamos la que luego sería conocida por «primera carta a Fidel Castro», carta que obtuvo la aprobación de Franqui, con quien nos habíamos mantenido al habla en el curso de su redacción. Conforme decidimos entonces, la misiva debía ser privada, a fin de que el destinatario atendiese a nuestras razones sin el inevitable efecto nocivo de una divulgación ruidosa. Únicamente en el caso de que, transcurrido un cierto tiempo, no obtuviéramos respuesta alguna nos reservaríamos el derecho de remitir una copia de aquélla a los periódicos.

El texto, escrito en términos mesurados y respetuosos, proclamaba la solidaridad de los firmantes con los principios y fines de la revolución, expresaba su preocupación por el empleo de métodos represivos contra intelectuales que ejercían el derecho de crítica dentro de ella y ponía en guardia contra las repercusiones negativas de tales procedimientos entre los escritores y artistas del mundo entero «para quienes la revolución cubana es un símbolo y una bandera». Una vez reunida una cincuentena de firmas entre las que constaban las de Sartre, Beauvoir, Claudín, Calvino, Fuentes, Moravia, Nono, Paz, Anne Philippe, Susan Sontag, Semprún y Vargas Llosa, transmitimos la carta a la embajada cubana en París con la advertencia de que al cabo de un lapso la haríamos pública. Plinio había intentado localizar en vano a García Márquez en Barranquilla y, creyendo erróneamente que contábamos con su aprobación, incluyó su nombre en la lista. Este punto sería desmentido después por el autor de *Cien años de soledad*. Con su consumada pericia en escurrir el bulto, Gabo marcaría discretamente sus distancias de la posición crítica de sus amigos sin enfrentarse no obstante a ellos: el nuevo García Márquez, estratega genial de su enorme talento, mimado por la fama, asiduo de los grandes de este mundo y promotor a escala planetaria de causas real o supuestamente «avanzadas» estaba a punto de nacer.

Unos días después, Vargas Llosa telefoneó de Barcelona para anunciarme la visita de Jorge Edwards, quien, al término de su misión diplomática en Cuba, debía incorporarse a la embajada de Allende en París. Edwards quería vernos a mí y a Cortázar, y su sobrecogedor testimonio de los últimos meses, recogido después en las páginas de *Persona non grata,* me convenció de que la detención de Heberto podía ser mucho más grave de lo que habíamos supuesto al comienzo. El caso Padilla no era un simple episodio infortunado de una lucha de tendencias internas sino fruto de una decisión política personal de Castro. Por unas razones que él solo conocía, el Líder Máximo había resuelto acabar con cualquier forma de disidencia y establecer la intangibilidad de su «monolito ideológico».

Cuando nuestra carta apareció en los periódicos, yo andaba de viaje por el Sáhara, Argelia y Marruecos. El resumen de la retractación de Padilla en la UNEAC lo leí poco antes de mi regreso a Europa, en uno de esos taxis colectivos que circulan entre Tetuán y Tánger. Había comprado el *Herald Tribune* y el contenido del breve despacho informativo de la agencia estadounidense me llenó de sonrojo e indignación. Tras una llamada telefónica a Plinio, determiné hacer un alto en Barcelona, en donde Mario disponía ya del texto completo de la «confesión» y quería discutir el asunto conmigo.

Repasar con la perspectiva de los años la versión taquigráfica de Prensa Latina de la intervención de Padilla en la UNEAC resulta un ejercicio irreal y burlesco. La estrafalaria escenificación del acto, las dostoievskianas revelaciones del acusado, la palinodia de sus presuntos cómplices, las referencias de los comisarios culturales a la «hermosa noche» echada a perder por la terquedad de Norberto Fuentes no son sólo un *remake* paródico de los procesos estalinianos sino un auténtico montaje ubuesco que hubiera colmado de arrobo al propio Jarry.

Dándose golpes de pecho, Padilla confesaba haber sido

injusto e *ingrato con Fidel, de lo cual nunca realmente me
cansaré de arrepentirme.* Admitía que la revolución no podía
*seguir tolerando esa situación venenosa de todos los gru-
pitos desafectos de las zonas intelectuales y artísticas.* A la
postura errónea y agriada de sus amigos, contraponía la
humildad, sencillez, sensibilidad de los muy *inteligentes*
policías de la Seguridad del Estado, *un grupo de compañeros esforzadísimos que trabajan día y noche para asegurar
momentos como éste* mediante *una larga e inteligente y
brillante y fabulosa forma de persuasión* que le había hecho
ver *claramente cada uno de mis errores.* Tras revelar que
había escrito una *novelita sutil* que afortunadamente no
se publicaría nunca, *porque yo he roto y romperé cada uno
de los pedacitos que yo pueda encontrar algún día delante
de mis zapatos,* aseguraba que estaba *tan mal, tan enfermo,
tan feamente triste, tan corrosivamente contrarrevolucina-
rio que no podía ni escribir.* En tal situación de bancarrota,
había vivido íntimamente la experiencia de su detención
como una *cárcel moral y justa* en la que había escrito *cosas
lindas, poemas nuevos* —sobre la primavera, por ejemplo—
en una suerte de catarsis desesperada.

Para quienes conocíamos a Heberto y estábamos al
tanto de sus lecturas literarias y políticas, la desgarradora
y caricaturesca confesión aparecía sembrada de lazos y redes para sus cancerberos y mensajes en clave destinados a
sus amigos. El poeta se sabía al dedillo el discurso oficial
impuesto a trotsquistas y bujarinistas en las grandes purgas
estalinianas y había asumido sus fórmulas y clichés exage-
rándolos hasta el absurdo. Las autoinculpaciones abyectas,
las referencias típicamente vichinsquianas del tipo *el polaco-
francés Karol* o *viejo agrónomo contrarrevolucionario René
Dumont,* su servilismo sin límites al sistema que le oprimía
podían engañar a los funcionarios estatales que habían organizado el acto, pero no a los lectores de Swift o de Brecht.
Doblegándose en apariencia a la fuerza y utilizando su lenguaje, Heberto recurría a la astucia del personaje de Marco
Antonio durante su arenga sobre el asesinato de César. Si,
como dice un héroe de Valle Inclán, «España es un reflejo

grotesco de la civilización europea», el montaje teatral del esperpéntico *mea culpa* de Padilla en la UNEAC era un grotesco reflejo caribeño de las célebres purgas de Moscú.

Muchas veces me he preguntado cómo los dirigentes culturales cubanos pudieron caer en una trampa tan burda. El acto entero constituía una sangrienta burla de los principios de libertad, dignidad y justicia que la revolución pretendía defender y que sin duda había defendido en sus comienzos. Que los paniaguados de ésta no supieran verlo me ha llenado siempre de asombro e incredulidad. Cuando Padilla dice «esta experiencia tienen ustedes que vivirla» y añade, después de corregirse y desear misericordiosamente a los presentes que «no la vivan», «hay que vivirla, vivirla para poder sentirla, para poder entender lo que estoy diciendo», el mensaje que nos transmitía no podía ser más claro.

Dicho esto, y con la mayor objetividad que procura la visión retrospectiva de los hechos, si la palinodia extravagante del poeta ponía al desnudo los mecanismos opresivos del régimen «caudillista-leninista» de Castro, traducía también una serie de peculiaridades y características del acusado que auspiciaban la farsa que le había tocado representar. Cuando Heberto evocaba sus defectos de carácter y problemas sicológicos graves, sus palabras introducían en el contexto onírico de la ceremonia una breve nota de sinceridad. Junto a ese calor, generosidad, agudeza y humor suyos que tanto seducían y seducen a sus amigos, Padilla nos sorprendía a veces con una conducta narcisista y frívola, se complacía en adoptar aires de *enfant terrible,* se abandonaba a irritantes o patéticas actitudes de histrión. Una imprudencia e irreflexión incomprensibles le impulsaban a un juego en el que necesariamente debía resultar perdedor. Su inteligencia era a menudo cínica y corrosiva: un vértigo irresistible parecía empujarle al abismo, a esa «propia destrucción moral y física» que había mencionado en el curso de su intervención.

Desde su regreso de la URSS, en donde había vivido más de un año trabajando de corrector de pruebas en el semanario *Novedades* de Moscú, conocía perfectamente los mecanismos del «socialismo real» practicado en los países del bloque soviético. La sociedad de zombis que pudo analizar desde dentro le había traumatizado. Recuerdo que a su paso por París me acompañó a un cóctel literario en los jardines de Gallimard y mientras contemplaba a los escritores e intelectuales alegres y confiados que, con un vaso de güisqui o de champaña en la mano, evolucionaban sobre el bien cuidado césped, había prorrumpido en una de sus carcajadas sardónicas: «¡Ah, si supieran!» Él había vuelto de la sociedad del futuro, *y sabía.* Con todo, había continuado su viaje a La Habana, a la boca del lobo, sin tomar la precaución elemental de revestir la máscara salvadora del conformismo. Como mi amiga Martha Frayde, había seguido expresando sus ideas en voz alta; como ella, había sufrido el castigo que merecía su temeridad.

El ritual chocante y ridículo de la célebre velada en la UNEAC es sin duda uno de los mayores desatinos de la revolución cubana: cuantos participaron en él, ya fuera en calidad de jueces, reos o simples testigos, salieron inevitablemente manchados y las salpicaduras alcanzaron asimismo a quienes, tras leer la transcripción de la agencia oficial castrista, nos creímos obligados a reaccionar.

A pesar de mi gran repugnancia a poner los pies en la España de entonces, hice una corta escala en Barcelona. Mario vivía en un piso de la Vía Augusta, muy cerca del barrio de la Bonanova en el que nací y, al llegar a su casa, lo encontré reunido con un grupo de amigos que, en un momento u otro, habían viajado a Cuba y se habían proclamado solidarios de su revolución: Castellet, Barral, mi hermano Luis, Hans Magnus Enzensberger... Allí, junto al texto completo de la sesión de autocrítica de la UNEAC, me enteré de las últimas y pasmosas noticias procedentes de la isla. El violento discurso del Líder Máximo contra los «señores intelectuales burgueses y libelistas y agentes de la CIA [...] los seudoizquierdistas descarados que quieren ganar laureles viviendo en París, Londres, Roma [...] en vez de estar en la trinchera del combate» y la declaración del Congreso Nacional de Educación y Cultura celebrado a fines de abril en La Habana que, en su afán de preservar el «monolitismo ideológico» de la revolución, se lanzaba a la caza de cualquier forma de desviacionismo y hererogeneidad, indicaban que el régimen de Castro se había propuesto cortar por lo sano con sus partidarios dubitativos o tibios. Éstos eran tildados de «basuras», «ratas intelectuales», «agentillos del colonialismo», etc., y en la gran barrida de las «modas, costumbres y extravagancias foráneas», se preconizaba la eliminación de la homosexualidad en todas sus «formas y manifestaciones», las religiones africanas eran calificadas de «semillero de delincuentes», los jóvenes inconformistas condenados al trabajo forzado en virtud de unas normas de saneamiento moral que recordaban asombrosamente a las dictadas por los regímenes fascistas.

Nuestra carta respetuosa y comedida a Castro valía así a sus firmantes una formidable diatriba en la que los clichés más sobados y acusaciones más necias se daban la mano. Una reacción tan desproporcionada —añadida a la mascarada tragicómica protagonizada por Padilla— nos obligaba a coger el toro por los cuernos y replicar a la avalancha de insultos. Nuestra segunda carta al comandante Fidel Castro, redactada aquella tarde del 4 de mayo en el piso de Mario, no supo responder cabalmente al desafío: en vez de analizar punto por punto la acumulación de opciones regresivas que en los últimos años habían transformado la revolución cubana en un sistema totalitario, centraba la contestación en el espectáculo de la UNEAC, si bien a última hora subsanamos parcialmente el error y agregamos, por consejo de Enzensberger, un párrafo que debería haber sido en realidad el tema de nuestra reflexión:

El desprecio a la dignidad humana que supone forzar a un hombre a acusarse ridículamente de las peores traiciones y vilezas no nos alarma por tratarse de un escritor, sino porque cualquier compañero cubano —campe-

sino, obrero, técnico o intelectual— pueda ser también
víctima de una violencia y una humillación parecidas.

Aunque ninguno de nosotros se forjaba la menor ilusión
sobre el eco de la protesta, resolvimos reunir el mayor
número posible de firmas al pie de la misma antes de remi-
tirla, directamente esta vez, a *Le Monde.* El día siguiente,
con el texto de la carta en el bolsillo —mientras Mario
escribía su renuncia al comité de la Casa de las Américas—,
regresé de una zancada a París.

Cuando llegué a la oficina de *Libre,* ésta parecía sacudida
por un vendaval. Los escritores y corresponsales de prensa
latinoamericanos querían conocer nuestra posición sobre el
caso y el teléfono sonaba sin interrupción. Si bien la diversidad de puntos de vista de los colaboradores impedía a la
revista tomar partido, centralizamos en ella, de acuerdo
con Plinio, la recogida de firmas de la segunda carta. Con
una simpática pero inexcusable inconsciencia, llamamos a
las cinco partes del mundo olvidando que el reducido pre-
supuesto de nuestra publicación no nos permitía semejante
gasto. Pero la indignación moral del momento y nuestra
solidaridad con los amigos cubanos sobre los que acababa
de cerrarse la trampa estaban por encima de cualquier
cálculo. Un año después, con motivo de la efímera detención de Rubén Bareiro por la policía paraguaya, la apasionada Grecia revolvería igualmente cielos y tierra en demanda
de ayuda, en uno de sus frecuentes accesos de remordimiento por sus infidelidades reales o supuestas. Entre otras
razones, *Libre* murió a causa de la factura del teléfono. Las
vicisitudes políticas de la época y la defensa de los escritores amigos nos condujeron a asumir una función huma-
nitaria para la que no estábamos pertrechados. Si la revista
cerró al cabo de cuatro números, ello se debió no sólo a la
crisis surgida en su propio equipo sino también a nuestra
generosidad, imprevisión y ligereza.

La gran mayoría de quienes suscribieron la primera

carta y otros que, como Resnais, Pasolini o Rulfo, no habían tenido ocasión de hacerlo, aprobaron su contenido. Pero hubo también defecciones, algunas de ellas importantes. Cortázar —que al redactar el primer escrito de protesta me había dicho que incluyera el nombre de Ugné y había llamado horas después para pedirme que lo retirara—, tras dar una rápida ojeada al texto, dijo que no lo rubricaba. Sus amigos decidieron asimismo abstenerse, y el día en que nos disponíamos a transmitirlo a *Le Monde,* Barral me telefoneó desde Barcelona para que quitara su firma. Aunque era íntimo de Padilla, con quien había hecho buenos negocios editoriales en la época en que éste dirigía Cubartimpex, su decisión no me sorprendió en absoluto: el rigor de sus convicciones y su noble sentido de la amistad me eran ya por aquellas fechas sobradamente conocidos.

La carta, con sesenta y dos firmantes, apareció cuando yo estaba en Siria, en donde participé con otros intelectuales europeos en una emisión sobre la lucha de los palestinos. A mi vuelta a París el 27 de mayo, el revuelo levantado por la declaración en el mundo hispánico era enorme. En Cuba, Chile, México, Perú, Uruguay, Argentina y España circulaban o se habían publicado cartas de escritores opuestos a nuestra posición, llenas de acusaciones e invectivas. Luigi Nono, que había visitado semanas atrás la Rue de Bièvre con un recado de Franqui, iba a dar muestras de un desgarbado *salto cualitativo* en el terreno de la estolidez y delirio ideológico mediante un sabroso telegrama enviado de Chile en el que me invitaba a «suspender publicación revista *Libre* financiada por Patiño verdadera ofensa mortal a mineros bolivianos y a todos compañeros de lucha latinoamericanos».

Como era de prever, la prodigiosa e imparable máquina del infundio se puso en seguida en marcha. La presencia entre los firmantes de algunos de los escritores más destacados y respetables de Europa e Iberoamérica había liberado una marejada de frustraciones, envidias, rencores que, tras el barniz de la inflexibilidad revolucionaria, disimulaba el más bajo y vulgar ajuste de cuentas. La decisión del Líder

Máximo de ponernos en la picota daba la señal de una ofensiva sin cuartel, en la que todas las armas y métodos tenían cabida. Nuestra situación no era nueva: la crónica de los últimos cincuenta años está plagada de casos semejantes, cuyas víctimas fueron precipitadas también real o simbólicamente al Gran Muladar de la Historia.

«Las acusaciones llueven sobre los imprudentes que osan violar los tabús», escribe Maxime Rodinson resumiendo su propia experiencia de veterano militante tercermundista. «Analizar, es insinuar; describir, calumniar; criticar, combatir. Vuestro pasado, orígenes, costumbres privadas, cuanto permita desacreditar sin necesidad de un gran esfuerzo —el del entendimiento e impugnación de vuestras ideas— serán espulgados. Se sembrará la duda en torno a vuestras fuentes. El libro que usted cita, ¿quién lo ha escrito? ¿Un trotsquista, un bujarinista, un burgués? ¿Editado por quién? ¿Con qué dinero? ¿Por qué en este momento? ¿En conexión con qué maniobra?»

Recuerdo que algunos periodistas «bienintencionados» o simplemente en caza de sensacionalismo se presentaron en la Rue de Bièvre a fotografiar el *hôtel particulier* o palacete de *Libre*. Su asombro y contrariedad al descubrir las exiguas dependencias de la revista resultaban cómicos. Aquel cuchitril amueblado de segunda mano, ¿era la peligrosa publicación imperialista financiada por Patiño? Paralelamente a las proclamaciones oportunistas de lealtad y recogidas de firmas por consigna, los presuntos revolucionarios ortodoxos se habían lanzado a una campaña de falsedades y absurdos contra nosotros: a mi paso por Argel semanas antes di casualmente en la calle con Régis Debray, quien, tras ser liberado de su encierro boliviano por presión de los intelectuales de izquierda de Occidente, acababa de hacer una rápida visita a Cuba. Cuando le pregunté qué sabía de Padilla, el cual, en su polémica con *El Caimán Barbudo* le había citado precisamente como un «hermoso ejemplo» de intelectual revolucionario, me contestó que era un simple agente de la CIA y merecía su suerte. Más tarde, ya en París, Simone de Beauvoir me refirió muy indignada que

189

Sartre y ella habían tropezado en el bulevar Raspail con Alejo Carpentier y éste, desconcertado y temeroso de comprometerse por el mero hecho de saludarles, les volvió bruscamente la espalda y pegó la nariz contra un escaparate. Según les habían informado unos amigos, los cubanos estaban propagando el rumor de que Sartre era igualmente un agente de la CIA.

Una atmósfera de sospecha y espionitis envolvía a la revista aun antes de nacer. Pero, como tuvimos ocasión de comprobar durante las siguientes semanas, dicha atmósfera no era del todo infundada. Un día apareció por la Rue de Bièvre un «profesor» norteamericano que dominaba perfectamente el español y expresó un gran interés por *Libre*: después de interrogar a Plinio sobre nuestra posición política y orientaciones culturales, dijo que podría ayudarnos materialmente, en caso de que tuviéramos problemas, a través de una fundación privada de cuyos fondos él disponía. Pero, en el curso de la conversación, el supuesto profesor había revelado una asombrosa ignorancia en achaques de literatura. Su insistencia en obtener las señas de Franqui y la maravillosa filantropía de que hacía gala convencieron a Plinio de que se trataba de un verdadero agente estadounidense. Él mismo debió captar esta reticencia, pues, a despecho de sus promesas, no se le volvió a ver el pelo.

K. S. Karol, cuyo libro sobre la revolución cubana había encolerizado a Fidel Castro, me contó por esas fechas un incidente acaecido un año atrás, relacionado con aquél. La esposa de un importante personaje oficial, al que había frecuentado durante su estancia en Cuba, acababa de separarse de su marido y, tras instalarse en París, había ido a verle y le pidió que la ayudara a encontrar algún trabajo relacionado con América Latina. Sin recelar de ella, Karol le confió la transcripción mecanográfica de su manuscrito *Los guerrilleros en el poder* en el cual, junto a unos análisis y comentarios muy favorables a la revolución, exponía una serie de críticas a sus opciones regresivas en materia de censura y represión policíaca. Con motivo de la recepción anual que ofrecía la embajada cada 26 de julio, Karol acudió a sus salones sin percatarse de que aquel año no le habían mandado una invitación. El embajador, al verle, le dijo que no tenía por qué estar allí dado que había escrito una obra contrarrevolucionaria y anticubana. Como Karol se extrañara de que pudiese conocer el contenido de un libro todavía inédito, el embajador, confuso, había guardado silencio. A raíz de este incidente, el escritor había llegado a la conclusión de que la amiga que le pidió el favor de pasarlo a máquina había transmitido secretamente una copia a la embajada.

Unos días después de que Karol me relatara esta anécdota, Plinio me dijo que, en el curso de una cena en casa de unos amigos, había conocido a una mujer muy interesante, divorciada de una alta personalidad cubana, que parecía muy próxima a las posiciones de nuestra revista y deseaba trabajar gratuitamente en ella. Alarmado, le pregunté el nombre y descubrí que era la misma persona.

—¡No le habrás dicho que sí! —exclamé.

—No. ¿Por qué?

—¡Es una espía!

Cuando le puse al corriente de lo sucedido a Karol, rompimos a reír de forma desatada. Sin saber bien cómo, nuestro bello proyecto de revista cultural, revolucionaria y vanguardista se había convertido insensiblemente en un mediocre, archisabido argumento de novela barata.

En el tiempo en que el caso Padilla se abatió sobre nosotros, el número primero de *Libre* estaba listo para la imprenta. La candente actualidad del tema y el papel que los principales colaboradores de la revista desempeñaban en él nos decidió a aplazar su publicación al otoño para incluir en aquél un *dossier* con los documentos, testimonios y demás elementos de juicio indispensables a la correcta apreciación del problema. De acuerdo con Cortázar, agregamos una entradilla en la que declarábamos:

Muchos de los colaboradores de Libre *han estimado necesario fijar su posición al respecto. Las opiniones que han expresado muestran hasta qué punto hay matices y diferencias en la evaluación de un mismo hecho por parte de la izquierda. Revista crítica,* Libre *considera útil la discusión sobre el caso Padilla por las implicaciones ideológicas que supone en cuanto remite a problemas de nuestro tiempo tales como el socialismo y sus orientaciones, la creación artística dentro de las nuevas sociedades y la situación y compromiso de los intelectuales frente al proceso revolucionario de nuestros países.* *

El *dossier* reproducía íntegramente la sesión de autocrítica de la UNEAC, fragmentos de la declaración del Consejo Nacional de Educación y Cultura cubano y del discurso de Castro en el acto de clausura del mismo, el texto de las dos cartas que habíamos dirigido al Líder Máximo, la correspondencia cruzada entre Vargas Llosa y Haydée Santamaría así como numerosas exposiciones, cartas abiertas y apostillas de escritores latinoamericanos y europeos. La lectura de estas últimas al cabo de los años resulta enjundiosa: junto a la lucidez y dignidad de autores como Paz, Fuentes, Revueltas, Ponce, Valente o Enrique Lihn, la reacción de otros evoca el recitativo de aquellos «adiestrados periquitos» sobre los que en su día ironizaba Bataille. La entrevista de Julio Roca a García Márquez es un prodigioso ejercicio de saltimbanqui cuyo virtuosismo impone la admiración ya que no el respeto. Pero la palma de lo deleznable y grotesco corresponde —ahora como entonces— a la famosa «Policrítica en la hora de los chacales».

Cuando Cortázar mandó el texto, nuestra reacción fue de abrupta y frondosa incredulidad. El autor sutil de *Bestiario* y *Las armas secretas,* ¿podía haber escrito aquellos versos ramplones y zafios, que merecían figurar por méritos propios en una antología ucraniana o uzbeka de los tiempos benditos del zdanovismo?

* Pido perdón al sufrido lector por la parte que me toca en la composición de este farragosísimo párrafo.

El «poema», como dijo Marvel Moreno después de leerlo en la oficina de *Libre,* parecía «un tango con letra de Vichinsky». Pero peor que la acumulación de tópicos e insultos contra los «liberales a la violeta [...] firmantes de textos virtuosos» que habían sido hasta entonces los amigos del autor, eran los efluvios líricos y cursilerías estajanovistas al consabido Mañana Luminoso que nos aguarda.

Sólo más tarde, al leer el *Libro de Manuel* y obras que le siguieron, comprobamos con tristeza que su autor era realmente el cronopio cuya lectura nos deslumbrara quince años antes.

Para dar un semblante de unidad en la diversidad a nuestra empresa, nos esforzamos en mantener asociados a ella a quienes, como Cortázar y sus amigos, habían adoptado una postura opuesta a la que la mayor parte de nosotros defendíamos. Este deseo de preservar el pluralismo en el equipo de colaboradores de *Libre* imponía no obstante una serie de concesiones que muy pronto me resultarían insoportables. Recuerdo que el notable hispanista inglés J. M. Cohen —quien había formado parte del jurado de la UNEAC el año en que ésta concedió su premio de poesía al libro de Padilla— nos remitió una carta de Lisandro Otero, respuesta a otra suya en la que protestaba contra la humillación infligida al poeta. Dicha misiva —un increíble compendio de referencias escatológicas, insultos y groserías— reflejaba de modo fiel la histeria entonces reinante en los medios oficiales cubanos y por ello mismo me parecía digna de publicarse. Cortázar se mostró disconforme. Por mi parte, había redactado un texto paródico comparando la experiencia de Padilla a la que conociera siglos atrás un poeta andalusí, Abu Bakr Ben Alhach: éste, culpable de haber satirizado en sus poemas al insigne cadí Ibn Tawba, había sido condenado por el último a recibir una soberana paliza y ser exhibido en los zocos —en público vilipendio, «con chilladores delante y envaramiento detrás». Semejante acto de justicia, inspiró al poeta favorito de la corte, Abú Ishaq de Elvira —un aventajado precursor de los bardos oficiales de nuestro tiempo— una magnífica composición traducida al castellano por García Gómez, en la que figuran los siguientes versos:

El azote es más elocuente que dimes y diretes,
y que las falsedades que ladra un desvergonzado...
Hace bailar al hombre una danza sin música,
aunque sea más pesado o más duro de piel que el elefante.

Este presumido lo ha conocido y probado,
echando tiras de pellejo como vainas de habas...
Dile, si te vuelve a pasar una sátira por las mientes:
—Acuérdate de cuando ibas con los zaragüelles desatados.
Recuerda tu castigo por haber calumniado neciamente
a los señores caudillos y a los jefes excelsos,
gentes a quienes el Misericordioso
rodeó de grandes prerrogativas,
concediéndoles que se les honrase con veneración.
Ellos son la harina de flor de entre las gentes,
y los demás, en realidad, son lo que queda en los cedazos.

Mi felicitación al nuevo Caudillo y Jefe Excelso no pudo incluirse en el número dos de la revista: previendo la reacción de Cortázar, Plinio me convenció de que la retirara. Poco a poco, a mi alejamiento físico de París y de la Rue de Bièvre —mis cursos universitarios en Nueva York, mis estancias en Marruecos— se agregó un distanciamiento moral de *Libre,* cuyo rumbo vacilante y actitud defensiva correspondían cada vez menos para mí al talante y ambición del proyecto. Los cuatro números que aparecieron —coordinados, después del mío, por Semprún, Petkoff y Adriano González León y, finalmente, Vargas Llosa— contienen sin duda creaciones y ensayos valiosos y encuestas y entrevistas ejemplares; pero, asimismo, textos y artículos fruto evidente de un compromiso y cuya lectura actual me avergüenza. Dichos acomodos y parches resultarían a la postre inútiles: cuando el último número salió a la calle, los nombres de Cortázar y sus afines no figuraban ya en la lista de colaboradores.

Las crecientes dificultades causadas por los gastos de impresión y envío a Hispanoamérica, la prohibición de venta en España y demás regímenes dictatoriales, el boicoteo cubano, las disensiones internas y nuestra manera artesanal y un tanto chapucera de llevar las cosas se agravaron a lo largo de 1972 hasta acabar con *Libre*. Las ofertas de ayuda económica que recibimos suponían el abandono de nuestra independencia y, de mutuo acuerdo, Vargas Llosa, Plinio y yo preferimos liquidar la revista.

Después de casi dos años de esfuerzos, tensiones, discordias, éxitos fugaces y abundantes reveses, tuvimos que admitir con melancolía que nuestra ambiciosa aventura había sido un fracaso.

La historia de *Libre* evocada por mí durante aquella cena de amigos en el restaurante de alcuzcuz de la Rue de Bièvre, va mucho más allá de la simple anécdota: en la medida en que repite, con variantes mínimas, un conjunto de situaciones vividas por los intelectuales de izquierda occidentales en el curso de los últimos cincuenta años, se inscribe en una corriente histórica cuyos ejemplos abundan. Muchos de los simpatizantes de la revolución cubana, que habían creído ver en ella el modelo de sociedad del futuro conocían la triste trayectoria de los Barbusse, Romain Rolland, Éluard, Aragon, Alberti o Neruda, todos estos testigos directos de la cruda verdad del sistema soviético y la deportación, asesinato o amordazamiento de sus compañeros escritores, que habían guardado silencio, cuando no aplaudido, a la parodia de los procesos, habían seguido con sus viajes de turismo revolucionario disfrutando de unos privilegios de los que el pueblo llano carecía y llevado a la perfección ese «hábito de mentir sabiendo que se miente» denunciado por Enzensberger en uno de sus ensayos. Pero la idea de que semejante cosa pudiera ocurrir de nuevo nos parecía imposible. Cuando visitamos Cuba al principio de los sesenta, habíamos frecuentado más o menos a Lezama Lima, Virgilio Piñera, Padilla, Reinaldo Arenas, César López, Walterio Carbonell, Arrufat, Luis Agüero y otros autores que, años más tarde, sufrirían las penas de la UMAP o serían reducidos al silencio. Y mientras la adopción del esquema represivo soviético por la dirección revolucionaria cubana nos llenaba de amargura e inquietud por la suerte que aguardaba a nuestros colegas, vimos con asombro que flamantes émulos de aquellos bueyes procesionales indiferentes al destino de los Biely, Pasternak o Ajmátova —por no mencionar ahora a los que perecieron—, se negaban a admitir la realidad de las nuevas persecuciones y el sufrimiento físico o moral de sus víctimas, como si unas y otros fueran el precio necesario a la edificación de su utopía. Las razones de su lastimoso ejercicio de mudez y sordera —no desanimar a los compañeros de lucha, no suministrar armas al enemigo, etc.— eran las mismas de antes. Cómodamente instalados en las democracias burguesas, los abanderados de la supuesta causa revolucionaria, agasajados por los líderes inamovibles de ésta en sus episódicas visitas «en globo», celebraban o encubrían con su complicidad todas y cada una de sus medidas opresoras, aun las más aberrantes. Su defensa a ultranza del «socialismo real» y la adopción de posturas verbalmente militantes seguirían también la pauta de sus predecesores europeos. Como dice con razón Vargas Llosa, al exponer las consecuencias lamentables de dicha actitud maniquea, «los intelectuales latinoamericanos han sido los grandes agentes del subdesarrollo latinoamericano». Las sangrientas dictaduras reaccionarias del Cono Sur y Centroamérica justificarían su apoyo sin reserva a la autocracia cubana. La sobrecogedora distinción «esencial» establecida por uno de ellos en entrevista memorable entre «los errores e incluso los crímenes que se pueden producir dentro de un contexto socialista y los errores y los crímenes equivalentes que se pueden producir dentro de un contexto capitalista o imperialista» debía conducir lógicamente a la diferencia igualmente «esencial» entre los cadáveres de vietnamitas, guatemaltecos y salvadoreños y los de los afganos: la ausencia de tres miembros latinoamericanos del Tribunal Russell reunido en Estocolmo para juzgar los crímenes soviéticos en Afganistán —después de haber condenado en años anteriores los de los norteamericanos en el Sureste asiático y Centroamérica—, ausencia censurada públicamente por el presidente de aquél, Vladimir Dedidjir, sería la consecuencia obligada de esa peculiar metafísica, no sé si tomista o zoroastriana.

Como comprobaríamos después con cierta sorpresa, los seguidores de la línea oficial cubana que estigmatizaban la inconsecuencia y frivolidad de los liberales a la violeta, se guardarían muy bien de analizar, conforme a la doctrina marxista y por una razón de honestidad elemental, sus propias relaciones y prácticas sociales, su modo de vida real y concreto: el hecho de preferir por ejemplo la beca estadounidense o el curso profesoral en California a una estancia prolongada y sin prerrogativa de ningún género en ese laboratorio político en donde sus sueños de una zafra sin imperios ni esclavos, alimentados a costa del dolor ajeno, corrían el riesgo de esfumarse. La experiencia de aquellos meses de *Libre* me reveló así que el alto grado de conciencia artística de alguno de mis colegas no correspondía necesariamente con el de su rigor intelectual y moral.

«La mañana del 16 de abril, el doctor Bernard Rieux salió de su gabinete y tropezó con una rata muerta en medio del descansillo de la escalera», escribe Camus en el primer capítulo de *La Peste*. Desde los días ya lejanos en que divisé también mi primera rata había corrido mucha agua bajo los puentes del Sena, a cuya orilla desemboca la calle donde se alojó la revista. La exclusión de mis amigos del PCE, mis viajes a la URSS y Checoslovaquia, la breve visita a Cuba con los escritores y artistas del Salón de Mayo, la frustrada aventura de *Libre* e incidencias del caso Padilla multiplicarían poco a poco la invasión de los múridos hasta transformarse también en una epidemia. La realidad es a veces curiosamente simbólica: recuerdo que al salir del figón marroquí en el que había cenado con mis amigos, divisé de pronto, como un recordatorio, el cadáver de un auténtico ratoncillo frente al 26 de la Rue de Bièvre.

V

MONIQUE

Pese a los propósitos iniciales expresados a lo largo de nuestra correspondencia, mientras cumplía las prácticas de sargento en el regimiento de infantería de Mataró, de formar una pareja abierta, móvil, indomiciliada, cuya relación no fuera afectada por mis frecuentes ausencias ni nuestras mutuas y alegres «infidelidades», los proyectos un tanto ilusorios de no caer en la trampa de la rutina y aburguesamiento, de quererse sin convivir a diario y respetar recíprocamente un espacio de libertad chocaron en seguida con la inercia insidiosa del hábito. Una vez instalado en el piso moderno, cómodo y agradable de la Rue Poissonnière, la idea de retornar de vez en cuando a mi hotelito de la Rue de Verneuil dejó de tentarme. Las costumbres caseras y ritos de trabajo, el deseo de estar junto a Monique, la complicidad diariamente establecida entre ambos fueron más fuertes que mis teorías sobre la independencia y las aprensiones con respecto al hermetismo nodular de la pareja. El período de prueba a que nos sometíamos por unos meses se transformó imperceptiblemente en una vida en común sin que, al pasar el plazo fijado al comienzo, ninguno de los dos lo evocara. Las medidas cautelares dictadas por el fracaso matrimonial de Monique y mi rechazo gideano de la noción de familia sucumbieron a la escueta tenacidad de los hechos, la compleja y sutil red de afectos creada por la proximidad. Cuando meses después viajé a España, lo hice ya a sabiendas de cumplir una visita pasajera al término de la cual regresaría a París: con una facilidad desconcertante, si se tiene en cuenta mi aversión juvenil a la pareja burguesa, la Rue Poissonnière se había convertido en mi hogar.

En un solo punto me mantuve inflexible: la firme decisión de no tener hijos, de no extender en ningún caso el árbol genealógico familiar. El origen de esta obsesión es oscuro y arraiga profundamente en mi infancia: un deseo de no dejar tras mí sino mis libros, de no someterme al fatalismo azaroso de la paternidad. De cuantas razones he barajado al analizar este tema, ninguna me satisface por entero ni aclara del todo la raigambre visceral del sentimiento. ¿Afán de prorrogar la leve irresponsabilidad adolescente, de no querer hipotecar para siempre un bien tan precioso como la libertad? ¿Deseo de evitar a mi eventual descendencia una experiencia como la que me tocó vivir de niño? ¿Una zozobra de orden existencial o, si se quiere, metafísico? ¿Miedo exagerado y enfermizo a la herencia de fragilidad y desequilibrio síquico de mi rama materna, revelada en los casos de la abuela y tía Consuelo? Fuera como fuere, lo cierto es que la angustia existía y me acosó durante años. Recuerdo el día en que, a la salida de un cine de los Campos Elíseos, Monique se sintió de repente mareada y con ansia de vomitar y nuestro acompañante comenzó a gastar bromas sobre el asunto y se apresuró a felicitarme irónicamente: aunque tomábamos todas las precauciones para evitar un percance, la posibilidad de un fallo y consiguiente aborto me llenaron de horror. A los pocos meses de conocernos, Monique había sufrido esta experiencia para interrumpir un embarazo de alguien con quien no podía ni quería vivir y su descripción minuciosa de ella en una carta enviada a Mataró me conmovió hasta las lágrimas. Desde entonces, sabía lo que significaba ponerse en manos de un desconocido, el calvario moral y físico de unas intervenciones toscas y clandestinas, brutales, a menudo sin anestesia; con todo, mi rechazo instintivo de la paternidad era más fuerte aún: a riesgo de comprometer irremediablemente una relación auténtica pero frágil, no habría dudado en imponérselo. Por fortuna, fue sólo una alarma falsa y no me vi obligado a afirmar hasta los límites de la crueldad los privilegios de mi egoísmo. Conforme pasó el tiempo y disminuyó el peligro, la neurosis condigna a mi miedo a tener hijos se disipó gradualmente hasta extinguirse en la época en que inicié mis frecuentaciones árabes y nos mudamos a Saint-Tropez.

La dureza correosa del destino impuesto a las mujeres, la nitidez, serenidad y valentía con que a menudo lo afrontan te harán dudar para siempre de la exactitud incluso aproximativa de los términos sexo débil y sexo fuerte. Como podrás comprobar más tarde en la urdimbre de las sociedades patriarcales, tanto en la España de hace treinta años como en el mundo islámico y Latinoamérica, la presunta fuerza del varón enmascara de ordinario actitudes irreflexivas e incluso infantiles, una inseguridad transmutada en jactancia, una real y lastimosa endeblez ante las ordalías de la existencia mientras el *status* inferior de la mujer la dota al contrario, por una reacción natural de autodefensa, de una capacidad de reflexión, magnanimidad y fortaleza erróneamente atribuida al otro sexo: de cara al dolor, vejez y demás cargas y achaques de la vida, su tesitura suele ser más lúcida, animosa y sufrida que la del varón. A la verdad, tu temor e incluso repulsión a la idea de ser padre no pueden imputarse únicamente a sentimientos de flaqueza y egoísmo masculinos: descubren también una mezcla saludable de escepticismo y desvío de las servidumbres de la especie que un número creciente de mujeres y hombres comparten. Eligiendo la escritura, el libro gestado, como sucedáneo, te ponías a salvo de las contingencias de una ley genética aleatoria, rompías voluntariamente la cadena causal. La deuda y haber respectado a tus padres concluían contigo: no eras ni serías responsable de la existencia de nadie más. Esta decisión de no propagar la especie en un planeta de recursos limitados y cebado para colmo de armas destructoras, merece, a una distancia de más de dos décadas, tu aprobación incondicional. La chapuza creativa no se prolonga por tu culpa: la sorpresa de lo bello se te dará de añadido. Cuando la vida te otorgue en la cincuentena el luminoso don de una niña, tu apego a ella será libre y ligero: maná u ofrenda cuasi divinos, cuyo grácil disfrute será la ebriedad.

Estos primeros meses de vida en común sobresalen en diafanidad y precisión en mi memoria por su exaltadora y feraz novedad. El paso de Pablo Alcover a la Rue Poissonnière, de la vida marchita de hijo de familia a una flamante situación conyugal con el consiguiente cambio de escena, decorados, personajes y acción me enfrentó a un conjunto de situaciones y responsabilidades frescas e inesperadas. Al llegar yo, Carole tenía cuatro años: la fecha temprana del divorcio de sus padres le había evitado las tensiones y traumas comunes de los hijos de matrimonios desavenidos, pero debía obrar con tiento y delicadeza para integrarme en su vida sin perturbar ni interferir la imagen paterna. Las escasas ocasiones en que me llamó papá —de manera distraída y sin duda involuntaria— le corregí al punto, insistiendo en que pronunciara a la española el nombre de Juan. Nuestras relaciones fueron buenas desde el comienzo a causa tal vez de su carácter familiar impreciso. Cuando, al entrar en la pubertad, atravesó un período turbulento y me vi forzado por las circunstancias a actuar de forma represiva, no me guardó rencor. Aun en los momentos más duros de su rebelión juvenil contra todo mantuvo siempre conmigo una comunicación regular.

A las pocas semanas de estancia, nuestro proceso de adaptación triangular recibió una inesperada ayuda de fuera. Hélène, la asistenta que salía a bailar todas las noches con la ilusión de atrapar un novio no marcado por el estigma de unos orígenes árabes o africanos y recibía llamadas telefónicas de suspirantes denominados Tony, Dédé, Jojo y otros de idéntica y ejemplar prosapia, comenzó a sentir dolores vaginales y sufrir hemorragias —menudamente descritas, *hélas,* mientras nos servía el café en la cama— hasta que su condición se agravó y, a medianoche, hubo que prevenir a una ambulancia para que la transportara al hospital.

Liberados de su presencia —su locuacidad tenía la virtud de sulfurar a Genet— decidimos buscar a una española recomendada por uno de nuestros amigos. Vicenta nos aguardaba en un café de la Rue de Buci: pequeña, apacible, vestida de oscuro, en las inmediaciones de la cuarentena, acababa de llegar de su pueblo de Beniarjó, en donde había dejado al marido y una numerosa parentela de hermanos, cuñados, sobrinos y primos. Su estampa nos agradó y se embarcó para casa con todos sus bártulos. La idea de ocuparse en una niña le encantaba: no tenía hijos y su único y posterior embarazo, a los pocos meses de la llegada de Antonio, acabó tristemente en una clínica desde donde nos escribió una conmovedora misiva que todavía conservo entre mis papeles. Aunque no sabía una palabra de francés, envolvió inmediatamente a Carole en su ruidoso cariño de pueblo: cargándola en brazos, comiéndola a besos, tarareando villancicos y canciones de cuna. Al principio, su vehemencia irritaba a la niña. *Tais-toi!*, le decía. Tetuán y Melilla, respondía Vicenta sin inmutarse. Mientras habíamos supuesto erróneamente que aprendería poco a poco el idioma del país, verificamos muy pronto que la comunicación operaba en sentido inverso: Carole empezaba a hablar en castellano, interpolado a veces con giros y tacos de Valencia. Al cabo de unos meses, las dos se entendían a la perfección. Vicenta la llevaba los domingos al bar Piles de la Rue Tiquetone o a las cercanías de la Rue de la Pompe, en donde solía reunirse con sus paisanos y Carole deslumbraba a todo el mundo con su gracia infantil y asombrosos conocimientos idiomáticos. El papel desempeñado por Vicenta en su educación fue esencial y amortiguó en cualquier caso los problemas que inevitablemente le crearon la separación de sus padres y mi irrupción, aun discreta, en su mundo. La inteligencia práctica y sabiduría instintiva de aquella mujer sencilla, cuyo horizonte se detenía en los límites de su comarca nativa, fueron siempre para mí causa de maravilla. Recuerdo el día en que Carole volvió intranquila de los jardines del Champ de Mars a los que había ido a jugar con otras niñas y nos habló de un individuo que, según dedujimos, se había masturbado delante de ellas y, antes de que Monique o yo pudiéramos formular un comentario embarazado e inútil al hecho, Vicenta la arrebató en sus brazos al aire y exclamó alborozadamente: ¡Claro, como que era la fiesta en su pueblo!, insólita explicación que tuvo la virtud de apaciguar a Carole y hacerle olvidar inmediatamente el lance.

La presencia grata, cálida y sosegada de Vicenta en la Rue Poissonnière no benefició solamente a la niña: fue una mina para los tres. Como Eulalia, era mujer de una fuerte personalidad; pero, como advertí en seguida, no adolecía de su coquetería y caprichos ni de su tenaz, aprensiva melancolía tocante al destino propio y familiar. En contraposición a la ternura impregnada de angustia que vertebró mis relaciones con Eulalia desde el día en que me fui de Pablo Alcover, mi afecto a Vicenta era liso y alegre, compuesto únicamente de simpatía y cordialidad. Fuera de nosotros, su mundo se centraba de forma exclusiva en Beniarjó y sus cercanías. Cuando salíamos a pasear en coche, Monique había intentado mostrarle las bellezas de París y «la Francia». Empresa inútil: Vicenta miraba sin verlas y establecía comparaciones inmediatas con paisajes o lugares de su pueblo de los que los términos o puntos de referencia franceses de aquéllas salían inevitablemente malparados: la Place de la Concorde tenía una fuente luminosa como la de Beniarjó mas esta última cambiaba continuamente de color; el Loira le traía a las mientes el río medio seco pero mejor sombreado que discurría junto a su barrio; la gente de París salía de trapillo y vestía de cualquier modo mientras en su pueblo, los domingos, lo hacía con verdadera elegancia. Su concepción estrictamente acotada del mundo propio, ajeno del todo al que observaba en Francia, actuaba asimismo en el terreno de la moral: en tanto que, en el curso de los años que pasó con nosotros, vio desfilar por casa parejas que se formaban y deshacían, mujeres que cambiaban de marido, homosexuales solitarios o apareados con la mayor naturalidad y desparpajo —a rey muerto, rey puesto, decía imperturbablemente al enterarse de algún divorcio o ruptura—, dicha condescendencia jovial se detenía abruptamente en las fronteras de Beniarjó y su comarca. Allí, la tradición más austera y rígida campaba por sus respetos: cualquier transgresión a la misma acarreaba al culpable una fulminante sanción social. Me acuerdo de que una vez aludió a una muchacha que habíamos colocado en casa de unos amigos dando a entender que jamás encontraría marido —bueno, rectificó, a menos que pesque a un francés— y, cuando quisimos averiguar las causas de ese ostracismo, explicó que el tío de la joven la había manoseado en su niñez y todo el pueblo estaba al corriente de ello. ¿No era absurdo reprocharle algo tan remoto y de lo que no tenía ninguna culpa? En Francia, sí, decía Vicenta impávida, pero no en Beniarjó.

Antonio, el marido, llegó semanas después y fui a recogerle con ella a la Gare d'Austerlitz: cenceño, modesto, de maneras un tanto rudas, había sido pastor de cabras en Extremadura hasta el día en que llegó a Valencia, se dedicó a la cosecha de la naranja y conoció al cabo de poco a la que sería su mujer. Tomamos el metro los tres y, después de acomodarle en casa, propuse a Antonio que diera una vuelta conmigo para facilitar sus movimientos por la ciudad. No se moleste, señor Juan, que ya está vista, dijo serenamente. Como entendí en seguida, su única preocupación se cifraba en encontrar inmediatamente empleo: tras varias tentativas frustradas en diversas fábricas, consiguió colocarse de mozo de cuerda en una empresa importadora de frutas de Les Halles. A pesar de que el apartamento de Monique se componía entonces de tres habitaciones con cocina y dos baños, nos ajustamos como pudimos a la nueva situación. Yo escribía en un pequeño cuchitril que antes fue cocina y Carole dormía junto a nosotros en el comedor. Cuando Monique volvía de su trabajo, Antonio partía para la carga y descarga de camiones y no regresaba a casa sino de amanecida. La promiscuidad no nos molestaba y el carácter alegre e impertérrito de Vicenta se adaptaba cabalmente a nuestra existencia irregular y desordenada. Cualquiera que fuese la hora a la que llegáramos, disponía rápidamente la cena sin perder su placidez ni buen humor: hay carne, hay huevos, hay de todo. Guisaba como había aprendido en su tierra y los refinamientos de la cocina francesa no le impresionaban. Un fin de semana en el que fuimos al Mont Saint Michel y retornamos con la idea fija de saborear un exquisito *foie-gras* que habían regalado a Monique, descubrimos con desolación que la delicia en la que soñábamos no estaba en la nevera. Preguntamos a Vicenta qué había sido de él. Allí lo tienen, dijo apuntando al cubo de la basura. Se nos ocurrió la tontería de abrir la lata y, nada más probarlo, lo echamos. ¡Vaya diferencia con el fuagrá de conejo de mi pueblo! ¡Aquello sí que es rico!

La instalación de Antonio y Vicenta en nuestro piso no tardó en imantar a la Rue Poissonnière a numerosos parientes, amigos y vecinos oriundos de su comarca; pero la responsabilidad de lo que se convertiría pronto en una verdadera invasión dominical no fue, a decir verdad, exclusivamente suya. En el compartimento contiguo del tren que nos condujo a París desde España, había un grupo de emigrados que, con el polvo del país todavía pegado a la suela de los zapatos, comían, bebían, cantaban y batían las palmas con soberana indiferencia a las miradas reprobadoras de los indígenas, visiblemente molestos con un bullicio y estrépito ajenos a su noción de civilidad. Uno de aquéllos, había ido al común antes que yo; al sucederle en el lugar, descubrí que había dejado su pasaporte junto al grifo automático del lavabo. Di una ojeada a su nombre (José), lugar de nacimiento (Lora del Río) y domicilio (un pueblo de la región de Valencia) y me asomé a entregárselo a su compartimento. José charló un rato con nosotros (era la primera vez que salía de España), pidió nuestras señas y, al cabo de un tiempo, cuando Monique y yo habíamos olvidado el episodio, apareció por casa con un grupo de valencianos. Al parecer, habían encontrado trabajo en unas obras de Rueil-Malmaison: el domingo siguiente iban a guisar un arroz y querían que fuéramos a compartirlo. Con la trastienda de preparar una novela o documental sobre la emigración que despoblaba regiones enteras de España, acepté su invitación. Aquel otoño, fui varias veces con Monique y su hija a comer con ellos en los barracones de madera en los que se alojaban, unos barracones muy semejantes a los que visitaría a solas años después invitado por amigos magrebís. Los almuerzos eran ruidosos pero agradables: en medio de mis compatriotas exiliados por razones económicas me sentía en España más que en la propia España, envuelto en una atmósfera de cordialidad, inmediatez y llaneza viva y estimulante. Monique me dirá más tarde que mi actitud en aquel ámbito de trabajadores manuales, exclusivamente masculino, le fascinaba: según descubriría entonces, mi seducción intelectual y afectiva se desplegaba siempre ante hombres que no pertenecían a mi clase —nunca con mujeres ni varones de nuestro medio social. Aunque no dudo de que su observación sea justa, mi afinidad instintiva a quienes se ganan la vida con la fuerza de sus brazos y carecen de esos estigmas «burgueses» que, como los sacramentos de la Iglesia, imprimen carácter no incluía entonces sino de forma sublimada un elemento sexual. Dicha atracción innata, que otorga a la desigualdad social un papel muy similar, en el juego de lo complementario y opuesto, al que ejerce de ordinario la diferencia de sexo, se ahondaría y sexualizaría luego, al extenderse y rebasar los límites de mi cultura y lengua, en el fulgor e incandescencia de la zona sotádica. Pero en aquella época constituía simplemente un rasgo peculiar que podía pasar muy bien a ojos de terceros por rareza o capricho. El mundo de las amistades viriles apasionaba a Monique: en la medida en que no se sentía rechazada, mi ambigüedad le atraía. En la playa de Peñíscola me había visto una vez algo achispado, acariciando o dejándome acariciar por uno de los amigos pescadores que bebían tumbados conmigo junto a las barcas y el espectáculo le llenó de emoción: la cosa no pasó de ahí y en el hotel hice el amor con ella —oliendo todavía a él, me dijo—, mientras mis compañeros bebían y se zambullían en la oscuridad, borrachos y desnudos. Las comidas domingueras en Rueil-Malmaison se prolongaron durante algunos meses: en una o dos ocasiones, respondiendo a las invitaciones de nuestros amigos, les convidamos a la Rue Poissonnière. La agenda de Monique del 2-12-56 reza escuetamente: ¡dieci-siete españoles en casa! Vicenta y Antonio guisaron la pae-lla para todos y el banquete se prolongó hasta muy tarde, con gran contento y excitación de Carole, agasajada y mi-mada por aquellos expatriados nostálgicos, separados de sus mujeres e hijos.

Junto a la invasión fortuita de los obreros amigos de José, comenzó otra más lenta, intersticial y furtiva: los her-manos y allegados de Vicenta desembarcaban paulatinamen-te en París y aparecían con sus maletones y bolsas en nues-tro piso. Había que ayudarles a buscar acomodo y empleo y, a través de Jadraque y los amigos de Monique, consegui-mos sacar de apuros a algunos. La flamante emigración de Beniarjó transitaba a sus anchas de la Rue Poissonnière al bar Piles y, de allí, a las vastas aceras de la Rue de la Pom-pe. A veces, Vicenta extendía la esfera de sus recomenda-ciones a otros pueblos de la región: la muchacha vestida de luto que se había presentado en casa preguntando por ella, es de Benifla, nos decía, pero es buena. Al cabo de un tiempo, tras haber peinado a fondo el campo de las relacio-nes y amistades, clausuramos algo aliviados nuestra agencia gratuita de empleo. Las visitas y apariciones intempestivas se espaciaron. La experiencia de aquellos meses de españo-leo intensivo nos había agotado y, como nos confesamos mutuamente riendo una noche, al cabo de una jornada par-ticularmente bulliciosa y movida, *nous commencions à en avoir assez.*

Vuestra inmensa vitalidad os consentía atropellar las exi-gencias del sueño, asumir el ritmo boreal de las noches blancas: escribir una novela o cumplir con el horario de la editorial, leer por gusto u obligación, departir largamente de sobrecena, beber calvados en vuestros bares favoritos, frecuentar locales de travestidos, emborracharos y hacer el amor. Mientras dedicabais los fines de semana a las visitas a Rueil-Malmaison o excursiones con Carole a los pueblos de la costa normanda, completabais vuestras respectivas jornadas con un recorrido de los cabarés de la Rue de Lappe próximos al hotel en donde se alojaba entonces Genet o una cena en los modestos figones vietnamitas de las cercanías de la Gare de Lyon. La noche os parecía sonámbula y joven y no percibíais los primeros síntomas de su envejecimiento y arrugas sino de madrugada. El cuerpo obedecía a los caprichos y decisiones sin renuncia alguna, como un mero apéndice o ejecutor de vuestra voluntad. El cansancio no existía aún y combatíais bravamente los efectos del alcohol con Alka Seltzer en el curso mismo de la velada. Monique profesaba en aquel tiempo un verdadero culto a las *locas*. Guiados por su primo Frédéric, empezasteis a explorar sus madrigueras y escondrijos: a veces, ibais a cenar a Narcisse, un restaurante en el que pasasteis un exuberante *réveillon* rumbero con serpentinas, confetti y gritos histéricos de un grupo de españoles tocados de peinetas y mantillas, como al acecho del héroe de *Sangre y arena* o algún remoto e improbable Escamillo; otros, os asomabais al baile de la Montagne de Sainte-Geneviève en donde un marica inmenso y procaz, también de tu tierra, ejecutaba números cómicos con profusión de ademanes obscenos y retorcía helicoidalmente la lengua con la celeridad de un ventilador. Genet te dirá después que las mariconas más provocativas y audaces con quienes tropezó en sus vagabundeos y estancias en los barrios bajos y cárceles de Europa fueron siempre españolas. Bellas u horrendas, patéticas o irrisorias, su rechazo de toda noción de decencia, desafío a las normas y buenas maneras, los contoneos y muecas de sus cuerpos laboriosamente rehechos impregnaban a éstos de una ejemplar coloración moral. El que España forjara y exportase las más feroces y descaradas no era producto del azar: mostraba la prepotencia del tabú, el estigma social que les marcaba. Su réplica excesiva actuaba en función directa de un rechazo excesivo también. A diferencia de la zona sotádica, en donde una bisexualidad extendida y difusa borra o desdibuja las fronteras de la ilicitud y se integra en la enjundia social de manera sigilosa e implícita, la fuerza gravitatoria del canon hispánico determina la existencia de reacciones centrífugas, extremas, desorbitadas. La abundancia y agresividad de las *locas,* te mostró Genet, respondía a la atmósfera opresiva que las configuraba: eran el envés del estreñido machismo oficial, su rostro inferior escindido y lunar, su otra cara.

Acompañados de Frédéric y Violette Leduc, recién dada de baja del sanatorio en el que fue internada, concurríais a los locales un tanto sórdidos de la Gare de Lyon o Montmartre de preferencia a los más aburguesados y elegantes de los Campos Elíseos. Cuando Monique descubrió a Michou, el sótano de la Rue des Martyrs se convirtió en su querencia. A menudo ibais allí con otros matrimonios y parejas: el ambiente era promiscuo y una noche Monique fue invitada a bailar por un individuo que, engañado con su cabello corto y pantalón negro, creía buscar plan con alguien de su sexo. *Je suis prise pour un travesti!,* anotó triunfalmente en su agenda. Un viaje a Hamburgo, invitados por el editor Rowohlt, acentuó aún vuestro interés por las frondosidades, umbrías y arborescencias de la selva nocturna. Del 16 al 22 de abril de 1957, inspeccionasteis con él los establecimientos mal afamados de Reeperbahn y Sankt Pauli: el Rattenkeller, Katakombe, Rote Kotze, Mustafa. Los travestidos alemanes y españoles eran más insolentes, culirrotos y exagerados que los de París; la lucha libre de mujeres en una pista de barro, rodeadas de clientes que bebían güisqui o champaña con baberos, para protegerse de las salpicaduras, os encandiló. Al cabo de unas semanas, Rowohlt devolvió la visita y quiso que le llevarais a un local para masoquistas; pero ninguno de vuestros amigos conocía entonces ni de oídas la existencia de tales antros. En tal brete, Monique tuvo la idea feliz de plantear el problema a Gaston Gallimard: éste se trataba al parecer con un inspector de la Brigade Mondaine que a todas luces debía estar informado del asunto. Sumamente excitado por cuanto rompía la monotonía de su reino editorial, el viejo Gaston se apresuró a cumplir el encargo: días después, dio a Monique las señas de un restaurante de la Rue Guisarde en el que, según su amigo, había un ambiente como el que su colega editor buscaba. Monique se las comunicó a Rowohlt y nos encaminamos con él allí después de reservar prudentemente una mesa.

Las inquietas y deliciosas emociones sadianas que te asaltaban en el trayecto se desvanecieron nada más llegar: la entrada del local, una diminuta poterna, obligaba a agacharse al cliente para introducirse en él y, mientras se adentraba cabizbajo y con la espalda encorvada, alguien, al otro lado, le colgaba un cencerro del cuello como un escapulario en medio de las risas y burlas de quienes, con tintineantes esquilas como él, asistían regocijados a la humillación del recién venido. Dentro, el clima infantil, alborotado y bullicioso hubiera inspirado sentimientos de horror al autor de *Justine*. Los camareros eran arrogantes y malencarados, decidían la composición del menú sin tener en cuenta los deseos del cliente y, si la ocasión se terciaba, obsequiaban a éste con codazos y groserías. El silencio y gravedad sepulcrales de las mazmorras de tortura, habían sido sustituidos, para consternación de vuestro amigo, con un vocerío festivo de alumnos calvos y obesos. Aunque Rowohlt ocultó su decepción, comprendisteis que la oferta de París en la materia, menos mediocre que falsa, se reducía a una especie de simulacro. Habituado a mayor seriedad y rigor, volvió a Alemania convencido de que los franceses deberían recorrer todavía un largo trecho para ponerse a la altura de sus paisanos en lo que al conocimiento de sí se refiere.

Si Genet rehuía la vida nocturna y se recogía a dormir temprano, Violette Leduc soñaba en acompañaros y romper aun pasajeramente la agobiadora soledad que le envolvía. La agenda de Monique rememora a lo largo del 57 algunas veladas con ella: su fealdad insólita y aires de comedianta tenían la virtud de desarmar la habitual misoginia de las *locas,* contentas de exhibirse con aquella mujer a la vez ingenua y astuta, divertida y excéntrica e incapaz sobre todo de hacerles sombra o suscitar sentimientos de rivalidad. Cuando, con el éxito de *La bastarda,* Violette consiguió de golpe dinero y fama, se rodeó de la vistosa corte de homosexuales en la que siempre soñó: una reina de deslumbrantes pelucas de Carita y trajes confeccionados por los mejores modistos, cuyas apariciones en Laurent u otros lugares elegantes serían acogidas con murmullos de mofa, curiosidad o admiración.

Repartida entre política, escritura, vínculos sociales y hábitos noctámbulos, tu vida soportaba el desgaste con aparente entereza. Tus relaciones físicas con Monique nunca alcanzarían un nivel más satisfactorio, y habías arrinconado una tras otra las antiguas veleidades de independencia, de alegres «engaños» recíprocos. Monógamo, conyugal, posesivo, sutilmente celoso, te adaptabas de modo paulatino a un papel clásico y convencional de consorte: vacaciones en el Midi, proyectos de viaje a países desconocidos. Durante un tiempo, mirarías tu homosexualismo latente como algo pasado y remoto: pero el amor a Monique no se acompañaba de un interés físico ni afectivo por otras mujeres. En el orden sexual, éstas seguían siendo objeto de una indiferencia que prudentemente te esforzarías en ocultar. El mundo amoroso se reducía a Monique y la minúscula burbuja que os capsulaba. El carácter precario y lábil de tu dicha te inquietaba. ¿Qué ocurriría si la burbuja se rompía, si ella o tú dejabais bruscamente de amaros? Atrincherado en tu luciente y endeble heterosexualidad, descartabas la idea de repetir tus experiencias mediocres del Barrio Chino y empezaste a eludir las situaciones que podían avivar tu imantación hacia quienes el Partido designaba «nuestros camaradas explotados». Pero tu lejanía y retraimiento del mundo femenino no cedían. La excepción que jubilosamente vivías confirmaba la regla aprendida en la adolescencia. Si de puertas afuera eras como los demás, lo eras y seguirías siendo aún por espacio de un tiempo, de manera singular y única.

Mis viajes a España abrían paréntesis más o menos extensos en nuestra convivencia. Mientras el «amancebamiento» se consolidaba y revestía las características de un vínculo matrimonial estable, los breves retornos a Barcelona e incursiones a la región de Almería restablecían de forma pasajera la situación liminar. Monique y su entorno se habituaron pronto a mis desapariciones: sin ser todavía ese marido «siempre ausente» que ella describirá más tarde, el empeño político y deslumbramiento ante el paisaje de mi provincia adoptiva me convertían a menudo en fugitivo de la domesticidad. El habitual desconocimiento francés de las realidades hispanas, que llegaba a confundir el biombo agujereado del Pirineo con el telón o muro de cemento de los virreinatos de Stalin, envolvía esos viajes en un clima de espera e inquietud. Con su dramatismo innato, Marguerite Duras no perdía entonces la ocasión de preguntar a Monique si yo volvería, si las autoridades franquistas me permitirían salir de nuevo, si aquel eclipse de París y de su vida no era o sería un punto final. Otra amiga empleada en la editorial, preocupada asimismo con mis ausencias, había resumido de manera muy parisiense su reiterada, casi morbosa curiosidad: *Je ne veux qu'il te quitte, tu comprends? Mais s'il le faisait, je voudrais être la première à le savoir!* Con todo, las pausas, tal como las planeábamos, no sobrepasaban nunca la zona intermedia entre el goce fugaz de la libertad recobrada y el comienzo de la nostalgia o melancolía. Como en la época de mi servicio militar, nos escribíamos o telefoneábamos casi a diario; pero, diferentemente de entonces, mis cartas no mencionan sino de pasada los coitos ocasionales con putas y adoptan un tono mirón y humorístico respecto a las correrías nocturnas con Luis, María Antonia, Jaime Gil o algún otro amigo a los bares y zonas homosexuales. Una censura implícita omite mis solitarias escapadas a aquellos tugurios de la Barceloneta o el Barrio Chino en los que, como en el varadero flotante de Raimundo, me esponjaba al calor de una camaradería entre hombres mientras recarga las tintas y acumula detalles y anécdotas sobre mi folclórica afición a las mariconas. Más significativo aún: las cartas no aluden ya a las posibles «infidelidades» recíprocas, los *calafells* alegres que nos otorgamos. Inseguro de mí mismo, consciente de la fragilidad de nuestros lazos, mi actitud ha cambiado de forma perceptible. Estoy celoso de ella y mi desinterés por las mujeres de su medio, cuyo atractivo, cultura e inteligencia podrían competir con los suyos o fomentar una rivalidad potencial, me condena a una situación de inferioridad. La libertad que teóricamente nos concedemos al separarnos es en mi caso letra muerta: vigilando, como vigilo, mi homosexualismo latente, las presuntas infidelidades se limitan a encuentros con putas, generalmente por influjo del alcohol. Pero en el suyo no lo es y existe el riesgo de que se concrete, como en los meses de mi estancia en Mataró. A pesar de mis protestas de liberalismo y permisividad, la idea me llena de desazón: insidiosamente, mis mecanismos internos se vuelven, sin que yo lo advierta al principio, los de un tradicional marido español. Según descubro, mi vulnerabilidad es extrema y acentúa a la vez mi dependencia de Monique y la tesitura precavida y astuta de quien se siente propietario autorizado de un cuerpo. Aunque me esfuerzo en ocultar la inquietud y reprimir las manifestaciones posesorias, la tensión soterrada influye en nuestras relaciones. Si mi ambigüedad seduce a Monique y crea esa zona de opacidad y secreto que la impulsa desde la juventud al mundo de los homosexuales, mi heterosexualidad exclusiva pero insegura, la angustia que a partir del otoño de 1958 empieza a abrumarme alteran simétricamente sus nexos conmigo. Sé que sus aventuras y enamoriscamientos no ponen en peligro el vínculo creado entre ambos: no obstante, mi incapacidad de respuesta práctica —de suscitar a mi vez en ella un sentimiento de celos con otra mujer de su estilo— introduce un factor de desequilibrio que se agravará con los años. Según pienso ahora, una bisexualidad aceptada por ella hubiera podido desviar el curso de los acontecimientos: nuestras relaciones habrían recuperado la armonía perdida, su dimensión de singularidad y misterio. La asunción opresora de los criterios y prejuicios dominantes en el mundo español en torno al cual gravitaba frustró tal eventualidad. Cuanto más incierto y perturbado era mi impulso respecto a las mujeres, mayor sería mi ostentación puertas afuera de una conducta sin rendijas, netamente heterosexual. Metido por mi culpa en aquel atolladero, me agarraba con todas las fuerzas, como a una rama salvadora, a una supuesta normalidad erótica en el momento mismo en que ésta comenzaba a fallarme y la rama se desgajaba. Resuelto a ocultar a Monique y los demás la causa de mi ansiedad, acumulaba obstáculos e impedimentos a la deseable salida. En nuestras visitas ya rutinarias a los bares homosexuales no manifestaba como antes señales de simpatía o afinidad: mi actitud condescendiente y burlona es la de un español estreñido como los militantes políticos con quienes me trato. Las bromas y opiniones reprobadoras sobre las *locas* que oigo diariamente a mi alrededor, las adopto por propias: me asomo a las sordideces y miserias del gueto, pero pertenezco a la urbe exterior, limpia y planificada.

Monique no podía interpretar correctamente los síntomas que percibía: dolosamente, me había tragado la clave. Nuestra vida seguiría siendo en apariencia la misma; con todo, mis carencias y excesos, escenas de celos cuando se interesaba por otros e inevitable recurso al alcohol por mi parte en nuestros *calafells* cotidianos, pesaban de modo creciente en ella. «Todavía quiero a Juan», escribía para sí misma en su agenda. Los viajes a España e Italia, cambio de decorado y amigos devolvían a trechos a nuestro nexo su antigua lozanía y frescura. Pero la degradación y caducidad que tanto temía proseguían su insinuación microscópica. Un día leí *La fisura* de Scott Fitzgerald y me sentí acometido de un pesimismo cósmico: el regreso a España era imposible, mi vida con Monique no tenía futuro, no sabía siquiera si podría seguir manteniendo mi empeño heterosexual. Acampaba en un estado precario, sembrado de incertidumbres, del que sólo la Revolución, con su llama, creía, podría sustraerme quizá.

En una entrevista concedida hace algún tiempo, Jaime Gil de Biedma observaba con agudeza que, a partir de un determinado momento, una relación amorosa estable nos suele traer una mala noticia respecto a nosotros mismos: la de no ser realmente como creíamos o, a decirlo más bien, como imaginábamos ser. La sorpresa debería resultar desalentadora para nosotros mas de ordinario no lo es ni lo será sino de forma retrospectiva. El descubrimiento de que somos peores, mucho peores de lo que suponíamos —sujetos a celos, reacciones mezquinas, actitudes incongruas, arrebatos pasionales, ambivalencia afectiva, autocompasión enfermiza, mala fe, irracionalidad— no se acompaña en general de sentimientos de bochorno ni afanes de enmienda. El huésped que vive dentro de nosotros y actúa de esa manera goza de impunidad absoluta. Su nombre verdadero es Mr. Hyde.

El proceso que favorece su instalación en nuestro fuero interior no es casual y, como sé por experiencia, sigue una vía que, sin embargo de sus sinuosidades y meandros, cualquier cartógrafo competente y honrado puede retrazar. La proliferación o arborescencia que, desde el núcleo inicial enterrado, oculta al prójimo las causas de nuestra conducta, no nos impide llegar, si nos lo proponemos, a la raíz del mal. Una admisión más temprana de mi homosexualidad reprimida y una total sinceridad con Monique en la materia, podrían haberme evitado el estado de tensión y de crisis en el que viví con ella por espacio de cuatro años, la angustia larvada que le transmití, las secuelas de mi conducta a menudo agresiva e incoherente. Falto a la vez de la lucidez y valor necesarios, no seguí el único camino que podía conducirme a la resolución del problema y me encerré poco a poco en mi trampa. Si bien podría alegar en mi descargo que no había trabado aún conocimiento en aquellas fechas con ninguno de esos inmigrados con quienes me cruzaba en la calle a diario y cuya estampa imperiosa, violenta correspondía a la que de manera discontinua pero pugnaz acosaba mis sueños, lo cierto era que, temeroso de su poder sobre mí y el peligro que suponían respecto a Monique, procuraba alejar la vista de ellos aunque mi corazón, presa de su apoderamiento, latía, al azar fugitivo de esos encuentros, brutal y desacompasado. El rechazo deliberado de la claridad, promovido por un conjunto de presiones sociales, políticas y morales acumuladas desde la infancia, me arrastraba a una situación penosa e insostenible en la que, enviscado en mis contradicciones, percibía la irresponsabilidad neurótica como un posible valor-refugio. La propensión familiar a dejarnos atrapar por las circunstancias en prisiones o atrancos morales de los que resulta casi heroico escapar; a elaborar con absoluta sinceridad fantasías compensatorias momentáneamente lenitivas por más que nunca se lleven a efecto; a fijarnos plazos resolutorios para realizarlas y justificar *a posteriori* su incumplimiento; a rehuir la verdad desnuda y escamotear el nudo gordiano, proyectando nuestras frustraciones o descontentos en otro sujeto o ámbito —toda la triste herencia de efugios, debilidad, resignación, evasivas y apocamiento que arruinó la vida o acabó con la salud mental de mis abuelos maternos— ha pesado en distintos momentos en mi destino y el de mis hermanos pero sin justificar, si me ciño a mi caso, una reacción incomprensiblemente tardía. Aunque inquieta de mis frecuentes altibajos entre una euforia y depresión igualmente excesivas, Monique me había puesto en contacto, a través del doctor Frankel, con mi compatriota Ajuriaguerra —entonces director de un centro siquiátrico en Ginebra pero que mantenía una consulta privada en París—, mi ocultación obstinada de la verdad, del punto causal de mi desequilibrio, convirtió nuestra conversación en un engaño: mintiéndole, como le mentía, no podía procurarme ayuda y así lo debió comprender pues cuando no acudí a la siguiente cita no se tomó la molestia de llamarme para averiguar qué había pasado. La plétora de acontecimientos que antes he referido —absorbente militancia política, detención de Luis, asunto de Milán, etc.— me distraían de la apretura y angustia que me oprimían sin conseguir no obstante borrarlas. En los períodos de mayor agitación y actividad, las relaciones con Monique mejoraban: volvía a sentirme cerca de ella, recobrábamos la complicidad perdida y mi entrega apasionada a la causa revolucionaria, primero española y luego cubana, nos acoplaba de nuevo, favorecía una cauta reciprocidad. Los viajes conjuntos a España, llenos de suspense y novedad; las escapadas a Italia, a las playas en donde siempre se ha sentido dichosa, abrían pausas durante las cuales el perceptible deterioro de las cosas se detenía. Como en las dunas de Guardamar o en Garrucha, gozábamos sin trabas del paisaje esfuminado por la calina, el mar luminoso y quieto, la dulce, impregnadora tutela solar: letargo reptil, sorbos de vino helado, siestas enjundiosas, claustrales, fecundas. Pero la vuelta a París, la vida social, el contacto con los amigos que pasajeramente la atraían o interesaban, me devolvían a la realidad del callejón sin salida en el que me hallaba, del dilema que no osaba afrontar. Mis lecturas de la época traslucen una delectación morosa con obras embebidas de pesimismo y autores cautivos de la música suave de la impotencia, la melodía auroral del suicidio: Pavese, Scott Fitzgerald, Larra, Ganivet. Mi abatimiento y la incapacidad de arrancarme a él lograban, conforme a mis propósitos, culpabilizar a Monique. Sobre mi escritorio, cuando regresaba de dar una vuelta, encontré alguna vez mensajes suyos, como botellas inciertas arrojadas al mar. Consciente del progreso de mi neurastenia, se lamentaba de que su vitalidad, energía y amor fueran inútiles conmigo y, pese a sus esfuerzos, no alcanzara a transmitírmelos. Su tristeza era punzante, pero me llenaba de secreta satisfacción. El apoyo que me hubiera podido prestar dependía de una cooperación que yo le negaba. En esas condiciones y estado de ánimo, el pequeño infierno en el que tan a menudo cae la pareja apuntaba en el horizonte como una amenaza real. La mala noticia sobre mí mismo, me pillaría menos desprevenido que indiferente: el enfermo que se aferra a sus males no encontrará finalmente otro consuelo que propagar en torno a él las semillas de su enfermedad.

Vista desde la atalaya del tiempo, mi conducta de aquellos años me parece irreal. La dualidad de mi relación con Monique afectaba inevitablemente las relaciones con los demás, teñía mi vida entera de una irracionalidad difusa. Taciturno, impotente, asistía como un huésped a mis escenas de celos, acusaciones absurdas, eclipses chocantes de mi sentido moral. Si mis viajes y ausencias me procuraban al comienzo un alivio pronto se convirtieron en nuevos motivos de desazón. Sin mi presencia admonitoria, mohína e hipocondríaca, Monique iba a sentirse aliviada de un peso, contenta de su soltura y movilidad. La conciencia de mi propia flaqueza promovía el desarrollo de una imaginación tortuosa y astuta: el deseo inconsciente de atrapar a la causante de mis cuitas en las redes de una ominosa culpabilidad. Un cotejo de las cartas escritas en el primer viaje a Cuba con las que le envié en el segundo, muestra un neto progreso de la actitud autocompasiva y recriminatoria, del afán de impedir que fuera dichosa y respirara lejos de mí. El descubrimiento del cáncer de garganta de su madre en enero de 1962, durante mi encendida y exaltadora estadía en La Habana, había frustrado la posibilidad de un viaje, de mi propuesta de compartir con ella los sentimientos de embriaguez y fervor que me inspiraba la isla. A mi vuelta a París, había encontrado a Lucienne con una cánula, áfona y disminuida, obligada a soportar un martirio que se agravaba a diario y cuya contemplación estéril conmocionaba a su hija. Abocada a la certeza de su muerte, Monique parecía presa de una agitación compensatoria que acentuaba mi neurastenia e incidía negativamente en nuestros ya maltrechos lazos. Como yo, aunque por razones diferentes y con una base objetiva, alternaba períodos de esperanza ilusoria y alegría forzada con otros de abatimiento y melancolía. Mi proceder con ella no arreglaba las cosas: nuestra desdicha superpuesta y paralela repetía de modo cruel viejas situaciones de mi familia. En vez de ayudarla a soportar la prueba dolorosa que vivía, le reprochaba sus momentos de olvido, generosidad afectiva, vitalidad indomable e, incapaz de coger la realidad por sus cuernos, me refugiaba en la militancia como en una orden tutelar religiosa: pero ni Marx ni Lenin ni la clase obrera tenían nada que ver con mis preocupaciones radicales. A la verdad, mi caso no difería demasiado del de aquellos jóvenes de clase media que, como escribiría Octavio Paz más tarde, «transformaban sus obsesiones y fantasmas personales en fantasías ideológicas en las que el fin del mundo asume la forma paradójica de una revolución proletaria sin proletariado». Durante mi segunda estancia en Cuba, mientras sus cartas me refieren por extenso el tormento diario de su madre y su descubrimiento feliz del libro de Jorge, le echo en cara nuestro «distanciamiento irreversible», el «diálogo de sordos» que mantenemos, mi despego e indiferencia respecto al mundo que me rodea: bebo mucho, jodo con dos mujeres y «no sé dónde estamos los dos ni lo que nos queda». El tono amargo de la misiva era sincero; pero mi exposición de los hechos omite adrede el «detalle» de que, a más de las dos mujeres, había el dueño de un pequeño bar del barrio de Jesús María, un mulato alegre y festivo con el que un par de ocasiones me acosté borracho. Aunque esa relación no tuvo para mí ninguna importancia ni respondió a lo que oscuramente esperaba de ella, su escamoteo de la carta muestra mi empeño de entonces en dificultar el diagnóstico de Monique sobre las causas de mi neurastenia. Mientras ella escribía en su agenda *cafard atroce,** yo emborronaba conscientemente las pistas.

La zozobra latente que dictaba mi comportamiento —y no lo formulo aquí en mi descargo— era la certeza de internarme de modo irremediable en una zona de marejadas y turbulencias en la que debería nadar a solas: como el que engañado por el poco fondo de la corriente, pierde pie y desaparece en la encabritada marea, temía alejarme de cuanto componía mi vida y extraviarme mar adentro. La homosexualidad risueña, amable, jocosa y desenfadada de los maricas que frecuentaba Monique no era la mía. La ambigüedad que le atraía corresponde sin duda a un ideal feme-

* Enero de 1963.

nino del hombre mucho más extendido de lo que se cree, no sólo insensible sino también reacio a los elementos, atributos y rasgos de una virilidad aguerrida y extrema; pero el afeminamiento más o menos explícito se hallaba en los antípodas de mi propio deseo. En diferentes etapas de mi vida he tenido relaciones sexuales ocasionales o esporádicas con mujeres mas nunca, absolutamente nunca, con maricas ni heterosexuales de mi medio cultural y social, clásicamente apuestos, bien educados y de traza o maneras elegantes; más tarde, extendería este riguroso criterio excluyente a mi propio grupo étnico: a partir de 1963, sólo los hijos curtidos y rudos de la zona sotádica suscitarían mi pasión y apoderamiento. Con todo, aun antes de mi encuentro iniciador con Mohamed, podía reproducir mentalmente, con la minucia y exactitud de un miniaturista, la imagen masculina que me imantaba desde su mágica irrupción en la infancia: de forma intermitente y como a salto de mata, se había insinuado en mis sueños hasta acuciarme al fin con su apremio y porfía. Cambiaba, como dijo bellamente Ibn Hazm, una tierra de hierba suave y verde «por otra rodeada de setos espinosos». Monique no podía acompañarme a ella y yo lo sabía. Mi persistencia en la mentira fue así una última e inútil tentativa de no dejarla atrás antes de encararme al coto vedado en el que, «por un decreto inexorable» y una absoluta sentencia amorosa «a la que nadie puede hurtarse», no tardaría en entrar.

El período más desdichado entre ella y tú fue sin duda el que siguió a tu segundo viaje a Cuba. Lucienne se había extinguido poco después de tu vuelta sin abrigar ninguna ilusión sobre el futuro de vuestra pareja. Cuando acabó su suplicio, acompañaste a Monique, con un grupo de amigos, a la siniestra ceremonia de la incineración. La urna con sus cenizas que, tras una hora de tensa espera, os entregaron los empleados de la funeraria revestía a tus ojos un valor simbólico: siete años de vida común se abreviaban en ellas; los átomos dispersos de Lucienne resumían la historia de vuestra relación. Nueve días más tarde estabais en Venecia, adonde Monique quiso ir con la esperanza de distraerse y aliviar su dolor. En la anterior estancia del cincuenta y siete, habíais bordeado los canales, recorrido el dédalo de callejuelas y *cuppo di sacchi,* zigzagueando en *vaporetto* de embarcadero en embarcadero, con una venturosa sensación de arrobo estético y plenitud recíproca. En marzo de 1963, los paseos por Via Garibaldi, en un decorado luminoso de aguas muertas y caserones en ruina, atestiguaban el cambio operado en el intervalo: vuestra solitaria incomunicación glacial. La habitación del hotel Montecarlo, cerca de San Marcos, sería escenario de recriminaciones y disputas. Arisco, intratable, llevabas las cosas al límite de la ruptura evitando con todo que ésta se produjera. Como aquellas personas que al destrozar los bienes domésticos en arrebatos de incontrolada apariencia descargan su cólera en pequeños objetos y se guardan de tocar los valiosos —mostrando a las claras la existencia de un mecanismo interno de vigilancia—, tu doble se conducía con una irracionalidad selectiva, que mediatizaba pero no abolía el ejercicio de la voluntad. Dicha actitud —que luego verías repetida en allegados y amigos de manera penosa—, te parece ejemplificar ahora la ambigüedad de las nociones de sinrazón y cordura: esa vasta zona intermedia en la que el neurótico tiende lazos y trampas a los demás para huir en realidad de sí mismo y se arroja de cabeza al mar provisto no obstante de salvavidas. Pero la lucidez retrospectiva con que te juzgas no vino entonces en tu socorro: por espacio de un tiempo odioso, vivirías irremediablemente a la sombra de tu Mr. Hyde.

Figuraciones, pesadillas, desdoblamientos: impresión de asistir impotente a los manejos y ardides de un personaje que asume tus apariencias, actúa en tu nombre, lleva tus documentos, estampa tu firma, vestido y calzado como tú, identificado contigo por tus vecinos, inquilino de tu propio apartamento; de encarnar con la evanescente irrealidad de los sueños sus deslealtades y felonías. Evocar sus oníricas, espectrales hazañas, ser su juez y memoria, apechar con la desazón de su reaparición fugitiva: afán de lavar la ropa sucia, exponerle en picota, desmarcarte de él. Escudriñar los recovecos de una esquizofrenia remota y percatarte con alivio de su ausencia definitiva. ¿Producto morboso de un ofuscamiento pasajero o ente real, expulsado a escobazos, en enérgica, saludable barrida? Enfrentado a la conminatoria disyuntiva, no sabes, de incierta ciencia, qué responder.

De regreso a París, incapaz de soportar la tensión de nuestra convivencia, hice una de mis habituales escapadas a España; pero, con mi ambivalencia característica, persuadí a Monique a que se reuniera conmigo y, dos semanas después, nos bañábamos juntos en la playa de Torremolinos en un estado de engañosa bonanza. Allí, una llamada telefónica desde Barcelona me informaría a la vez de la muerte de Benigno y la agravación súbita del «caso Grimau».

El diecisiete de abril estaba de nuevo en Francia. No es mi propósito referir ahora la vana agitación de aquellos días: recogida de firmas, actos de protesta, esperanzas de que Franco suspendiera a última hora la ejecución de la sentencia, no llevara hasta el fin su inicua venganza. Nuestro fracaso acentuó los sentimientos de indiferencia y lejanía respecto a mi personaje público, la conciencia mordiente de su absurdidad. Monique debía embarcarse para Corfú con la delegación de Gallimard a fin de asistir a la reunión del jurado que otorgaría días después el premio Formentor al libro de Jorge. La misma noche de su viaje, salí a dar una vuelta por Barbès. Desde la independencia de Argelia, la policía había aflojado su cerco al barrio y era posible deambular por él sin topar a cada paso con la sombría hostilidad de sus patrullas. Recuerdo que, como otras veces, examiné desde fuera los cafetines árabes, con sus clientes acodados en el mostrador o sentados en las mesas, absortos en una partida de dominó o la baraja española de naipes: un ámbito homogéneo y compacto, pero atractivo y vivaz del que me sentía dolorosamente excluido. Ningún europeo penetraba en él, como si una frontera invisible se lo vedara,

223

y no obstante mis esfuerzos en vencer el apocamiento, me resigné finalmente a pasar de largo. Mi absoluta ignorancia de su idioma, cultura, normas de conducta e idiosincrasia, ¿no condenaba de antemano cualquier tentativa desmañada de abocarme a ellos? Teniendo en cuenta la acerba experiencia de acoso y discriminación de que eran víctimas, ¿con qué ojos podían mirar a un *nesrani* que con timidez pretendía asomarse a su gueto? La música extraña y cautivadora de sus tocadiscos me invitaba a gravitar en su territorio. ¿Qué expresaban aquellas voces desgarradas e intensas, escuchadas por ellos con fervor y nostalgia? Después de romper las suelas, como un intruso, por la Goutte d'Or, Rue de Chartres, Rue de la Charbonnière, bajé al bulevar de la Chapelle, concurrido por algunos autóctonos y me acomodé en la barra de un café de la esquina del bulevar de Barbès sacudido regularmente por los temblores del metro aéreo. A mi izquierda, dándome la espalda, un hombre joven hablaba en árabe con un amigo y, bruscamente, al eclipsarse éste, se volvió hacia mí. Delgado, nervudo, de mediana altura, ojos oscuros, gran bigote negro, su rostro transmitía una viva impresión de fuerza y cordialidad. Me pidió lumbre y, al advertir que mis manos temblaban al alargarle una cerilla, las inmovilizó suavemente con las suyas. *Merci, juya,* dijo mezclando su lengua con el francés. No sé de qué hablamos ni tengo idea de lo que bebimos: quizá dos o tres rondas de cerveza, apresuradamente repuestas por el camarero a una señal mía, con el designio de alargar aquella conversación casual grávida de promesas. Temía cortar el hilo al pagar y que cada uno se fuera por su lado; pero, desmintiendo la aprensión, mi vecino aguardó a que el empleado me devolviera el cambio y salió conmigo. No sé adónde ir a dormir, me dijo. ¿Conoces un sitio en el que podamos pasar la noche juntos? Aunque el corazón me dio un vuelco, procuré ocultarlo y dije que había muchos hoteles en el barrio: en alguno de ellos encontraríamos habitación. Subimos por el bulevar de Rochechouart y dimos en seguida con uno, situado al comienzo de la Rue de Clignancourt. El cuarto era destartalado y pobre, con una sola cama de matrimonio encabezada por un largo travesaño. Mientras me desvestía, Mohamed se coló, acechante, entre las sábanas, sonriendo con su mostacho montaraz y labios rotundos. Mi lento naufragio en el placer se acompañó, en el duermevela agitado de la noche, de una lúcida, recobrada serenidad.

Mohamed debía madrugar y, como nos despertamos con retraso, le llevé en taxi a la Porte de la Chapelle, en donde excavaba una galería subterránea por cuenta de una empresa de obras públicas con un equipo de mineros inmigrados, en el tramo inicial de la futura autopista del Norte. Al levantarse, me había dicho con sencillez que quería ser mi amigo y nos citamos la misma tarde a las seis a la salida de su trabajo. Durante unos días, mientras Monique permaneció fuera, seguí yendo con él de mañana a la obra y acudía a recogerle horas después en un gran café del bulevar Ney, frente a la boca del metro. Bebíamos, cenábamos, jodíamos en algún hotelucho vetusto a la sombra del Sacré Coeur, con una llana y alegre complicidad. El terreno en el que me internaba era engañosamente fácil: a pesar de la naturalidad y simpatía de Mohamed —expresadas en un francés trabucado y ronco—, la inmediatez corporal que nos unía —nuestra nocturna trabazón cónnive— se asentaba en unas bases precarias. El desconocimiento recíproco de quiénes éramos no parecía importarle gran cosa; pero la dimensión recóndita y singular de su mundo, solapada por el magnetismo que irradiaba, me imponía como un reto la necesidad de esclarecer y ahondar en las razones de mi apoderamiento. Mi afán posterior de saber, explorar paso a paso el ámbito en el que se desenvolvía su vida, embeberme de su lengua y cultura, acotar la imprecisa extensión de lo exótico, nacieron entonces. La tardía vocación de lingüista y etnólogo, que me ha hecho consagrar en los últimos años un tiempo y esfuerzos aparentemente absurdos primero al estudio del árabe magrebí y luego del turco, fue resultado de una porfiada voluntad de acercamiento a un modelo físico y cultural de cuerpo cuyo fulgor e incandescencia me guiaban como un faro. La operación de transmutar el estigma inherente a mi desvío en fecunda curiosidad de lo ajeno

225

se convertía así en una gracia inasequible al burgués atrapado en la convencional rigidez de su universo mezquino. Conjugando de golpe sexualidad y escritura, podía forjar en cambio un nuevo lenguaje alquitarado y decantado en la dura, pugnaz expresión del deseo, largo, seminal proceso originado en el aleatorio encuentro inicial: Mohamed, con su cajetilla de Gitanes, en medio de la barra del café del bulevar de la Chapelle adonde había entrado sin verle.

Mi inexperiencia de su mundo, reacciones, carácter imponían la elección de una estrategia afectiva: en vez de formularle las preguntas que me asaltaban, dejaba que las respondiera él mismo conforme ganaba su confianza. ¿Estaba casado? ¿Tenía hijos? ¿Por qué vivía a salto de mata, sin domicilio fijo? ¿Quién le guardaba las maletas con la ropa y adónde iba a mudarse? Poco a poco, me explicó que su esposa e hijos habitaban en una aldea de montaña cercana a Uxda; en los últimos meses, se había juntado con una *kaḥba* con la que riñó la víspera de la noche en que nos conocimos; aunque su idea al emigrar a Francia era mejorar la suerte de su familia, estaba perdiendo miserablemente el tiempo: no sólo había malgastado el dinero de los suyos con aquella mala puta sino también, por su culpa, se había metido en líos. ¿Qué líos? Mohamed me refirió la historia confusa de una pistola vendida por un inspector de policía *pied-noir* infiltrado en los medios árabes; al parecer, se había servido de ella en un acto de legítima defensa, hiriendo levemente a un rival. A raíz del hecho estuvo unos días en la cárcel y vivía pendiente de un proceso, quizá de una convocatoria de la policía. Si le imponían una multa, se las arreglaría para pagarla; pero, si le expulsaban a su país, ¿qué sería de su mujer y sus hijos?

Convertido por las circunstancias en el buen samaritano, le ayudé a encontrar una *chambre de bonne,* renovar sus documentos de trabajo, responder a las cartas inquietas de la familia. Mi candidez de entonces no tenía límites; con todo, aunque Mohamed, con su mezcla campesina de inocencia y astucia, me mentía a menudo como se miente a una esposa, nunca abusó verdaderamente de ella. Cuando, al regreso de Monique de Corfú, volví a dormir a la Rue Poissonnière y le aguardaba al atardecer en un café o el interior de su tabuco minúsculo, descubrí señales inequívocas de la visita de una desconocida. Mohamed se dejaba querer por mí y aprovechaba mi situación conyugal para eclipsarse a su vez y recorrer hasta las tantas los bares de Barbès en donde se reunía con sus paisanos. En algunas ocasiones, me llevaba consigo y entraba de su mano en aquellos reductos densos, compactos, exclusivamente masculinos, poseído de un apetito de conocimiento brusco y devorador. Lentamente, aprendía gestos y ademanes, saludos, fórmulas de cortesía, palabras guturales aureoladas de una magia sutil, que garabateaba a hurtadillas o procuraba registrar en la memoria. Único europeo del lugar, compartía el privilegio de la excepción con unas cuantas prostitutas argelinas. La introducción de Mohamed me consentía la discreta contemplación que buscaba: transcurrido el primer momento de curiosidad, mi presencia pasaba inadvertida. No obstante, mi superioridad cultural, cifrada en el dominio del francés, me convertiría al cabo de un tiempo en una suerte de escritor público, a quien Mohamed y sus camaradas daban a llenar los impresos de la Seguridad Social o dictaban mensajes para sus familias. A fin de mantener a Monique al margen de mis nuevas amistades, me había inventado una plausible profesión de impresor obligado a viajar a menudo a provincias: pero nadie, fuera de Mohamed, me preguntó jamás por mi vida privada, trabajo ni domicilio. Para los asiduos de la media docena de cafetines de la Goutte d'Or que frecuenté mientras duró nuestra relación, sería sólo un anónimo español que chapurreaba su dialecto y escribía gratuitamente sus cartas.

Monique menciona en *Las casetas de baño* ese «margen de perversidad» concomitante al hecho de que, siendo escritor, haya querido o me haya interesado únicamente a lo largo de la vida por hombres analfabetos o de instrucción tosca y primaria. La observación es acertada en tanto en cuanto la sexualidad se alimenta de emociones, fantasmas e ideas «perversas». Pero, sin descartar su incidencia en mi caso, el factor primordial en mis amistades con montañeses, campesinos o áscaris cuya estampa correspondía a unos gustos oscuramente ancestrales fue compensar con su vivificante e impregnadora rudeza el refinamiento mental exigido por la escritura: poseído de ellos y su placer áspero, buscaba instintivamente la manera de contrapesar mi sumisión física con una dominación intelectual capaz de establecer el equilibrio entre los platillos de la balanza. El goce que me proporcionaría ese resarcimiento —la taimada, sigilosa sensación de adueñarse de su destino y vidas mientras confiaban a mi pluma las palabras dirigidas a sus próximos— sería tan fuerte como el que alcanzaba en comunión con su sexo: el acto de escribir y asumir la voz con la misma plenitud con que unas horas o unos minutos antes habían dispuesto de mi cuerpo mezclaría a menudo la benevolencia aparente de la escritura con el regodeo secreto de la erección. Este y otros descubrimientos realizados en aquel breve período de vida, fueron de consecuencias perdurables: el cuadro, escenario, situaciones, lugares, en los que acaecerían otras aventuras más o menos efímeras, se fijaron entonces de una vez para siempre. No sólo el poder convocador de unas fisionomías y rasgos presentidos o soñados desde la adolescencia, sino también de un conjunto de elementos cuya reiteración desmentiría su presunto carácter circunstancial. Quienes sentados junto a mí dictaban torpemente sus cartas, cambiarían con los años; pero el mismo gozador disfrazado de escritor público, extendería pacientemente su señorío de un francés convencional y aproximativo a la vandálica, jubilosa apropiación de la grafía árabe.

Mi amistad con Mohamed estaba amenazada desde el comienzo. El engranaje de la maquinaria administrativa puesto en marcha por su pasada condena apuntaba ominosamente en el horizonte pese a mis esfuerzos por conjurarlo y conseguir la suspensión de la sentencia. Con un fatalismo que a veces me irritaba, Mohamed ponía su destino en mis manos; mas si ello le descargaba de toda responsabilidad tocante a su futuro, me abrumaba a mí con los deberes de una engorrosa tutoría moral. La batalla con la administración, jalonada de reveses y triunfos, iba a durar varios años; obligado a abandonar el territorio francés durante mi estancia en Saint-Tropez, Mohamed obtendría, gracias a los buenos oficios de mi abogado, un período de prueba que concluiría abruptamente en 1969, mucho después de que nuestra vinculación íntima hubiera cesado, con una segunda y definitiva orden de expulsión. Por esas fechas, mi experiencia y conocimiento del mundo islámico se habían extendido y cobrado profundidad. Mi elección de los camaradas con quienes mantendría unos lazos más o menos durables no obedecía ya como antes al azar de los encuentros: respondía también a obsesivos y más estrictos criterios tanto de orden físico como emocional.

La entrada del mundo magrebí en mi vida, influyó de manera beneficiosa en la turbulenta relación con Monique. Aplacado, lúcido, consciente, gané poco a poco en dominio y seguridad en mí mismo lo que perdí, respecto a ella, en dependencia enfermiza y agresividad. Aunque mi resolución de ocultar lo ocurrido y mantener preciosamente el secreto estaba condenada al fracaso, nuestra pareja se aquietó. Mis reacciones turbias e incontroladas desaparecieron progresivamente. Por primera vez desde hacía años, nuestras vacaciones en Venecia y la costa dálmata fueron serenas y felices. La puridad que guardaba confería momentáneamente a mi existencia una excepcional ligereza. La maldición asociada al vicio nefando se había transformado de súbito en gracia. Como una culebra ondeante, me escurría a nuevos pozos y manantiales en busca del lugar y momento propicios al demorado cambio de piel.

En el limpio cuadro invernal de Saint-Tropez, nuestras relaciones se estabilizaron. Habíamos alquilado una casita en la Rue de la Citadelle pero, semanas después, Monique encontró un duplex más holgado con vista sobre el puerto, que pertenecía o había pertenecido a Dominique Éluard. Para no echar de menos mi pequeño escritorio-cocina de la Rue Poissonnière escogí por despacho un cuchitril en el que apenas cabía una mesa, con un ventano desde el que divisaba los tejados rojizos del pueblo y en el que me sentía aislado y flotante, como en lo alto de un palomar. Allí, trabajaba regularmente por las mañanas mientras Monique leía en la playa u ordenaba las notas tomadas durante el cáncer de su madre, que luego incluiría en *Une drôle de voix*.

Su decisión de poner tierra por medio, abandonar el empleo editorial, huir del ambiente literario en el que hasta entonces había vivido correspondía a lo que secretamente, desde hacía meses, esperaba de ella. La irrupción del goce viril en mi ámbito imponía una entrega en cuerpo y alma al abismo de la escritura; no sólo una convergencia o ajuste entre ésta y aquélla sino algo más complejo y vasto: introducir universo personal y experiencia del mundo, las zonas hasta entonces recatadas, en el texto de la obra que vislumbraba hasta integrarlos e integrarme en él como un elemento más. El cambio operado en la vida se articularía así en un proceso globalmente generador: mi existencia perdería su entidad autónoma y ejercería una mera función dinámica en un mundo concebido como espacio de escritura, en el omnívoro conjunto textual. Mi brega diaria con las sucesivas versiones de *Señas de identidad* se distinguía cualitativamente de mis forcejeos anteriores con la literatura; debía ser un texto de ruptura y salto al vacío: iniciativo, genésico, fundacional. Como advertí más tarde, al releer la novela impresa, no alcancé el objetivo sino a medias. Compendio y superación de la narrativa pasada, *Señas* sería finalmente el híbrido de la nueva subjetividad conquistada y un esquema formal, del que no conseguí escapar del todo.

Aclimatados rápidamente en un lugar que por distintas razones nos convenía, Monique y yo vivíamos la experiencia con aparente serenidad. Las tensiones provocadas por mi inseguridad sexual, períodos depresivos, amagos de esquizofrenia se habían disuelto en una atmósfera de trabajo y sosiego propicia a la intimidad y acercamiento. La angustia física y ramalazos suicidas que me torturaban desaparecieron allí para siempre. Cuando terminaba de escribir, si la bondad del tiempo lo permitía, me tumbaba con ella en la playa; al atardecer, salíamos a pasear por el pueblo y nos sentábamos en un barecito frecuentado por pescadores y marinos, con cuyos dueños habíamos trabado amistad. El puerto acogía en invierno numerosos yates de recreo: los guardianes o encargados de alguno de ellos eran marineros españoles que, al descubrir los lazos de paisanaje, solían tomar unas copas conmigo en nuestro local favorito o subían a visitarme a casa cuando divisaban encendidas las luces del comedor. El ritmo tropeziense, con sus menudos ritos, acentuaba por contraste el cansancio y desafecto a París. Durante meses, los dos rastreamos la región en compañía de agentes inmobiliarios: en su entusiasmo de neófito, Monique forjaba planes de vender su apartamento, establecerse en serio en el Midi, comprar allí una casita o terreno. La agonía atroz de su madre, no asimilada aún, la impulsaba a una ruptura con su querencia de la Rue Poissonnière que ella creía definitiva. Carole seguía estudios en un colegio de Saint-Maxime y se mostraba también enteramente dichosa del cambio.

En la hora en que todo parecía encauzarse y nuestra pareja inestable y frágil atravesaba una época de bonanza un factor previsible pero intempestivo descabalgó mis designios y echó por tierra aquella felicidad precaria. Al sacrificar los vínculos con Mohamed al proyecto de vida provinciana, consagrado a Monique y el trabajo, no había tenido en cuenta un hecho esencial: mientras el anonimato y mescolanza de París consentían una actividad sexual clandestina, sin atraer la atención de nadie, la transparencia social de Saint-Tropez, en donde el núcleo de inmigrados norafricanos vivía en su gueto, visible y marginado por el resto de la población, condenaba de antemano cualquier tentativa de acercarse discretamente a ellos. El racismo cotidiano de los autóctonos, tan visceral y larvado como el que profesaban al gremio des *enfoirés* o *sales tantes* al que ocultamente pertenecía, falseaba no sólo de raíz mis relaciones con el prójimo; me imponía también, como un yugo, el tormento de la castidad homosexual. Como en otros momentos de mi vida, pero de manera más abrupta y tiránica, una fuerza ciega me impulsaría al encuentro de quienes respondían a la imagen concreta y nítida formada misteriosamente en la niñez. En el barecito en donde nos reuníamos con nuestros vecinos, había reparado un día en un marino «alto, ancho de espaldas, tez curtida por la intemperie, cuyos rasgos puramente árabes, mentón y boca enérgicos» ofrecían de modo retrospectivo una extraordinaria semejanza a los que hallaría luego en la iconografía de Sir Richard Burton y la detallada descripción de su esposa Isabel. Aunque oriundo de África del Norte, el cliente era *nesrani,* casado y padre de una numerosa familia. Apenas fuimos presentados, surgió entre nosotros una viva corriente de simpatía: buen bebedor, aceptaba con gusto mis invitaciones y, sentados a una mesa en forma de tonel, nos habituamos muy pronto a vaciar diariamente dos o tres botellas de vino. Mi amigo era sensible al interés que manifestaba por él pero, criado en un medio *pied-noir* hostil a esa clase de afectos, si bien se dejaba cortejar a media voz a la vista de todos, evitaba a solas cualquier ocasión de comprometerse. Los demás parroquianos asistían a nuestras libaciones y charlas sin abrigar el menor recelo: casados los dos, nuestra conducta y porte masculinos nos ponían a salvo de la murmuración. El alcohol propiciaba el acercamiento mas lo reducía a un simulacro. El Tavel rosado —del que tanto abusara Hemingway— actuaba en el caso de sucedáneo, con un efecto desalentador para mí. Bebía de nuevo, como antes de conocer a Mohamed y maravillaba a los tropezienses con mi temple y aguante. Monique había advertido, desde luego, la ambigüedad de una situación que le recordaba mis pasadas borracheras en el Varadero o con los obreros valencianos del pueblo de Vicenta, en sus paellas dominicales de Rueil-Malmaison. Ese aspecto de mi personalidad le seducía y a veces se aventuraba a tocar el tema conmigo, a hacerme preguntas. Meses después, me reprocharía duramente no haber aprovechado esas oportunidades de hablar claro, el acoquinamiento inexcusable que se adueñaba de mí al encarar la verdad.

Un sentimiento de extrañeza y alejamiento de cuanto me rodeaba surgía a menudo, con limpidez fulgurante, en el curso de una conversación anodina entre amigos o el propio ámbito familiar: la certeza de ser distinto de los demás, vivir íntimamente a mil leguas de ellos, de asistir como un convidado de piedra a sus ceremonias ajenas y absurdas cobraba en ocasiones una tangibilidad casi física. Traidor emboscado en un mundo de apariencias risueñas, me invadía de golpe un hosco afán de profanación: deseos de rasgar con un cuchillo el lienzo tranquilo que componía mi vida, de afirmar frente a él mi violenta revulsión interior. Mi ensimismamiento subsiguiente, la sordera mental que precedió en quince años el inicio de la somática, se desenvolvieron entonces; una capacidad de abstraerme en medio de la gente, de asistir a la comedia social riéndome en mis adentros, de elaborar *in situ* unas fantasías compensatorias en los antípodas de tal universo se convertirían así en atributos fijos de mi carácter. Paulatinamente taciturno y huraño, mi distanciamiento y reserva me ganarían muy pronto una sólida, merecida reputación de esquinado. Pero más que estos rasgos, captados o sufridos por mi entorno más inmediato, me inquietaba la frecuente rotura o cortocircuito que se producían en mí en las circunstancias más imprevistas. Recuerdo que Roger Vailland nos había referido la historia de un asiduo a un burdel que, un día por semana, escogía a la misma prostituta y, una vez a solas con ella, desataba un paquetito de chukrut y le confiaba sus diversos elementos para que los introdujera por turno en la vagina. El cliente presenciaba el quita y pon sin masturbarse, metía de nuevo el plato cocinado en el paquete y se despedía de la mujer tras recompensarla generosamente. Según reveló por fin a ésta, se encaminaba con el chukrut a casa, lo entregaba a la esposa y compartía con una sonrisa inefable el ágape de la familia. La anécdota o, por mejor decir, la actitud de su protagonista en ella reflejaban con acuidad los apagones bruscos de mi yo social y el desdoblamiento burlón con el que intervenía —y a veces interviene aún— en escenas públicas u hogareñas supuestamente entrañables o serias: velada con vecinos bondadosos, visita de un pariente, recepción oficial con subsecretarios o ministros, una risueña merienda de aniversario. Un detector de pensamientos o fantasías nómadas habría provocado o provocaría en tales casos mi expulsión inmediata del lugar en el que, con una trastienda mental similar a la del refinado cliente de la historia, actúa mi yo visible y ventrílocuo.

La concentración exigida por el trabajo contribuía sin duda a mi aislamiento y la emergencia de aquel ego travieso encerrado como un diablo en su caja. Tal vez dicho fenómeno sea consubstancial con una vocación vivida como una devoración continua; en cualquier caso, sus efectos se prolongarían aun cuando la causa inductora desapareciese: indiferencia amable a cuanto no forma parte de mis afectos, obsesiones y gustos personales; conciencia apremiante de que sólo la emoción amorosa, sexo y escritura son reales, de que el mundo social burgués y ordenado perturba o interrumpe esa autenticidad subjetiva que, con el poder absorbente de una vorágine, me sumiría en adelante en los sustratos privilegiados de la creación literaria, comunicación personal o sumisión corporal consentida. Frente a estos dominios pacientemente conquistados, lo demás —vínculos sociales, intervención en la vida cultural y literaria, vanidad, fama— carecía de importancia, no justificaba ningún derroche de energía. Mi moral sufrió un cambio y se hizo más pragmática: la busca de la intensidad en el triple ámbito ya mencionado se trocaría desde entonces en el objeto fundamental de mi vida.

Pero estoy anticipando los acontecimientos: en aquellos primeros meses de Saint-Tropez, una doble conciencia de la imposibilidad de eludir la ley del cuerpo y asentar mi vida con Monique en el disimulo y mentira se abrió penosamente camino hasta arramblar con el dispositivo mediocre de mis defensas. Los argumentos sublimatorios de mi renuncia a proceder sin rebozo me parecieron falsos y aun monstruosos: un tributo vergonzante, como el que había pagado el abuelo, a la moral inicua del catolicismo. Lo que me atormentaba no era el hecho de descubrir la verdad a los demás —convencido, como estaba, de que al despejar el equívoco en el que me guarecía me liberaría de una carga cuyo peso aumentaba de día en día— sino el riesgo de que la situación así creada arruinara y pusiera un término a mi estrecha relación con Monique. Su nueva felicidad conmigo, después de las borrascas y tensiones de París y La Habana, me conmovía y paralizaba. Nunca, desde nuestros encuentros en España, la había visto tan radiante y diáfana, centrada en su trabajo, generosa y cordial con sus recientes y viejos amigos. Varias veces a lo largo de la primavera, conforme el clima templaba y solíamos tendernos al sol en alguna de las calas cercanas al pueblo, había intentado franquearme con ella y revelarle lo ocurrido con Mohamed. Pero, por una razón u otra, las palabras no salían de mi garganta, el corazón me latía con violencia y, después de una fatigosa lucha conmigo mismo, abandonaba miserablemente el intento. En mi fuero interno, había compuesto diversos guiones con circunstancias y ambientes favorables a una conversación esclarecedora: un paseo por los bosques de La Garde Freinet; una cena a solas en algún restaurante del puerto; en la connivencia y placidez posteriores al coito. No obstante, llegado el instante de la verdad, las cosas sucedían de diferente manera: ni siquiera el alcohol conseguía desatar mi lengua ni evitarme la rabia y humillación del fracaso. El rostro confiado de Monique, la vulnerabilidad de su sonrisa, su dulce apego a la vida tras la ordalía de la enfermedad de la madre, transformaban mi propósito en un acto cruel, despiadado: la idea de asestarle tal golpe me resultaba insoportable y me inducía a claudicar. Desde entonces, sé que un hombre es capaz de llegar a los peores engaños o extremos por simple cobardía.

Vistas desde hoy, esa indecisión y cortedad me producen sonrojo. Ninguna mujer podía comprender mejor que Monique el problema y la disyuntiva que me planteaba: devota del mundo de Genet y autora de *Les poissons-chats,* abrigaba una simpatía y emoción auténticas por los homosexuales y su reacción no hubiera sido en ningún caso áspera ni mezquina. A menudo tocaba el tema conmigo, como si de modo inconsciente adivinara mis cuitas y, discretamente, quisiera echarme una mano. Como diría luego con razón, habría sido muy fácil aprovechar la oportunidad y discutir tranquilamente con ella nuestro futuro. Un miedo tenaz, absurdo e inexplicable frustraba una tras otra las ocasiones propicias y, odiándome por ello, dejaba la decisión para más tarde. Durante los meses de mayo y junio fijé con solemnidad media docena de fechas definitivas únicamente para comprobar mi impotencia y acumular nuevos y más hirientes fiascos. La causa de esa resistencia tenaz, ¿provenía de mi remota educación española u obedecía a una ambivalencia encubierta, a un deseo egoísta de nadar y guardar la ropa? Sea como fuere, la espera me abrumaba: de cuantas decisiones difíciles he tomado en mi vida, ésta sería sin duda la que me costaría más.

Mientras bregaba con mis contradicciones y miedos había recibido una invitación oficial a visitar la Unión Soviética acompañado de mi familia. El proyecto de viajar en verano, durante las vacaciones de Carole, nos sedujo a los tres. Yo debía ir a París a fines de junio a obtener los visados y ocuparme de los billetes y, para eximir a Monique y su hija de las previsibles y engorrosas obligaciones profesionales consecutivas a la llegada a Moscú, resolvimos que apecharía con ellas y cogería el avión unos días antes. La idea de explicarme por carta, sopesada cuidadosamente tras el malogro de varias tentativas, me pareció de pronto una bendición. Entre mis numerosos guiones fallidos figuraba el de un sobre visiblemente dispuesto en su mesa de trabajo en el momento de salir a pescar a la bahía con alguno de mis paisanos; pero diversos motivos —presencia de Carole, falta de un lapso de reflexión antes de que pudiera tratar del asunto conmigo— me movieron al fin a descartarlo. Si redactaba en cambio la misiva en París, en vísperas del vuelo a la URSS, los inconvenientes de una reacción brusca, depresiva o pasional, desaparecían. Separados por miles de kilómetros —¡y el telón de acero!— por espacio de una semana, Monique tendría tiempo de reflexionar y discurrir una estrategia defensiva. La certidumbre de la cuarentena brutal que así le imponía no me disuadió del empeño. Un distanciamiento provisional, pensaba, permitiría decantar las emociones, abordar aquel nuevo capítulo de nuestra vida con mayor entereza y serenidad.

Durante un día entero redacté la carta en mi cocina-escritorio de la Rue Poissonnière emocionado y confuso. Temía a la vez ser demasiado neto y no serlo suficientemente; me angustiaba la idea de herirla sin verdadera necesidad. Para colmo de dificultades, un cambio de planes a última hora iba a complicarme todavía las cosas: mi avión salía el tres de julio —veinticuatro horas antes de la llegada de Monique en automóvil desde Saint-Tropez— pero, impaciente de ver a sus amigos parisienses después de tan larga ausencia, adelantó tres o cuatro días la fecha del viaje. Su inopinada irrupción trastornaba el guión laboriosamente amañado y me obligaba a una última y lamentable pirueta: avanzar también falsamente mi partida de forma que, al llegar ella, me supusiera en Moscú. El nuevo esquema exigía mi abandono inmediato de casa y, con todo mi equipaje, me acomodé durante dos días en un pequeño hotel de la Rue de Lafayette cercano a la Gare du Nord. La carta, leída y corregida varias veces, me parecía finalmente aceptable y, tras un paseo melancólico por el barrio en cuyo anonimato me amparaba como un malhechor, asumí mi poco glorioso *alea jacta est* y la arrojé en el buzón.

Hace tiempo que tenía el propósito de escribirte para confiar algo que me toca en lo vivo, pero la impresión de internarme en un camino sin salida y una mezcla de miedo y rubor habían aplazado la decisión de día en día. Temía asimismo, en una conversación, ponerme nervioso, no expresarme de modo justo y exacto, carecer de la necesaria sangre fría, hacerme entender mal. No obstante, he resuelto intentarlo aun a sabiendas —pues ahora estoy seguro de ello— del auténtico afecto que me tienes, de los lazos tan fuertes y duraderos que nos unen. Sé cuáles son tus sentimientos y también yo te quiero en cierto modo mucho más que antes: con una intensidad que no conocía ni volveré a conocer; y cuando digo "en cierto modo", hablo de amor moral, aprecio a tu persona y a unas cualidades sin duda únicas, a cuanto has representado para mí estos nueve años y representas hermosamente hoy en tu necesidad de amor: generosidad, ternura, amistad sin límites a quienes te rodean. Hubiera querido añadir "físicamente", de la manera en que te amé durante años —pese a que entonces te quería menos que hoy— mas no puedo mentir en el momento en que me esfuerzo en ver claro e intento adecuar a la realidad mi conducta respecto a ti y los demás. Sé que no te sorprenderás al leer esta carta: tú misma habías rozado el tema, sobre todo en las últimas semanas, respecto a ...* Tu instinto no te engañaba acerca del interés profundo que desde hace un tiempo siento por un tipo muy concreto de hombres —interés manifiesto, supongo, a pesar de mis eva-

---

* Los puntos suspensivos y corchetes corresponden a nombres de personas y párrafos suprimidos en razón de su carácter reiterativo e innecesario. El original de la carta es en francés.

sivas embarazadas. La certeza de nuestro amor y deseo de preservarlo me impedían hablar contigo como hubiese querido. En los tres últimos meses me había resuelto a hacerlo sin encontrar la ocasión. No me eches en cara no haberlo cumplido antes. He vacilado mucho antes de dar el paso y he necesitado reunir para ello todo mi valor. La idea del daño que te causaré la peso y sopeso con angustia. Será duro para ti, pero lo es aún más para mí. Me siento ligado del todo a ti y mi carta es la confesión de una derrota y desdicha profundas. Hubiese preferido no haberla escrito nunca, pero no puedo seguir sin escribirla. Tengo que explicarte por qué y cómo he comprobado sin lugar a dudas mi inclinación a los hombres y la razón por la cual no te lo había revelado hasta hoy.

En realidad, siempre me ha atraído un determinado tipo viril que tú conoces bien ahora y no pienso que mi enamoramiento de ti ni tu reciprocidad hayan sido algo puramente casual. Hallaba en ti lo que me faltaba y no encontraba en las demás mujeres: una "masculinidad" e independencia que consentían nuestra vida común. Mis experiencias homosexuales de antes fueron negativas y, desde que convivimos hasta hace un año, no mantuve ninguna relación con hombres ni pensé en ello sino de manera fugitiva. Tu amor me había inspirado una confianza en mí mismo de la que carecía y durante mucho tiempo creí que mi homosexualidad pertenecía al pasado. Me atraías físicamente y me sentía seguro de mí. Las cosas comenzaron a estropearse con el paso de ..., cuando empezaron mis ciclos de depresión e impotencia debidos a los celos y la pérdida de mi anterior certidumbre —pese a la índole efímera de tus aventuras y la certeza de que me preferías a los demás. A causa de ello viví años difíciles y, de rebote, te los hice vivir a ti. No creas sobre todo que te atribuyo la menor responsabilidad en lo que acaeció luego: las circunstancias, juzgo ahora, sólo contribuyeron a mostrar la precariedad de mi relación física con las mujeres. Piensa más bien que sin ti, no habría conocido nunca, probablemente, un amor femenino correspondido. Hubo muchos altibajos, períodos de calma y re-

caídas. Los celos se agravaban en mi caso porque, desde el primer ciclo depresivo, jodía otra vez difícilmente con las mujeres y dos veces de tres era impotente con ellas. Durante meses fui a la cama, como sabes, con las putas de Saint-Denis hasta que el número de fracasos me movió a cortar la experiencia. En esas circunstancias, sentirte enamorada, aun pasajeramente, de otro me resultaba insoportable. Pensaba con seriedad en el suicidio y me despreciaba por no tener el valor de llevarlo a cabo. Después hubo Cuba, la necesidad de asirme a algo, de buscar una puerta. Con ... llegué al extremo de los celos, depresión, afán de echarlo todo a rodar. No tenía escapatoria alguna con las mujeres y había perdido el dominio de mis actos: las únicas cosas de las que me avergüenzo en mi vida son fruto de esta etapa; no era dueño de mí mismo y advertía con todo esa degradación moral. Luego, poco a poco, tuve la impresión de tocar el fondo, de saber que en adelante ya no podría sentir celos de ti. El día en que vi a Luis, le expuse la situación y le dije que no entreveía otra salida fuera de alguna clase de vida homosexual. Fue entonces cuando te habló y me hablaste del asunto, pero yo estaba tanteando aún y no podía responderte con certeza.

Hará cosa de un año empecé a ligar con árabes y me bastaron unas semanas para reconocer la evidencia: recuperé, sí, el equilibrio y volví a compenetrarme contigo; pero descubrí también que era total, definitiva, irremediablemente homosexual. Desde esa fecha, como habrás observado, nuestras relaciones mejoraron; aunque de manera distinta, empecé a quererte más que antes y conseguí una especie de dicha que en el pasado no alcancé. Me sentía sereno, alegre de compartir la vida contigo, de teneros a mi lado a ti y a Carole. Como supondrás, quería contarte lo sucedido; pero nuestro bienestar parecía tan endeble que temía echarlo abajo. Luego hubo tu necesidad de dejar Gallimard, escribir sobre tu madre: deseaba sostenerte en ambos puntos, no arruinar una decisión tan esencial para tu porvenir. No obstante mi secreto, el 64 fue un año feliz, el año en el que nuestras relaciones se afianzaron y recobré la quietud per-

dida. *Resolví entonces callar, ayudarte a soltar las amarras con París y la editorial, apoyarte como me apoyas tú. Fui a Saint-Tropez dispuesto a renunciar a la vida que había descubierto, contento de consagrarme a la novela, a ti y a Carole. Los meses que hemos pasado juntos me han mostrado hasta qué punto me siento moral y afectivamente unido a las dos [...] Pero me han enseñado también que no puedo prescindir de una homosexualidad efectiva. Las amistades [equívocas] que he trabado no bastan y, aun siendo feliz en vuestra compañía, la castidad con mi sexo me ahoga. En París, habría podido guardar el secreto sin que nadie sospechara; en Saint-Tropez es imposible y si a veces tenía ganas de acostarme con [...], arrinconaba en seguida la idea a causa de ti, de tu status en el pueblo, del posible escándalo que se armaría, del qué dirán. El hecho de vivir allá ha imposibilitado la doble vida sexual que llevaba y me ha puesto en el brete de confesarte la verdad [...]*

La opinión ajena me tiene sin cuidado. Desde que sé de seguro mi homosexualidad, el único problema que me plantea es con respecto a ti y Carole —el efecto siniestro que ocasionaría ahora en ella su descubrimiento. Soy lo contrario de un exhibicionista y mi pudor y apego a lo secreto están hondamente arraigados; pero no temo a la verdad y las pocas personas con que cuento sois tú, Carole y Luis. A él le puse al corriente de todo en el último viaje. No me faltaba sino decírtelo a ti.

Esta carta expresa mi zozobra. Sé de sobras qué efecto causará en ti y, sin embargo, me veo obligado a escribirla aun con ese riesgo [...] Tengo treinta y cuatro años, te quiero y quiero a Carole, no puedo vivir sin vosotras, siento por ti un cariño sin límite. ¿Qué debo hacer? El vacío en el que viviría a solas me asusta, pero lo aceptaré si tú lo decides. Habría querido de corazón que las cosas hubiesen sido distintas, que mi desvío no hubiera ocurrido [...] Mas lo que hoy sé de mí me corroe y, rodeado de los amigos de Saint-Tropez, tomo conciencia súbita de una usurpación, de que nuestro compañerismo es ficticio y se basa en la mentira, de que debo desprenderme de la estima de quienes se sentirían asqueados al conocer la verdad. ¡Cuántas veces no habré querido dar un portazo y salir cuando hablaban de mí como si fuera de los suyos, largarme lejos, vivir sin amigos en un país en donde nadie me entienda, absolutamente aislado! El destino de Jean [Genet] me obsesiona. A veces, al despertarme de noche, tengo ganas de gritar. Me digo entonces que mi verdad es ésta, que lo demás son componendas, facilidad. Que para hacer algo moralmente válido debo cortar en seco con todo.

Ahora estoy en un atolladero. No puedo proponerte nada, prometerte nada, nada. Me angustia tu reacción y secretamente la deseo. Sé que destruyo mi dicha de estar junto a ti, la tuya de estar junto a mí y que siento tan fuerte. He comenzado la carta muchas veces con el ánimo encogido. Hago preces por que no la tomes por una ruptura, aunque no puedo nada contra ésta. Tengo miedo a vivir sin ti: y hay tu rostro, tu capacidad de amar, tus ojos, tu cariño. No he estado nunca cerca de nadie como de ti. Ni he ido más lejos en el amor que contigo.

Aun cuando seas la destinataria exclusiva, puedes mostrar la carta a quienes nos quieren y desean que las cosas vayan bien entre nosotros [...] Sé que la intervención de otros no te ayudaría y complicaría inútilmente el asunto.

No me queda por añadir sino el deseo de que halles el amor, dicha, amistad y estima que mereces y que quisiera poderte dar siempre.

Te espero el día 10 en Moscú con todo el amor y espero a Carole. Te besa fuerte...

La respuesta, acechada con impaciencia, llegó por fin. Un telegrama dirigido al hotel Sovietskaya, cuyo texto rezaba escuetamente: SEMANA INHUMANA PERO TE QUIERO. Tres o cuatro días después, al ir a cogerla al aeropuerto con Irina, el intérprete y Agustín Manso, Monique me entregó un escrito redactado a tropezones y rachas durante su cruel cuarentena, en el que figuraba una larga posdata escrita y fechada en pleno vuelo. Sus reflexiones, preguntas, reproches, formulados en una soledad angustiosa y difícil, mostraban a la vez su fuerza y vulnerabilidad, nobleza, amor, frescura, generosidad, dudas, tormento.

Lo fundamental estaba dicho: en adelante, el logro o fracaso de nuestra relación —su adaptación a cuanto ella acababa de descubrir—, dependía de nuestra voluntad de seguir juntos. La ilusión de formar una pareja normal había naufragado y se nos planteaba el desafío de crear algo nuevo. Pero el amor, comprensión y respeto recíproco con los que contábamos, ¿bastaban para conservar la fuerza de unos lazos que juzgábamos primordiales? La zona abrupta y difícil en la que me internaba y a la que ella no tendría acceso, ¿no corría el riesgo de extenderse y resumir nuestra vida común a una suerte de simulacro? El peligro existía y los dos éramos plenamente conscientes. La decisión de no ocultarnos nada tropezaba en la práctica con un obstáculo de peso: el deseo de no herirnos ni hacernos sufrir de modo gratuito. Poco a poco, estableceríamos las reglas de un juego en el que el rigor respecto a lo estimado importante se suavizaría con el pudor aconsejado por el afecto. Aunque por espacio de unos años mantendríamos una intimidad física, el centro de gravedad de nuestra compenetración pasó a la esfera de los valores y sentimientos compartidos. Monique sabía que mis amistades árabes no ponían a prueba mi amor por ella: el sexo y características de mis compañeros excluían toda rivalidad potencial. Mi existencia se desenvolvía en dos planos paralelos, sin choques ni interferencias: sin Monique, habría quedado reducida a la mitad de mi personalidad. La liberación de los grillos que me tenían sujeto modificó así la naturaleza de nuestros vínculos. Dejé de ser el amante inseguro o torvo de los primeros tiempos para convertirme en otro distinto y, a fin de cuentas, más soportable; un hombre resuelto a integrar la escritura en su vida y su vida en la escritura y cuyo círculo de intereses y afectos se ceñiría paulatinamente a lo esencial. La convergencia en preservar lo que nos unía de las borrascas y agitaciones pasajeras triunfaría en su empeño. De modo oscuro, pero certero adivinaba que el hecho de no ceder a las presiones sociales y poner mi conducta a descubierto suponía un progreso tocante a las costumbres de la época gracias al cual mis nexos con Monique y con el mundo se depurarían y adquirirían mayor entidad. Frente a la sordidez, hipocresía y frustración de numerosos matrimonios, lo que nos proponíamos forjar era una modesta victoria de ambos contra el destino. La fascinación premonitoria de Monique por el universo genetiano, su prontitud en arrancarme al dilema con el que contendía serían cruciales en la conquista de ese nuevo territorio moral.

El 17 de agosto de 1978, catorce años después de la fecha en la que transcurre el relato, contraje matrimonio civil con Monique Lange en la alcaldía del Deuxième Arrondissement de París.

Impresiones de vuestra primera semana en Moscú.
Sencillez y emoción del encuentro: mirada primicial, lenta aproximación cautelosa: conciencia aguda de hollar un suelo movedizo: de adentrarse en un campo sembrado de peli-

gros: mecanismos de defensa instintivos, susceptibilidad a flor de piel, leves antenas sensorias.

necesidad de proceder con delicadeza recíproca: de acudir a tientas, exploraciones, sondeos: reinventar poco a poco ademanes y gestos: hallar de nuevo el deslumbramiento de su sonrisa

intimidad, turbación, beatitud de saberos huérfanos, vulnerables, desnudos: abandonados sin recursos a una vía riscosa pero feraz e inventiva: la de formar una pareja diferente, ajena a lo usual, convenido y estéril en la esperanza de que os llevará a un destino vivido no como doble sentencia condenatoria sino a un estado de gracia sutil de serena y misteriosa armonía.

VI

LA MÁQUINA DEL TIEMPO

Me sería difícil expresar cabalmente el estado de ánimo en el que aquel tres de julio de 1965 me embarcaba para la URSS en el viejo, destartalado aeropuerto de Le Bourget. Una sensación de ingravidez excepcional, como un súbito cambio de presión en cabina, envolvía los trámites y formalidades del vuelo en un nimbo impreciso de irrealidad. Liberado del peso que me abrumaba, tenía la impresión de actuar bajo el influjo sutil de la grifa. La angustia de los últimos días, consagrados a la penosa redacción de la carta y preparativos del viaje, había disminuido poco a poco a partir del instante en que, de modo irreversible, había confiado mi destino al buzón. Los vagabundeos por Barbès, la Chapelle, la Gare du Nord, a escasa distancia del lugar en donde Monique, a su regreso de Saint-Tropez, iba a encontrar el sobre abultado y releer una y otra vez unas páginas que sacudían las bases del precario edificio de nuestra vida, me bañaban en una atmósfera de sonambulismo, casi de levitación. Calculaba la hora de su llegada con Carole a la Rue Poissonnière —alegre, confiada, tostada por el sol, con su carga habitual de bolsos y maletas—; imaginaba, aprensivo, su sorpresa ante la carta, las imprevisibles reacciones a la lectura de su contenido, su desconcierto o pánico frente a la exposición de un problema que, aunque barruntado por ella, iba a cegar bruscamente su horizonte e interponerse abrupto entre los dos. Mis duermevelas agitados en el hotel de la Rue de Lafayette, sabiéndola cerca de mí y no obstante lejana e inasequible —sin poder comunicarme con ella, puesto que me creía ya en Moscú—, me habían dejado exhausto y vacío. Reducido a sombra o fantasma del viajero supuestamente embarcado dos días antes, mataba el tiempo como podía, de callejeo por unos barrios familiares en cuyo anonimato hallaba refugio, aguardando el momento de fundirme con aquél en uno solo en la pista asoleada de Le Bourget. Acomodado en el avión de la Aeroflot, me dejaba invadir por una especie de fatalismo: conciencia de haber cortado los puentes y quemado las naves, partir en guerra contra mi falsa imagen, internarme en un futuro difícil, pero lleno de incentivo y de novedad. Mi renacimiento a los treinta y cuatro años sin identidad precisa, resuelto tan sólo a terminar con mi anterior oportunismo y mentira, me abocaba a una etapa de rupturas en serie, en la que el círculo de mis amistades se contraería gradualmente: la previsible soledad que me acechaba sería únicamente soportable, lo sabía, con el sostén y comprensión de Monique. Sentimientos y emociones mezclados, alivio de disipar el equívoco y temor a un inconcebible rechazo, me escoltaban así mientras me alejaba de ella y volaba al lugar donde nos habíamos dado cita días más tarde, en el ámbito nuevo y exótico del país del futuro: a ese bastión del socialismo científico, cuna de la gloriosa Revolución de Octubre, esperanza y alquibla de los explotados, la URSS tan temida, admirada y odiada, objeto de efímeras pesadillas juveniles y adhesiones adultas no menos fugaces, a un Moscú cuya simple mención hacía sobresaltar a mi padre y que, con la libertad concedida por mi flamante cambio de piel, me disponía a recorrer y examinar por fin sin anteojeras de ninguna clase.

A diferencia de mis viajes a Cuba de unos años antes, me dirigía a la Unión Soviética con una tesitura receptiva y abierta, lejos a la vez del anticomunismo primario inculcado en mi adolescencia y la credulidad y candidez de mis pasados fervores castristas. Los rumores filtrados de La Habana y amarga experiencia política del sesenta y cuatro contribuían a volverme más precavido y cauto: atacado simultáneamente a derecha e izquierda, por el partido comunista y el régimen de Franco, había perdido mi anterior inocencia política y me movía a cuerpo en una especie de *no man's land*. La realidad, como me mostraba el caso de mis compañeros expulsados, era bastante más compleja y capciosa de lo que anteriormente suponía. Los paralelos y simetrías existentes entre los métodos de descalificación del adversario empleados por amigos y enemigos me llenaban de estupefacción. Habituado durante años a mirar el mundo desde un prisma único y dividir a la humanidad en dos campos opuestos perfectamente delimitados, había vivido momentos de perplejidad y desamparo antes de reaccionar saludablemente con propósitos de enmienda: dejar de comulgar con ruedas de molino, actuar en lo futuro con mayor discernimiento y lucidez.

Debía ir a la URSS sin prevenciones ni apriorismos, dotado de la curiosidad e interés de un mirón. Adoptar una postura si no neutral, al menos ecuánime y fría. Convertirme en una cámara cinematográfica y cinta grabadora de cuanto escuchaba y veía. Anotar puntualmente hechos, incidentes, conversaciones. Redactar por primera vez en mi vida una suerte de dietario.

Aunque no cumplí entonces esta última resolución, Monique lo hizo por mí. En su agenda, con una letra menudísima y casi indescifrable, resumió día tras día las jornadas del viaje, y sus notas, aun en su escueta condensación telegráfica, me permiten evocar hoy sin anacronismos ni errores las escenas de nuestra regalada vida burguesa en la patria mundial del proletariado.

La excitación de mis primeros días en Moscú sufrió las consecuencias de una corrosiva inquietud: la de la demora de Monique en responder al telegrama con mis señas y la creciente, agobiadora ansiedad de mi espera. En contra de lo que suponía, los trámites de policía y aduana se desarrollaron con sorprendente rapidez. Siendo, como era, huésped de la Unión de Escritores de la URSS, los funcionarios del aeropuerto no mostraron ningún interés por el contenido de mi maleta. En la terminal de pasajeros aguardaban Agustín Manso, un soviético de origen español, miembro del grupo de niños asturianos refugiados en Rusia durante nuestra guerra, a quien había conocido en París unos meses antes, y una camarada responsable de la Unión, de aspecto ameno y acogedor, llamada Irina. Con ellos me dirigí al hotel Sovietskaya, reservado entonces, según supe luego, a los invitados selectos.

Mientras Agustín me aclimataba en su peña de paisanos y amigos, Irina se ocupó en orientarme por los dédalos del mundo oficial y burocrático: visitas protocolarias a sus colegas y jefes de la Unión, entrevistas con escritores y directores de revistas culturales, cobro de mis sustanciosos derechos de autor, determinación del itinerario y etapas de nuestro viaje. Para evitarnos el engorro de las jiras organizadas a koljoses y fábricas modelo, insistí en nuestra particular afición a las iglesias y monumentos históricos con el resultado paradójico de que nunca vi tantas imágenes religiosas, templos y capillas como durante mi estancia en aquel mundo supuestamente ateo. Sabiendo la pasión de Monique por las playas, conseguí añadir a la lista de excursiones previstas unos días de descanso en Crimea. Como es norma en los países del «socialismo real», un *pirivocho* debía hacerse cargo de nosotros y escoltar nuestros pasos. Yo había sugerido a Irina el nombre de Agustín pero, conforme éste suponía, el elegido resultó otro: un muchacho lituano pequeño, vivaz, anguloso, con gafas, de apariencia un tanto disneyana, llamado Vidas Silunas, a quien Agustín conocía de la universidad y cuya posterior cercanía a nosotros fue no sólo ligera sino incluso agradable. Vidas, Agustín e Irina me introdujeron a los despachos de los redactores de la *Revista de Literatura Extranjera* en la que habían aparecido mis obras; de las editoriales especializadas en la traducción de novelistas y autores occidentales; del consejo de redacción de *Novy Mir,* en donde Alexander Tvardovski me recibió con los brazos abiertos, me presentó a sus colaboradores y me sorprendió con la honradez y franqueza de sus preguntas. Primer y único editor de Soljenitsin en el breve período del deshielo jruschoviano, el poeta, aunque premiado anteriormente por Stalin y miembro distinguido de la nomenclatura, se destacaba entonces entre sus pares por su mayor espíritu de independencia y una notable apertura de ideas. Recuerdo que, nada más llegar, quiso conocer mi opinión sobre Neruda. ¿Sobre el poeta o el hombre? Sobre los dos, me contestó. Le dije que un veinte por cien de su obra me parecía espléndido, un sesenta por cien más bien mediano y el resto execrable; respecto a su persona, añadí, no podía ser objetivo ya que encarnaba a mis ojos cuanto aborrecía en los demás y en mí mismo: oportunismo, egolatría, asunción de un concepto lineal de la historia con risueña fatalidad. La reacción de Tvardovski fue inesperada: se incorporó del asiento, me abrazó, palmeó cariñosamente mi espalda. Mientras él fuera director de *Novy Mir,* dijo, no publicaría jamás una línea suya. Con vehemencia, me explicó que en la época de las purgas y magisterio de Zdanov, Neruda había sido la caución internacional del dictador, el cancerbero voluntario de su ideología. Luego, dejando la palabra a sus asesores, asistió al turno de preguntas y respuestas sobre temas de actualidad literaria en España, París, Cuba y países de Latinoamérica. Pero Tvardovski, era una *rara avis* en el mundo oficial soviético. En los demás centros culturales en los que tuve ocasión de penetrar, el diálogo con sus responsables tomó inevitablemente rumbos distintos. Fuera del campo de los clásicos universales, los gustos literarios de mis anfitriones revelaban la amalgama de una increíble ignorancia, un dogmatismo obtuso y una satisfecha, desoladora mediocridad. Ninguno o casi ninguno de los escritores modernos que más admiraba merecía su aval: ni Proust ni Joyce ni Kafka ni Svevo ni Borges circulaban vertidos al ruso ni se hallaban entonces en curso de traducción. Los consejeros de la sección española divulgaban la obra de Celaya y Marcos Ana pero no la de Cernuda; la de Dolores Medio pero no la de Martín-Santos. Me acuerdo de que pregunté a uno de ellos por qué no publicaban *Tiempo de silencio*. La réplica de mi interlocutor o, por ser más exacto, interlocutora me causó estupor. Se trataba, me dijo, de una novela demasiado compleja y el lector soviético no la entendería. Debí contestarle —ya que no lo hice— que con tal criterio el progreso intelectual y literario resultaba imposible y el público de su país seguiría aún en el año dos mil en un estado de minoría legal, privado de las obras más enriquecedoras y significativas.

Cuando en las lecturas o actos culturales en los que hoy intervengo algún asistente me plantea la socorrida pregunta de por qué escribo textos tan sibilinos y herméticos como *Don Julián* o *Makbara* si el lector medio no alcanza a comprenderlos, saco a relucir esta anécdota como recordatorio del menosprecio real y profundo a las posibilidades de mejora del gusto público implícito en la actitud demagógica y paternalista de quienes deciden rebajar por su cuenta el nivel de la creación y se arrogan el derecho de decidir lo que el pueblo entiende o no entiende en achaques de arte y literatura. La historia de ésta —como la de todas las manifestaciones del espíritu humano— se compone de una sucesión de empresas difíciles, a menudo ignoradas en sus orígenes: para ser captada en su hondura y complejidad, toda obra innovadora y original exige un lapso a veces muy largo durante el cual pueda abrirse camino. El caso de la gran poesía de Góngora, asequible tan sólo a los lectores tres siglos después de haberse creado, es un ejemplo extremo de lo que digo. Pero bastaría con extender al ámbito de las ciencias el criterio discriminador adaptado por los burócratas al campo de la literatura para revelar al punto la burda patraña de su postura: puesto que el pueblo tampoco entiende, pongamos por caso, los descubrimientos de la física, el Estado, en buena lógica, debería prohibirlos también. Si no lo hace, ello responde, claro está, a motivos de estricta rentabilidad: la ciencia, en sus aplicaciones concretas, puede ser movilizada a su servicio; la literatura en cambio no lo es ni lo será jamás. Los principios de utilidad o función politicosocial del arte acaban fatalmente con éste.

Entre todas las doctrinas literarias y artísticas formuladas en los dos últimos siglos, la del realismo socialista se distingue en verdad por un rasgo verdaderamente excepcional: no haber producido una sola obra de valor en el terreno de la novela, poesía, música ni pintura. Cuando los colaboradores de Tvardovski me preguntaron mis preferencias respecto a la moderna literatura rusa, la lista de autores que mencioné —Blok, Essenin, Babel, Ajmátova, Mandelstam— les hizo sonreír: todos ellos habían compuesto su obra al margen y a contrapelo de la doctrina oficial y algunos habían pagado con la vida su atrevimiento. La magnitud del castigo y riesgo inmanente a todo acto de desafío explican el hecho de que en la URSS tanto los escritores como los lectores tomen la literatura totalmente en serio. Si realizar una obra diferente de la propugnada por el credo estatal conduce a su autor a la muerte civil y el ostracismo; si el común de los libros impresos son simple morralla, híbrido de conformismo y propaganda, dicha situación aclara la avidez de una minoría despierta y activa por los títulos difíciles de conseguir incluso en el mercado negro y que, si son editados, desaparecen inmediatamente de los estantes de las librerías. Hacer cola al raso una noche entera para comprar un volumen de poesía, como ocurrió meses antes de mi viaje a la URSS al ser autorizada una pequeña selección de poemas de Ajmátova, es un indicativo del alto valor otorgado a la creación literaria por un público hambriento de ella y, a la inversa, del justificado temor de los censores a unas manifestaciones de fervor producto de su política ciega y absurda. La diferencia de *status* del creador en el orbe soviético y los países occidentales, documenta el respeto y admiración religiosos con que los lectores rodean la figura del escritor cuya trayectoria se aparta de los cánones establecidos y aúna la exigencia literaria y artística con un insobornable rigor moral. La busca de nuevas formas de expresión, la exploración de territorios lingüísticos vírgenes pueden ser tildadas de juego en Occidente; en la URSS, a causa de la sanción exterior en que incurren, asumen a ojos de los lectores una insólita, consensual gravedad.

En el intervalo de mi llegada y la fecha de vuelo de Monique, frecuenté igualmente a los amigos de Agustín Manso y al núcleo de españoles cuyas señas me había procurado Claudín. Algunos eran miembros del Partido y se hallaban más o menos integrados en los rígidos, compartimentados estratos de la jerarquía soviética; otros, como el director teatral Ángel Gutiérrez, tropezaban con serios obstáculos profesionales o vivían enteramente fuera de aquélla, como Dionisio García. Este último, recién divorciado entonces de una gitana, había convivido largo tiempo con los monjes de Zagorsk, se ocupaba en la restauración de iconos y profesaba una viva afición a la literatura y filosofía, aunque sus conocimientos en ésta fueran reducidísimos: su ignorancia de otras lenguas con excepción del castellano y ruso y la dificultad en proveerse de libros sobre el tema en ambos idiomas circunscribían el ámbito de sus lecturas a una lista de autores breve y heteróclita. Recuerdo su curiosidad e interés por la obra de Kierkegaard, Bergson y Berdaiev, cuyas doctrinas conocía sólo de oídas, y su desconfianza y desdén radicales tocante a la política. Gracias a él, pude entrever algunos aspectos de la realidad soviética distintos y aun contrapuestos a los exhibidos en circuitos oficiales: el piso que compartía con varias familias o vecinos y del que solamente ocupaba una modesta habitación llena de libros; la existencia de grupos antisemitas, en los que, en su condición de español —del país de la Santa Inquisición y los Reyes Católicos—, fue recibido un día en medio de parabienes y halagos. Aunque sentimentalmente afines a lo ruso —cultura, costumbres, paisaje—, mis nuevos conocidos daban muestras de una independencia de ideas realmente estimable. Su visión de la URSS era ecuánime y matizada: hablaban de ella con cariño, pero no disimulaban sus defectos. Mis derechos de autor, cobrados en rublos no convertibles y que debía por consiguiente gastar *in situ*, me permitían el lujo de invitarles a los restaurantes más caros. Por primera y, probablemente, única vez en la vida, disponía de medios suficientes para obsequiar a mesa y mantel a una banda de amigos y, aguardando el día en que Monique y

Carole debían reunirse conmigo, saboreaba fugazmente el placer de conducirme como un millonario.

Junto a su hija, vestida con un ligero impermeable blanco, había aparecido al fin por el pasillo de llegada de viajeros después de cumplir con las formalidades de policía. Mis acompañantes no sospechaban la profunda emoción del reencuentro ni el cambio que mi carta había introducido en nuestra vida. Su sonrisa cálida, los gestos y ademanes de ternura disfrazaban en verdad su soledad e incertidumbre ante el enigma que yo le planteaba. En una tarde lluviosa, pero embebida de luminosidad pasamos a dejar las maletas en el Sovietskaya antes de dar una vuelta por la plaza Roja y las murallas del Kremlin. Irina y sus colegas de la Unión de Escritores se habían afanado en allanar con delicadeza todos los problemas de forma que nuestra estancia resultara cómoda. El programa del viaje, establecido conforme a mis deseos, encantó a Monique. La novedad del cuadro —amigos, decorado, ritmo de vida— facilitaba una cauta adaptación recíproca. Sin la excitación de explorar aquel mundo extremo, vasto y ajeno, las cosas habrían sido distintas para los dos y, probablemente, más arduas.

Mi breve carnet de notas de la URSS, elaborado a partir de la agenda de Monique, no se propone sino restituir, con las indispensables reflexiones posteriores, la frescura de mis impresiones de entonces. Su deliberada superficialidad y el *parti pris* de humor y desenvoltura podrían indisponer por igual a defensores y adversarios del sistema soviético, pero reflejan la visión de un observador que, como yo, se esforzaba en desprenderse de las telarañas de la ideología. El hecho de examinar el «socialismo real» con la simpleza de un párvulo no era así fruto de una decisión caprichosa o un enfoque arbitrario; se integraba en el conjunto de circunstancias que envolvían mi ruptura con el pasado y el deseo de hacer tabla rasa de cuanto me asfixiaba para forjarme a contrapelo de todos —amigos, enemigos, seres próximos— una nueva identidad e imponer desde ella, en lucha conmigo mismo, un rumbo diferente a mi vida.

1

A la entrada del hotel Sovietskaya, Monique tropieza con una amiga a la que había frecuentado años antes por razones profesionales. Acaba también de llegar a Moscú, no conoce a nadie en la ciudad y pregunta si nos molestaría llevarla a cenar con nosotros. Monique le dice que no y convenimos en que iré a recogerla después a su habitación. Ésta se halla en un piso diferente de la nuestra y, a la hora fijada, tomo la escalera, paso junto a una mujer corpulenta que impasiblemente sentada ante una mesilla cuida de las llaves de los dormitorios, me interno en el corredor y golpeo con los nudillos en el número de la habitación que me ha indicado. Pero, por una razón que ignoro, mi ademán desencadena una reacción furibunda en la guardiana: se incorpora gritando, corre hacia mí, agita amenazadoramente los brazos. En el instante en que la amiga de Monique abre la puerta, el cuadro que contempla la llena de pasmo: la matrona repite niet, niet y, no contenta con ello, me tira de súbito de la manga.

—¿Qué ocurre? ¿Se ha vuelto loca?

Le digo que no lo sé; pero el mensaje parece claro: he cometido sin saberlo una infracción gravísima. La situación es insólita y no podemos evitar la risa. Para soslayar una prueba de fuerza de la que a todas luces seríamos perdedores acordamos reunirnos en el vestíbulo. Cuando refiero el incidente a Monique y mis amigos, la hilaridad es general. Algo confuso, Agustín me dice que el reglamento de algunos hoteles impide los intercambios de visitas entre *huéspedes de diferente sexo a fin de prevenir actos inmorales.*

La Acción Católica española que conocí en mis años de bachillerato se sentiría sin duda orgullosa de ver florecer inopinadamente las semillas de su apostolado en las remotas orillas del Moscova!

2

La comida de los restaurantes suele ser excelente, pero el personal desconoce la noción de tiempo y permanece a menudo absorto en reflexiones misteriosas, sin prestar la menor atención a las llamadas y señas inútiles del cliente. Entre el momento en que éste se sienta a la mesa y el que le presentan la carta puede transcurrir un lapso increíble sin que, al menos en apariencia, ninguna ocupación o servicio lo justifiquen.

Mis predilecciones van al "Uzbekistán" y "Tibilisi"; allí, los camareros son más despiertos y encajan sin pestañear las propinas. Con todo, los escritores prefieren reunirse en los locales reservados al gremio, en donde las estrellas como Evtushenko tienen derecho a mesa y pueden acoger teatralmente la llegada del visitante ilustre arrojando al suelo su copa de champaña (el "visitante ilustre" que redacta estas líneas será sometido a tal ordalía en el curso de un segundo viaje y tratará vanamente de encontrar un agujero o rincón en el que sustraerse a la aparatosa gesticulación del bardo).

Mis anfitriones celebran el reencuentro familiar con brindis de vodka y vino blanco y, a la hora de levantarnos y abandonar los salones del Café de los Artistas, Monique y yo nos sentimos alegres, pero levemente achispados.

Menos afortunado que la clientela de los restaurantes, el pueblo llano se emborracha de pie y solitario. Durante nuestro primer recorrido moscovita, mis amigos nos muestran una cola de hombres silenciosos, con ese vago aire de tristeza y desaliño de los asiduos del Salvation Army, a la entrada de una tienda de bebidas. Como podré advertir en otras ocasiones, la botella de vodka se paga con frecuencia a escote entre dos o tres personas y es consumida por éstas en la calle, a morro limpio, sin cruzar una sola palabra. La comunión que procura el alcohol es sustituida con un ritual cuya insularidad me causa desconcierto: los bebedores preservan su anonimato y, tras la breve conjunción del trago, se alejan cada uno por su lado con paso tambaleante y mirada ciega. El precio del vodka es relativamente asequible al bolsillo del ciudadano medio y, según me cuentan, el sistema vela por que su suministro no se interrumpa jamás.

3

Vidas Silunas nos ofrece un sightseeing-tour de Moscú con paradas en el Kremlin, plaza Roja, mausoleo de Lenin, calle Gorki, monumento a Puschkin. Por indicación de Dionisio, nos detenemos a visitar el metro, construido en la época de Stalin. Nuestro guía nos lleva a una estación imponente, fría y conminatoria, con lámparas de cristal en el techo y cuya escalera mecánica desciende a unos andenes adornados con estatuas de héroes de la Revolución; éstas han sido forjadas en bronce, en un tamaño algo superior al real y representan soldados, marinos, comisarios, milicianos en actitudes bizarras, aguerridas, marchosas. Los uniformes, correaje, botas son reproducidos con esmerada minuciosidad y uno de los bravos esgrime incluso, con titánica e inspirada furia, un verdadero revólver. Decidimos dar una vuelta y nos introducimos con Vidas en uno de los convoyes. Los vagones parecen más espaciosos, cómodos y aseados que los del metro de París y los usuarios, escasos por la hora, entran y salen de ellos con holgura, graves, pacientes, disciplinados. Nos sentamos en hilera, curiosos y objeto de la curiosidad de los instalados frente a nosotros: mujeres con pañuelos, de aspecto pueblerino; hombres de media edad, rostro sanguíneo, tocados casi siempre con un sombrero o gorro. La mirada fija, aviesa, de una de las primeras en

dirección a Monique atrae súbitamente mi atención; cuando
me dispongo a comentarlo con ella, la mujer se incorpora y,
sin decir palabra, le baja de un tirón el borde de la falda
hasta cubrirle enteramente las rodillas. Su ademán nos deja
boquiabiertos y Vidas Silunas se apresura a tranquilizarnos:
las campesinas, dice, no están acostumbradas al modo de
vestir de las extranjeras; cualquier anomalía, por inocente
que sea, choca con su exagerada noción del recato.

En días sucesivos tendremos ocasión de verificar esa
mezcla de dureza, cordialidad y modales bruscos tan extendida en el pueblo ruso: el chófer del vehículo que nos
conducirá a Suszdal manifestará gran interés y simpatía
por nosotros, nos ametrallará a preguntas a través del intérprete, reirá como un niño de nuestra franqueza y se
volverá continuamente a mirarnos hasta hacernos temer que
descuide el volante y se estrelle contra un árbol; en los
grandes almacenes Gum, adonde Monique irá con su hija
a comprar chucherías, las clientas, me dice, empujan y se
abren paso a codazos con increíble brutalidad; más tarde, en
Crimea, el día en que vaya al lavabo de una farmacia o
tienda, una empleada se colará al mismo tiempo que ella
y aprovechará la circunstancia para examinar su ropa interior sin empacho y hacer preguntas o comentarios sobre el
origen o calidad de sus sostenes.

4

Viaje a Vladimir: la ciudad acaba de ser abierta a los extranjeros y mis amigos españoles me aconsejan vivamente
una visita. Nos trasladamos en tren, con Vidas Silunas y recorremos durante dos o tres horas un paisaje de robles, abedules, abetos. Al entrar en la estación, un pequeño grupo de
hombres y mujeres aguarda vistosamente en el andén con
unos ramos de flores. Mis temores de ser la víctima de tan
gloriosa acogida se confirman al punto: prevenidos desde
Moscú, los responsables locales de la Unión de Escritores
han acudido a saludarnos en bloque. Monique, Carole y yo

recibimos, entre sonrisas e inclinaciones, nuestro correspon-
diente ramillete. El mío se lo confío a Vidas y le pregunto
si no me habrán confundido con Aragon o Alberti.

Trayecto al hotel en donde nos aguarda un banquete.
Durante más de una hora permaneceremos sentados en un
pequeño salón con nuestros anfitriones. El vodka habitual
sufre una inexplicable demora y todos callan ceremoniosa-
mente, con una compostura premiosa y rígida. Para aliviar
la pesadez del ambiente, me veo obligado a hacer pregun-
tas: ¿Desde cuándo existe la delegación provincial de la
Unión? ¿Cuántos miembros o afiliados tiene? ¿Qué géneros
literarios cultivan? ¿Cómo se desenvuelve la vida artística?
¿Cuáles son sus actividades principales? Las respuestas son
minuciosas, mecánicas, aburridas y al interrumpirse la tra-
ducción y arreciar el silencio empujan de nuevo a la inani-
dad, la extravagancia gratuita: ¿En qué fecha inauguraron
la biblioteca? ¿De cuántos volúmenes consta? ¿Qué clase
de obras gozan de la preferencia del público? Las cifras re-
volotean inútiles, irreales, absurdas y cuando me dispongo
a averiguar el número de revistas culturales —o filatélicas
o bursátiles— a las que se han abonado, la noticia de que
la mesa está lista interrumpe felizmente la pesadilla. La
especialidad gastronómica siberiana anunciada por el pre-
sidente resulta ser una variedad de raviolis. Pero el vodka
aparece al fin y, con la boca llena, nadie se ve en la obli-
gación de prolongar el incongruente diálogo.

Después de despedirnos de aquel grupo mortal de escri-
tores, salimos a la calle. Es un domingo o día festivo y las
aceras se hallan atestadas de gente: un público ensimisma-
do, sombrío, inerte, que me trae a la memoria el descrito
gráficamente por Jovellanos, en sus sobrecogedoras, inolvi-
dables páginas sobre el aire de agobio, tristeza y desolación
de los pueblos castellanos. El que se cruza con nosotros
parece más bien un tropel de soldados súbitamente aban-
donado por sus jefes. Los viandantes vagabundean a lo
largo de la avenida principal y se aglomeran en torno a
unos paneles gigantes en los que figuran el nombre y fo-
tografía de los obreros más meritorios del mes. La contem-

plación de este cuadro tiene las trazas de ser el único entretenimiento de la ciudad y atrae sin cesar a nuevos grupos de mirones. Nadie ríe, bromea o se expresa en voz alta: el silencio es de rigor. De vez en cuando, la música de un transistor rompe de modo efímero la densidad casi física de aquel híbrido de alienación, torpor y monotonía.

Las iglesias son espléndidas y, como celebran los servicios del culto, están llenas de fieles. Los cánticos de los popes, olor a incienso, ritual solemne de los oficios crean un extraño contrapunto a la grisura y uniformidad exterior. La asistencia masiva a los templos no refleja necesariamente con todo el sentimiento religioso de la población: según puedo comprobar, Vladimir carece de cafés, cines y otros lugares de recreo. En tales circunstancias, cualquier novedad atrae forzosamente la mirada del pueblo y, como nuestra indumentaria y aspecto, es objeto de curiosidad y distracción.

5

Seguimos rastreando iglesias y monasterios de la región. Su arquitectura es noble y majestuosa, pero esbelta, ligera de líneas. El oro de las cúpulas bizantinas resalta purísimo en un cielo condescendientemente azul.

En Suszdal avistamos de lejos una batalla campal protagonizada por centenares de caballeros. El anacronismo no sorprende en exceso; no obstante, nos detenemos a indagar. Al apearnos del vehículo en el que viajamos, Vidas se aboca con un grupo de técnicos y chóferes que participan en el rodaje de la película. Según nos informa en seguida se trata del ya famoso filme de Tarkovski sobre la vida de Andrei Rublev. Los preparativos de la escena, con grandes movimientos de masas y despliegue de ejércitos, se integran armoniosamente en un paisaje que parece haber cambiado muy poco desde los tiempos del célebre pintor de iconos.

Estas calas fugaces en la "Rusia profunda" revelan sin embargo el turbador atraso del campo: la persistencia de unas condiciones y modos de vida profusamente descritos en la literatura desde los tiempos de Gogol, Turgueniev y Tolstoi. Las pequeñas isbas, con sus estufas, dobles ventanas, plantas de interior se ajustarían sin problema a los decorados del filme de Tarkovski y probablemente siguen siendo las mismas de siglos atrás, después de casi cincuenta años de Revolución. Cuando vaya a Uzbekistán y el Cáucaso, esta apatía e inmovilismo, casi enmohecimiento de los campesinos a sólo dos horas de automóvil de la capital me resultarán todavía más intrigantes. Sería no sólo injusto sino además erróneo achacar las culpas de todo al régimen soviético: bajo éste, el nivel de vida de georgianos y uzbecos ha mejorado espectacularmente y se sitúa muy por encima del de sus antiguos señores y ocupantes. Más que colonizador, el campesino ruso da la impresión de vegetar pobre y colonizado. Las características peculiares de su historia aclararían tal vez tan llamativo contraste y el apego tenaz de numerosas capas de la población de la república socialista mayoritaria —tanto rurales como urbanizadas— a las normas y usos tradicionales.

Tendencia a otorgar al paisaje un valor-refugio: todos mis conocidos, españoles y autóctonos, hablan con beatitud y arrobo de los bosques de alerces, robles, abedules, a los que escapan cuando pueden y en los que parece alquitararse la quintaesencia de su identificación a lo ruso. La evocación de abetos, nieve, trineos, les llena de emoción. La disparidad entre mis gustos y los suyos es tan abrupta como extrema: cuando les digo que soy un animal urbano, idóneo para caminar docenas de kilómetros por las calles de la ciudad que me estimula, pero incapaz de dar unos pasos en un cuadro cuyo sosiego me fastidia se muestran sorprendidos e incrédulos. La quietud y silencio del campo, ¿no favorecen acaso el trabajo e inspiración? Sin el menor afán de paradoja, les respondo que aquéllos se asocian, en mi caso, al tráfago y animación de la ciudad: mientras el zumbido y furia de ésta apenas me molestan, el leve susurro de unas hojas o el trino de un pájaro me distraen e impiden concentrarme. ¿No me atrae entonces ningún tipo de paisaje? El del desierto, les contesto; la abundancia de vegetación me *abruma y sólo aprecio lo verde cuando es parvo y escueto, en contraposición al esplendor mineral, producto de un arduo, laborioso esfuerzo. Unas higueras, olivos o almendros en un paraje seco, el culebreo tenaz de unas adelfas a lo largo del lecho de una rambla me conmueven mucho más que un parque natural siberiano de sesenta mil millas cuadradas. La insensibilidad recíproca a nuestras respectivas querencias nos hará finalmente reír. Dionisio me dice —aludiendo a su lectura reciente de* Campos de Níjar— *que me he convertido en un incorregible ejemplar de almeriense.*

6

Viaje a Leningrado: paseamos a pie, incansablemente, por los alrededores del hermoso Palacio de Invierno, los vetustos, absortos barrios aristocráticos, los puentes y orillas del Neva, el muelle en el que permanece atracado el "Aurora", junto a la sombría, intimidatoria fortaleza de Pedro y Pablo.

Disfrutamos de la dulce suspensión temporal, ingravidez sutil, impregnadora luminosidad de las noches blancas en compañía de dos intelectuales de la ciudad, ambos ex voluntarios de las Brigadas Internacionales: el doctor Pritkere, profesor de español en la universidad, especialista en Larra, y Ruth Zernova, una traductora judía que domina igualmente bien castellano y francés y cuya madre —a la que visitaremos brevemente en su minúsculo pero céntrico apartamento— resulta ser una vieja bolchevique divorciada de Karl Radek antes de que éste cayese en una de las purgas y fuera fusilado por Stalin. Tanto Ruth como el profesor manifiestan una espontaneidad y calor insólitos en un mundillo intelectual coriáceo, lleno de escamas y experimentamos en seguida una corriente de simpatía recíproca. Cuando les interrogamos sobre el período del terror, la guerra de España, el asedio y resistencia a los nacis sus respuestas son directas y francas. Con ellos visitaremos la casa museo de Puschkin; bordearemos los jardines de la mansión de Yusopov, el ejecutor de Rasputín; seguiremos el itinerario de

Raskolnikov, minuciosamente trazado por Dostoievski. La antigua Petersburgo, bella y crepuscular como lo es a veces Venecia, vela en una atmósfera ligera, mortecina, irreal; nuestra presencia parece onírica y falsa. Tenue, exangüe, cansino, el sol se oculta al fin a medianoche tras un escenario de palacios dormidos y plazas desiertas. Desde la ventana del hotel, lo veremos reaparecer aún, entre amarilleces y brumas, a las tres y media de la mañana.

7

Como sabemos desde París, Sartre y Simone de Beauvoir se encuentran también en Leningrado acompañados de Lénina Zónina, una mujer atractiva y joven con la que el primero mantendrá durante años una discreta relación afectiva. Monique, Carole y yo vamos a visitarles al hotel Astoria y cenamos con el Castor y Lénina en un restaurante caucasiano. Sartre tiene un compromiso pero el día siguiente almuerza con nosotros y nos refiere anécdotas muy sabrosas sobre la fobia antichina: en una de las reuniones del Consejo Mundial de la Paz, a cuya presidencia o consejo asesor pertenece, uno de los anfitriones soviéticos, al parecer algo achispado, le ha susurrado jocosamente al oído que, si bien aquélla es muy deseable sin duda, una pequeña bomba de hidrógeno sobre Pekín, junto a la residencia de Mao, tampoco sería del todo inadecuada. *Esta sañuda animosidad —tan acertadamente prevista por mi padre— no se limita a la consabida retórica antimperialista de los círculos oficiales: abarca, al contrario, como podremos verificar a lo largo del viaje, la generalidad de la población. El número de chistes, bromas e historietas antichinas que oímos es inacabables: mientras el soviético medio muestra por los americanos una mezcla de envidia, admiración e indulgencia, los camaradas del este no le merecen sino desprecio, sarcasmo y aversión. Cuando una heroína del mundo de Guermantes decía suspirando* la Chine m'inquiète *en uno de sus salones mundanos no podía sospechar que, medio siglo des-*

pués, sus opiniones serían compartidas por un inmenso país cuya doctrina oficial sería nada menos que el llamado internacionalismo proletario.

A la hora de los postres recibimos una visita inesperada. Luis Miguel Dominguín recorre la URSS en viaje de negocios y, enterado por terceros de que estamos allí, acude brevemente a saludarnos. Yo conozco a su hermano Domingo y su cuñado y rival Antonio Ordóñez: en la ocasión en que fui a Nîmes con Monique, durante la temporada en que frecuentamos a Hemingway, me llevaron a España con ellos sin que la policía de fronteras, en su calurosa recepción al torero, se molestara en averiguar quién iba en el automóvil ni me sellase siquiera el pasaporte. En el trayecto a Barcelona, quizá para ahuyentar el sueño, Domingo y Ordóñez habían sostenido una divertida discusión política. El primero, apoderado entonces de su cuñado, insistía en convertirle a sus ideas comunistas, pero el torero no se dejaba convencer y contraatacaba con argumentos ad hominem: *si tanto presumía de rojo, ¿por qué le cobraba un diez por ciento de comisión?; ¿aquélla no era acaso una forma de explotación burguesa? ¡Pues claro que lo era!, contestaba Domingo. La única regla moral del capitalista consistía precisamente en apropiarse de la plusvalía de los demás. Cuanto más explotador fuera, más contribuiría a disipar las ilusiones reformistas y fomentar objetivamente una conciencia revolucionaria. La colaboración interclasista, las componendas de la socialdemocracia incurrían en los vicios revisionistas condenados severamente por Lenin. Ordóñez, sin dar su brazo a torcer, concluía entre risas: ¡Qué comunista ni leches! Lo que eres es pancista. La actitud de Domingo —que veré reflejada después en la conducta y lenguaje de algunos magnates latinoamericanos cuando abrían puntualmente sus paraguas de lujo, al enterarse de que llovía en Moscú, bajo el firmamento luminoso de México o de Caracas— es un producto característico del maniqueísmo y confusión de estos años y expresa muy bien las contradicciones y carencias de nuestro espacio político y cultural. Apenas se va Dominguín, le cuento la anécdota a Sartre y ríe de buena gana. Como Monique me recuerda después, tanto él como sus amigos mantienen una postura de reserva frente a la corrida, cuando no, como en el caso de su compañera, de discreta reprobación moral. Por fortuna, ninguno de los dos aborda el tema y, al despedirnos de ellos, quedamos en vernos de nuevo en Moscú, a nuestro regreso de Crimea y Uzbekistán.*

8

Luis Miguel nos ha invitado a cenar y vamos con Vidas y Ruth Zernova al hotel Europa, en donde tiene reservado un saloncito. El torero viaja con un pequeño séquito de españoles en el que figura Lucía Bosé, elegantemente vestida de rojo, más bella aún que en sus primeras películas. A pesar del vodka y champaña del Cáucaso la conversación languidece pero Estela, una intérprete soviética, traductora de nuestros poetas sociales, se encargará, involuntariamente, de animarla. Con esa carga de buenos sentimientos que exhiben a veces los personajes cómicos de Chejov, pregunta al torero si el pueblo español sufre mucho bajo las cadenas de un régimen opresivo como el de Franco. ¿Sufrir?, dice Luis Miguel. ¿Por qué diablos ha de sufrir? ¡Está la mar de contento! ¿Contento?, exclama Estela. Sí, contento, los españoles adoran a Franco y yo también. Pero Franco ha matado a mucha gente, es muy cruel e injusto... Todos los gobiernos matan alguna gente y son crueles e injustos: si el pueblo les obedece, ¿qué más da? Yo creía que las masas en España... Mire, señorita: las masas siguen a quien les manda y tienen razón; ¿quién manda aquí, en Rusia? ¿el partido comunista? Estela dice que sí pero se embarulla y aclara: bueno, el Soviet Supremo. Pues si fuera ruso, yo me arrimaría al Soviet Supremo, pero como soy español y en mi país manda Franco estoy con el franquismo. Pero eso es terrible, murmura, desolada Estela; su modo de ver las cosas es egoísta, es cínico... Exactamente, aprueba él, ésta es la palabra apropiada: cínico, sí, señor, cínico.

El diálogo nos pone de buen humor: el aplomo burlón

de Dominguín, la consternación de Estela regocijan a una buena parte de los comensales, sobre todo a los obligados a encajar la fúnebre seriedad de los discursos oficiales y su habitual referencia fiambre a los valores humanistas. La risa desempeña un papel liberador y allí donde reina la ortodoxia asfixiante de una doctrina política o religiosa —como me enseñará años más tarde Bajtín a propósito del mundo de Rabelais—, las verdades del bufón serán un soplo vivificador, la válvula de escape gracias a los cuales resultará más llevadera la vida.

9

La estancia en Leningrado —las caminatas por las calles de una ciudad belladurmiente y sonámbula, en una atmósfera serena, de luminosidad difusa— nos parece cortísima. El Petersburgo o Petrogrado admirablemente descrito en la literatura, sobrevive espectral en esas noches blancas embebidas de memoria y nostalgia. El desolado esplendor urbano, la indecisa claridad nocturna sumergen de golpe al viandante en el ámbito de la novela rusa. Decidimos releer a Puschkin, Dostoievski, Tolstoi. Biely es para mí entonces poco más que un nombre: el escritor decadente fustigado por Trotski. Pero mis esfuerzos por ver a Ajmátova no darán fruto: según me cuentan, se recupera de una larga dolencia y ha ido a descansar unas semanas lejos de la ciudad.

En el aeropuerto, después de facturar el equipaje, tomamos unas copas con Vidas, aguardando la salida del avión. Enzarzados en una discusión sobre la sexualidad de los soviéticos, no advertimos el paso del tiempo y un aviso del altavoz, para reclamar nuestra presencia inmediata en la pista, sobresalta a nuestro guía. Corremos tras él al pie de la escalerilla en donde se aglomeran una docena de personas, congregadas allí con el propósito de ocupar a última hora los asientos vacíos. Nuestra llegada intempestiva frustra el intento y hay un coro de voces sordas, de expresiones de malhumor. Para abrirnos paso entre los que no se dan por vencidos y acechan en vano un milagro, una pareja de milicianos los empuja con innecesaria brutalidad: algunos pierden el equilibrio y caen de bruces al suelo. Sorprendentemente, la intervención expeditiva del servicio de orden no provoca reacción alguna. Los defraudados viajeros retroceden y nos escurrimos entre ellos y nuestros protectores cabizbajos y avergonzados. La escena no chocaría tal vez en Calcuta o Bombay pero, dado el contexto en el que se produce, nos ocasiona a mí y a Monique un indefinible y tenaz malestar.

10

Pasamos un día en Moscú, de paso para Taschkent. Agustín, Ángel, Dionisio vienen a visitarnos al hotel y Monique proseguirá con ellos su encuesta sobre los jóvenes soviéticos. ¿Cómo se desenvuelve la vida de las parejas? ¿Cuáles son sus criterios morales? La pudibundez reinante en la prensa, televisión, libros y películas, ¿es una reliquia de la vieja tradición campesina o embebe también las costumbres, los códigos sociales?

Aunque la censura elimine toda referencia o alusión al acto sexual, dicen mis amigos, la actitud de los muchachos y muchachas es bastante laxa. Según ellos, el mayor obstáculo a las relaciones íntimas radica en la penuria y hacinamiento de las viviendas, la falta de espacio. En verano, la gente va a follar a los bosques pero, en invierno, únicamente el feliz poseedor de una habitación individual puede permitirse el lujo de disfrutar a solas con su pareja; los demás, deben contentarse con pedir prestadas de vez en cuando las llaves del cuarto a sus colegas más afortunados. Los que disponen de influencia o de medios emplean también los camarotes de los barcos que navegan por el Volga o los coches camas del tren para Leningrado. En cuanto a la homosexualidad —sobre la que Monique, juguetonamente ha insistido—, su respuesta no puede ser más decepcionante: todos han oído hablar de ella como de algo extravagante y

*remoto, pero afirman no conocer personalmente a ningún
"pervertido".*

*Fuera de estos intercambios de opiniones con mis ami-
gos españoles y personalidades excepcionales como Ruth
Zernova, la conversación con los intelectuales soviéticos ac-
cesibles a los extranjeros deviene muy pronto ritual y penosa.
Obligados a callar lo esencial —su dependencia absoluta del
sistema que los aloja, viste, alimenta, procura trabajo y, en
caso de buena conducta, les concede el privilegio de la da-
cha, automóvil y permiso de viajar—, su diálogo con los
occidentales es un continuo ejercicio de reservas, escamoteo
y trivialidad. Sabiendo que sólo pueden decir lo que deben
decir, se esfuerzan en compensar su desertización personal
con una serie de manifestaciones exuberantes de vitalidad
o planteamientos políticos humanitarios, vagos y generales:
su propensión a reír de un modo brusco y fuerte, con un
tono estridente ligeramente superior a lo normal; el recurso
a los clichés retóricos y sentimentalismo fácil; el prurito de
contar chistes anodinos sobre el régimen, como prueba de
su independencia ilusoria; la necesidad de ahogar rápidamente en alcohol cualquier conato de comunicación potencialmente peligrosa, traducen la existencia de una autocensura o represión interior que transmite a sus gestos y
movimientos más nimios un aire de rigidez forzada. El conocimiento o trato con uno de ellos permite captar el síndrome
en los demás. Como podré comprobar años después, estos
signos acompañan incluso a quienes han tenido el arrojo de
romper con el sistema y, aun en el exilio, muestran las
huellas y cicatrices de su traumático aprendizaje y cultivo
de la cautela y restricción mental.*

11

*Primeras impresiones al apearse del avión: ajetreo, dulzura,
sensualidad, inmediatez de las relaciones humanas; mayor
variedad de rostros, indumentarias, colores; brusco ascenso
de la temperatura; vivificante estereofonía de voces.*

El cetáceo, imponente automóvil de la Unión de Escritores avanza en tromba por una carretera polvorienta, se cruza y deja atrás una abigarrada sucesión de vehículos de toda laya. El chófer uzbeco, tocado con una especie de birrete, parece conducir alegremente, conforme al ritmo musical de la radio: una melopea intensa, cálida, desgarrada similar a la turca, pero que entonces escucho por primera vez. Lleva el volante y parabrisas adornado con rosarios, fotos, talismanes, como sus colegas árabes. A veces saluda o grita una frase a un amigo a través de la ventanilla y ríe a solas, no sé si de la casualidad del encuentro o el gracejo de sus propias palabras. En el trayecto, divisamos cuadros y escenas familiares, cafés al aire libre sombreados con parrales, clientes tumbados perezosamente en esteras. Algunos permanecen en cuclillas, absortos ante una bandeja de té o un tablero de damas. El ocio es una forma de vida. Me siento, estoy, soy parte integrante del paisaje.

Taschkent tiene el aspecto de una ciudad moderna, de arquitectura funcional y desangelada; pero el contraste del temperamento y carácter de sus habitantes con los de sus camaradas rusos no puede ser más extremo. El aura de tristeza y enajenación que envuelve a las masas peatonales de Moscú o Vladimir se disipa aquí por la acción combinada del islam y del sol. El nivel económico de la población es a todas luces correcto. Si el etnocentrismo ruso subsiste, como podré verificar más tarde, Uzbekistán no conoce en cambio el régimen expoliador de tropelía y rapiña de los ex protectorados y colonias occidentales. La pobreza ha sido eficazmente barrida: la gente viste mejor que en Moscú y, sobre todo, con mayor variedad y fantasía. Ningún mendigo importuna a los visitantes como en otros países musulmanes. La indolencia no es fruto de la miseria sino de un cierto desahogo y holgura. Ejemplo casi único entre los pueblos sujetos a una capitis diminutio, *los uzbecos pueden enorgullecerse de unas condiciones materiales muy superiores a las de su lejana pero omnipotente metrópoli.*

Esta cala en una nación de cultura islámica, anexionada a la fuerza por los zares e inserta después, contra su vo-

luntad, en el conglomerado plurirracial de la URSS, me permitirá distinguir a la vuelta a Moscú, lo propiamente soviético de lo ruso y no reincidir en el error que cometí años atrás en La Habana, cuando atribuía equivocadamente a la Revolución unos rasgos y elementos de alegría, espontaneidad y relajo inherentes en realidad al pueblo cubano. El agobio, melancolía, silencio que sobrecogen al forastero en Tula o Vladimir no son achacables tan sólo, como pudiera creerse a primera vista, al hermetismo e inmovilidad del régimen sino también el resultado de una tradición y experiencia viejas de siglos: obra tanto de Iván, Pedro y Catalina como de Lenin y Stalin. Cuando después de un convite al aire libre, paseamos con Vidas y Valeri, el guía uzbeco, entre los jardines, cenadores, prados y estanques de un parque municipal lleno de familias, parejas, bañistas, jugadores de ajedrez o de damas, una difusa sensación de bienestar impregna la atmósfera y acaba por embebernos de una suave y liviana felicidad.

El calor es extremadamente seco y saludable: el tenaz reumatismo de Monique, consecuencia de sus baños invernales en Saint-Tropez, desaparecerá a las pocas horas de su estancia en Uzbekistán. De noche, la temperatura ahuyenta el sueño pero, luego de haberme duchado en vano una docena de veces, termino por cabecear como Marat en la bañera, mordisqueando las rajas de una sandía que providencialmente adquirimos en un mercado.

12

El tacto y diligencia de Vidas reducen nuestros contactos oficiales a un mínimo indispensable: no obstante, soy el primer escritor español, fuera de Alberti, que visita el país y no podemos evitar en torno a nosotros un sentimiento de natural y amistosa curiosidad. Los dirigentes de la Unión de Escritores me muestran con orgullo varios folletos de propaganda político-turística en castellano y quieren cerciorarse de visu de la fidelidad y escrúpulo de su versión. Cortés-

mente, examino las páginas de uno de ellos —La promoción de la mujer uzbeca con el socialismo— *y debo hacer un esfuerzo por evitar la carcajada. Más que traidor, el genial traductor parece entusiasta de Ionesco y sus diálogos de* La cantante calva. *Su afanosa labor de hormiga* —ensartar una tras otra, como cuentas, palabras desconocidas extraídas del diccionario— *ha creado una prosa amazacotada y anfibia* —sujeta a los tirones y descoyuntamientos de un feroz potro de tortura— *pero dotada de una increíble comicidad. Refiriéndose a la costumbre tradicional musulmana del velo, abolida por los soviéticos, ha redactado una frase inspirada, en las fronteras de lo sublime:* "Ellas andaban interceptadas por tupidos velamentos". *Cuando lea en* Tres tristes tigres *el divertidísimo capítulo cervantino dedicado a la traducción me acordaré de aquel anónimo pero gallardo émulo de Riné Leal y su inefable adaptación del cuento del bastón y Mr. Campbell...*

El mismo lance se repetirá poco después en el comedor del hotel con un peripuesto cantor vernáculo ansioso también de comprobar conmigo la melodiosa perfección de su acento, no sé si brasileño o antillano. Como podré advertir durante el viaje, numerosos uzbecos están al corriente de la misión diplomática de Ruy González de Clavijo, mensajero de Enrique IV en la corte de Tamerlán: las palabras España, Castilla suenan así a sus oídos de un modo a la vez exótico y familiar. Con todo, días más tarde, un joven de aspecto campesino me dirigirá la palabra en el avión, luego de acomodarse a mi lado y examinarme indiscretamente. Su breve diálogo con Vidas, a quien llamaré para que me auxilie, será más o menos éste:

—¿De qué país es?

—De España.

—¿De dónde dices?

—De España.

—España, España... ¿En qué parte de la Unión Soviética queda?

13

*La llegada a Samarcanda nos deslumbra: aunque gran parte
de las mezquitas y medersas se hallen en ruina, el conjunto
urbano es espléndido y confirma mis presentimientos de
inmediatez, familiaridad, concordancia con la vieja civilización musulmana. Alminares espigados y esbeltos, cúpulas
doradas, fachadas de mosaico gloriosamente azul se articulan con armonía ingrávida, la vida callejera es densa y ajetreada, la incitación al medineo, sutil. Recorremos a pie varios mercados protegidos del sol con toldos y sombrajos,
entramos en una de las raras mezquitas destinadas al culto.
Los fieles son escasos y, en su mayoría, de avanzada edad.
Valeri, nuestro guía local, comenta que los jóvenes no suelen
frecuentarlas. Su explicación —"por falta de tiempo"— no
resulta del todo convincente y se verá corregida poco después por otro muchacho uzbeco que susurra en inglés a
nuestro oído: los creyentes no tienen acceso a la universidad.*

*Vamos a visitar uno de los palacios de Tamerlán. El cice-
rone encargado de encajarnos sus profusos conocimientos
históricos es una señora rusa de mediana edad, mustia e
inexpresiva, tocada con un sombrero que tira a sombrilla
y con el rostro cubierto de una espesa capa de polvos.
A cada paso, se detiene a referir en pleno sol, con voz mo-
nótona y parda, anécdotas sin importancia sobre la vida y
costumbres del emperador mongol, su afición a las letras y
astronomía, el número de sus esposas y concubinas, sus
frecuentes charlas de sobremesa en compañía de los astrólo-
gos. El calor es inaguantable y busco en vano la sombra
de un árbol en donde cobijarme. La dama sigue soltándonos
su discurso, obviamente aprendido de carrerilla y se interrumpe de vez en cuando para permitir a Vidas una lenta
y mortífera traducción. Un cursillo sobre los diferentes matices turquescos de los zellijes o azulejos dura varios minutos: en tiempos de Tamerlán había sólo once; ahora, gracias
a los progresos de la industria soviética, hay cuarenta y tres.
¿O ciento veintitrés? Al borde del crimen, contemplo aque-*

lla especie de máscara medusea y blanca, cuyos labios exangües articulan sin cesar palabras inanes, vacuas, incomprensibles. ¿Acabará de una vez? Ella no parece advertir mis síntomas de impaciencia y se lanza aún a una historia prolija sobre la esposa preferida de Tamerlán, de la que recuerdo vagamente unos vocablos trasladados por Vidas: corza, tobillo, caída. Sin poderme contener, apunto con el dedo al rostro hierático, inexorable. Dile que cande el pico, le suelto al guía. Vidas obedece y su traducción, a todas luces, no se anda por las ramas: la rusa me mira estupefacta y, de pronto, un doble río de lágrimas surca sus acartonadas mejillas. Monique, consternada, se vuelve hacia mí con indignación: acabo de humillar a aquella pobre mujer que no hace más que cumplir con su deber, soy un odioso señorito español. Avergonzado de mí mismo, turbado por las lágrimas, doy marcha atrás y le suplico a través del guía que continúe su preciosa charla. La rusa se repone en seguida, limpia su rostro con un pañuelo y retoma la anécdota de la esposa, herida al juguetear con la corza, en el punto exacto en que la dejó. La solana es un auténtico abrasadero; hasta el aire parece encenderse y flamear. En un estado de casi delicuescencia, soporto como puedo el cursillo con la camisa liada a la cabeza. Cuando nos despedimos al fin del monstruo, todos nos sentimos agotados, nerviosos. De vuelta al hotel en donde nos espera el almuerzo, me remojaré largo tiempo la frente y las sienes para amortiguar tardíamente los efectos de la insolación.

14

A fin de evitar en Bujara lo ocurrido la víspera en Samarcanda, aconsejo a Vidas en el trayecto que comunique cortésmente a los delegados de Inturist en el aeropuerto nuestro deseo de prescindir de expertos en el arte e historias locales. Apenas el avión se ha posado en pista, un grupo de personas, agentes o guías, acuden a recibir a los pasajeros. Vidas intercambia algunas frases con uno de ellos —*un europeo alto y apuesto, con aires de húsar u oficial de la guardia del Káiser*— *que resultará ser* —*colmo de la mala suerte*— *el mismísimo cicerone. Visiblemente contrariado por el mensaje de nuestro intérprete, nos escolta en silencio hasta un minibús y, tras cruzar la ciudad con innecesaria prisa, nos deposita a la puerta del hotel con un sonriente y enigmático hasta la vista.*

Empezará entonces una espera interminable: el minibús se ha volatilizado con el húsar y las gestiones de Vidas para localizarlo se revelan inútiles. La mañana entera transcurre entre llamadas telefónicas a Inturist y una fantasmal delegación de la Unión de Escritores. El bar y salón del hotel en donde aguardamos permanecen cerrados, no disponemos de habitación en la que acomodarnos y una temperatura próxima a los cincuenta grados descarta toda posibilidad de un paseo a pie por el exterior. Sin saber qué hacer —*aprendices de brujo de una situación creada por nosotros*—, *acechamos con creciente desánimo el resultado de las febriles gestiones de Vidas: su pinta derrotada* —*perfiles, ángulos, gafas*— *de mensajero anunciador de Waterloos nos confirma a distancia la refinada, sibarita venganza del húsar. Náufragos de un sol obstinado y rijoso, varados sin remedio en un pasillo lóbrego, vemos desvanecerse como espejismos o trampantojos las ilusiones suscitadas por la visita. La deliciosa comida uzbeca que nos sirven al abrir el comedor* —*una sopa fría parecida al gazpacho, un arroz con carne denominado* plof— *no nos consuela de la encerrona. Inturist ha prometido mandar un vehículo después del almuerzo, pero cuando llega son casi las cinco y sólo contamos con una hora antes de volver al aeropuerto. Subimos al minibús con el chófer y una agente malencarada de Inturist. Al arrancar, le digo a Vidas que nos lleve rápidamente a unas cuantas mezquitas y monumentos, ya que nos pillan de paso. Nuestro amigo habla con la mujer y, por la viveza y brusquedad del diálogo, deduzco que ella se niega. Ha recibido la misión de acompañarnos al aeropuerto, dice, no de mostrarnos la ciudad. Harto, impaciente, le digo que hemos tomado el avión para ver Bujara, no para soportar su*

275

mala educación y su histeria. Contagiado de nuestra exci-
tación, Vidas traduce directamente mis palabras y el efecto
es fulminante: la mujer ordena al chófer que se pare y se
apea gesticulando y gritando del minibús. Nosotros grita-
mos y gesticulamos también y, mientras el chófer arranca,
dejándola plantada en la acera, celebramos esta victoria ex-
quisita con una explosión de hilaridad general. El conductor
uzbeco da señales de apreciar nuestro atrevimiento y nos
transportará entre risas a media docena de mezquitas aban-
donadas o en ruina, cuya belleza cenicienta y marchita no
se borrará nunca de mi memoria: una emoción pura e in-
tensa, que reviviré años después en El Cairo, en el simétri-
co, desolado esplendor de Ibn Tulun.

El regreso a Taschkent será alegre: habituado a escoltar
funcionarios grises o simpatizantes de buenas tragaderas,
Vidas se divierte a ojos vistas y confiesa que nunca había
sospechado hasta tratarnos de la existencia de escritores tan
irreverentes e indisciplinados como nosotros. ¿Todos los
franceses y españoles actúan así o constituimos una excep-
ción? ¡Él había creído ingenuamente que acompañaba a una
ejemplar familia progresista y descubría de golpe que éra-
mos unos ácratas muy peligrosos!

Al acercarse la fecha de partida a Crimea, Valeri se
muestra sombrío y melancólico. Durante nuestra estancia se
ha prendado de la belleza de Carole que, a sus trece años,
se encamina a la pubertad con una gracia turbadora: quiere
pedirnos su mano, invitarnos a casa, presentarnos a su fami-
lia. Al despedirnos de él, deberemos consolarlo. Uzbekistán
nos ha cautivado y volveremos otra vez a Bujara, le prome-
temos, sin las premuras ni contratiempos de aquella pri-
mera y accidentada visita.

15

El veintitrés de julio volamos a Crimea y aterrizamos en
Sinferopol. Como es de noche, nos recogemos a dormir a un
motel cercano al aeropuerto. El automóvil de Inturist ven-

drá a buscarnos temprano y viajaremos por carretera a Yalta, a través de un paisaje verde y lozano cuyos habitantes parecen esponjarse con la tibieza acariciante del sol.

Yalta ofrece todas las apariencias de una anticuada ciudad de la Riviera, con sus villas y palacetes edificados por aristócratas y burgueses antes del estallido de la Revolución. El vehículo serpentea, cuesta arriba, una carretera flanqueada de jardines y bosques. En vez de alojarnos en un hotel, vamos a la residencia veraniega de la Unión de Escritores, magníficamente situada en medio de un parque, en lo alto de una colina. Al llegar, una vez depositado el equipaje en las habitaciones, somos acogidos por dos varonas sonrientes, con uniforme de enfermeras, que se apresuran a controlar nuestro peso e insisten en someternos, a Monique y a mí, a un enérgico masaje terapéutico. Rehusamos con cortesía y firmeza —nuestra salud, les dirá Vidas, es absolutamente perfecta— y vamos a dar una vuelta por los jardines aguardando la hora del almuerzo. Monique deseaba ir a bañarse inmediatamente, pero el autobús que lleva a la playa sale muy pronto y está ya a punto de regresar.

Caminaremos un rato por el parque, objeto de una discreta curiosidad de los demás huéspedes: según advertiremos luego, somos los únicos extranjeros y, al topar con nosotros, algunos se vuelven a mirarnos. Los escritores allí reunidos presentan un aspecto escasamente intelectual y a menudo inquietante: matrimonios corpulentos, de rostro hermético, inescrutable, en shorts y sandalias; un individuo fornido y alto, con uniforme de atleta; una especie de japonés viejo, diminuto, ensimismado, envuelto en un pijama de rayas, con aires de recién evadido de un asilo o colonia penitenciaria. Cuando llegue el autobús con los bañistas, otearemos en vano algún rostro afín o familiar. Yo tenía la débil esperanza de coincidir con el novelista Víctor Nekrasov, al que conocí en una asamblea de la Comunidad Europea de Escritores celebrada en Florencia y con quien había simpatizado en seguida; desde entonces, parece haber caído en desgracia, me dicen que se da a la bebida y escribe «cosas impublicables». En Moscú, me habían informado de que descansaba en Yalta pero, según averiguo por Vidas, ha concluido sus vacaciones antes de tiempo y regresado a Kiev.

Fuera de una pareja con dos hijos de la que hablaré luego, los comensales con quienes compartimos la nutritiva, pero insípida comida que nos sirven en el almuerzo, pertenecen de manera obvia a la omnívora, proliferante burocracia estatal. A juzgar por lo que se ve, nadie sabe idiomas y la lectura de los pensionistas se reduce a las páginas amazacotadas, verdaderas sábanas impresas, de los Izvestia y la Pravda. Mis sondeos, en cualquier caso, no dan con ningún nombre conocido. La imponente materfamilias de muslos llenos de celulitis y una funda de plástico en el lomo de la nariz aparatosamente tumbada en el césped, ¿es escritora o esposa de escritor?; el imperturbable gimnasta entregado, brazos en jarras, a sus tenaces ejercicios flexibilizadores, ¿también escribe? Tras breve correveidile, Vidas nos comunica que el último es miliciano. ¿Qué diablos hace un miliciano en la casa de descanso de los escritores? Se trata de un canje, aclara: un novelista quiere redactar una novela consagrada a las hazañas de la milicia y, para ambientarse, ha solicitado pasar las vacaciones en su centro de reposo; en contrapartida, con esa simetría estricta y puntillosa de ingenieros, ideólogos y geómetras, los milicianos envían a uno de los suyos a la mansión de los escritores. El vagaroso japonés con el pijama listado resulta ser en cambio ejemplar de una especie rarísima: bardo oficial de un país, el yacuto, situado en un remoto confín siberiano y cuyo idioma no ha sido codificado aún. Desde hace años, compone una gramática o diccionario y se prepara a escribir un poema de miles de versos sobre la mitología e historia de su pueblo: su Odisea, su Ilíada. Abrumado con el peso de tan ingente responsabilidad, el Homero yacuto discurre como un sonámbulo por las veredas del parque, con su pijama anacrónico y una incurable melancolía. A mí, su destino insólito me amedranta y, cuando tropiezo con él, pienso en el poeta ciego y su patética reencarnación a destiempo en aquel amable decorado teatral de Chejov en el que texto, *dirección y actores nos remiten sin quererlo al universo de Kafka.*

16

Cuando el autobús de la tarde viene a recogernos, subimos a él con una cincuentena de escritores y escritoras que se precipitan a ocupar los asientos e intercambian bromas ruidosas mientras el vehículo resuella, baja sin prisas una carretera de revueltas y se inmoviliza al fin en una agradable plazuela arbolada. Nos apeamos y me encamino con Monique y Carole a la playa, pero el grupo de matronas que nos preceden me hacen señales con los brazos indicándome que no debo seguir. El lugar adonde iba es la zona reservada a las mujeres; para alcanzar la destinada a los varones debo volver pies atrás. Perplejo ante tan inesperado acontecimiento —sin comprender aún las razones de aquella rigurosa segregación digna de nuestros obispos ultramontanos—, me veo obligado a separarme de ellas y me asomo, con mis pares, a una orilla rocosa, cubierta de una uniforme multitud de bañistas gruesos, desnudos, desangelados. Más que campo de concentración de nudistas, el lugar parece una colonia de pingüinos de vientre prominente, gafas chillonas, sandalias de caucho; el suelo accidentado, de peñas y guijarros, entorpece todavía sus movimientos patosos; vergas y testículos cuelgan tristemente, fláccidos, inermes, desamparados. El espectáculo evoca a la vez estampas del Bosco y de Doré, ornamentadas con detalles surrealistas: mientras docenas de individuos se zambullen y afloran como morsas en la lumbre del agua, otros permanecen inmóviles en la orilla, brazos tendidos al sol en ademán de entrega o adoración, con sus narices y anteojeras de plástico. ¿Limbo, pesadilla, alucinación, anticipo de una futura sociedad extraterrestre de selenitas y marcianos? ¿Dónde están los jóvenes espigados, atletas nervudos, Tadjos de cuerpo glorioso inmortalizado por Thomas Mann? Al otro lado de la verja alambrada que separa a las playas, descubro a Monique y Carole que, muertas de risa, se han acercado a consolarme.

La visión de su zona, me dicen, no es más reconfortante: soviéticas y soviéticos ignoran las curas de adelgazamiento y, pasada la juventud, el desgarbo físico es general.

De vuelta a la residencia, confiamos nuestra cómica desdicha a Vidas y, tras varias llamadas y consultas, obtenemos un pase especial para la difícil y codiciada playa de los artistas en la que, nos asegura, podremos bañarnos juntos. La cena es servida a las seis y, sin apetito alguno, nos resignamos a la misma dieta enérgica y desaborida que sufrimos al mediodía. Monique reclama tímidamente vino de Crimea, pero nos dicen que no hay. ¿De Moldavia, del Cáucaso? El establecimiento no despacha bebidas alcohólicas, traduce Vidas: los escritores acuden precisamente a él a desintoxicarse. Nosotros no estamos intoxicados, objetamos. Nuestros reparos corteses no sirven de nada: el reglamento es inflexible. La cena concluye en seguida y, como aún es día, salimos al jardín. El Homero en pijama, las materfamilias, los lectores de la Pravda, *el bravo miliciano se dedican a sus ocupaciones habituales, integrados ya en el paisaje. Sin saber qué hacer —el barrio carece de cafés y no es hora de acostarse a leer— vagabundeamos también por el parque discutiendo de Chejov y Kafka. Un hombre de aspecto ameno y distinguido, tocado con un panamá y vestido sencillamente de blanco, viene del brazo de su esposa en sentido opuesto y, al cruzarse con nosotros, saluda con una leve inclinación de cabeza. Su talante y modales discretos —en los antípodas de los de los demás huéspedes de la residencia— intrigan y avivan nuestra curiosidad. Al reunirnos con Vidas, nos enteramos de que se trata de un conocido traductor del francés y castellano, entre cuyas versiones figuran nada menos que el* Quijote *y la obra de Rabelais. Corroborando estas palabras, sus dos hijos se acercan a saludarnos y transmitirnos su bienvenida y satisfacción de vernos allí. Ingenuamente, creemos que su embajada preludia una visita, mas no es así. Pese a su buen dominio de los idiomas en que hablamos, el traductor se contentará con saludarnos a distancia y comunicarse con nosotros por medio de su prole. Boris, el muchacho, tiene la edad de Carole y,*

*durante nuestra estancia y aun después de ella, charlará con
ella en inglés de libros y poesía. Gracias a esas pláticas,
averiguaremos que su padre ha traducido* A la recherche du
temps perdu *a sabiendas de que ninguna editorial la acep-
taría. Por varias alusiones de su conversación adulta e impropia de sus años, deduciremos que "ha tenido problemas".
Pero ni Carole ni nosotros nos atrevemos a interrogarle. El
día en que alguien mencione en Moscú su pasado encarce-
lamiento por Stalin aclararemos al fin los motivos de la
cautela: sabiéndose en el punto de mira de alguno de sus
presuntos colegas, ha preferido sonreírnos de lejos y eludir
así el riesgo de una relación con un extranjero sin el correspondiente permiso de las autoridades.*

17

*La playa de los artistas no ofrece un espectáculo deprimente
como el de la víspera: la mayoría de los bañistas son jóvenes y algunas muchachas atractivas y esbeltas, a lo que
parece bailarinas, hacen ejercicios de gimnasia rítmica a
la vera del mar. Junto al hueco en donde nos tendemos, un
grupo de actores escucha en silencio la lectura de un discurso o editorial de prensa que despiadadamente les encaja
un colega enjuto y moreno, untado de crema antisolar. Algo
más lejos, hay media docena de comunistas egipcios recién
liberados, me cuenta Vidas, de las prisiones de Nasser: han
traído consigo bastantes libros en sus bolsos playeros y, al
pasar a su lado para zambullirme, miro de reojo y distingo
varias novelas en francés.*

*Barcos de motor para viajeros, similares a las viejas go-
londrinas del puerto de Barcelona, bordean lentamente la
costa, enlazando entre sí las diferentes estaciones balnea-
rias; el día siguiente, en vez de quedarnos en tierra, nos
embarcaremos en uno de ellos y recorreremos varios kilómetros de litoral, contemplando a distancia la muchedum-
bre de veraneantes que, como un banco de sardinas, chapo-
tea en la orilla. Según explica Vidas, los diferentes sindicatos*

y asociaciones profesionales disponen de sus correspondientes playas, reservadas a su uso exclusivo. Las destinadas al público son escasas y se distinguen a simple vista por su mayor densidad. Entre dos monumentales residencias obreras, existe una zona acotada, casi desierta, moteada de vez en cuando con toldos y parasoles. Con ayuda de los prismáticos, divisaremos pequeños núcleos de bañistas desperdigados con holgura a lo largo de la ribera: es la playa de los jerarcas del Partido e invitados de honor extranjeros, la misma quizá en la que, dos o tres años antes, mis amigos Claudín y Semprún, miembros todavía del Buró político, se consolaban al sol de los fracasos y dificultades del Partido en adaptarse a las nuevas, desconcertantes realidades del cambio estructural español.

La estancia en la casa de reposo de los escritores deviene con todo insoportable: su régimen dietético, horario de comidas, parque atestado de funcionarios y materfamilias, la comunicación indirecta, casi clandestina, con los padres de Boris instilan gota a gota una penosa sensación de claustrofobia y decidimos con Monique mudar aires, romper la diaria monotonía, evadirnos por espacio de unas horas, en una palabra, respirar. Aeropuertos, hoteles, oficinas de Inturist ostentan llamativos carteles de propaganda con la acuciante invitación a visitar Sebastopol, la ville héroïque. Aunque sin gran entusiasmo por los circuitos patrióticos, rogamos a Vidas que organice la excursión. El proyecto parece sencillo y en principio no plantea problemas, pero nuestro amigo vuelve de Inturist con el semblante mohíno: el tráfico entre Yalta y Sebastopol está provisionalmente cortado por causa de obras en un tramo de la calzada y, de momento, no se puede ir. Algo incrédulos, discutimos otros proyectos de viaje cuando, al examinar un mapa de Crimea, me doy cuenta de que otra carretera une a las dos ciudades por el interior. Transmito el descubrimiento a Vidas y le acompaño a las oficinas de Inturist. Durante unos minutos discutirá con la agente, antes de regresar cabizbajo: la vía del interior también está cortada. Entonces iremos en barco, digo yo: hay un servicio de aliscafos. Nueva plática brusca, a media voz, con la encargada: ¡su funcionamiento ha sido suspendido! Excitado ya por la increíble acumulación de obstáculos, pido a Vidas que le pregunte sin rodeos por qué diablos no le da la gana de que vayamos a Sebastopol. Nuestro amigo traduce mis palabras y, por toda respuesta, ella se cruza de brazos, altiva, con una mezcla elocuente de enojo y desaprobación.

Días después, al comentar el extraño episodio en Moscú, con Sartre y Simone de Beauvoir, descubrimos divertidos que en su anterior viaje a Crimea les sucedió exactamente lo mismo: tampoco ellos, pese a su insistencia, pudieron llegar a Sebastopol. Probablemente, una nueva reglamentación veda a los extranjeros el acceso a la villa; pero, si éste es el caso, lo que nos intriga y no acertamos a explicarnos es la abundancia de carteles políglotas incitativos a su visita. El desacuerdo entre realidad y propaganda desafía cualquier esquema lógico o racional. ¿Qué oso encerrado hay en la ciudad? ¿A qué obedece esa contradicción tan absurda? Entre las hipótesis que baraja Sartre, la de un embarque secreto de armas con destino a Cuba u otro país amigo sería la más plausible. Pero, veinte años después de los hechos, this I never got to Sebastopol sigue, seguirá siendo uno de los enigmas del viaje que, según me temo, nunca alcanzaré a despejar.

18

La perspectiva de pasar un día más en la aséptica residencia de "escritores" nos induce a nuevos planes y estratagemas de huida: paseo en automóvil por los alrededores de Yalta, visita a los jardines de Livadia en donde Roosevelt, Churchill y Stalin decidieron el reparto y futuro del mundo. Por fortuna, Vidas nos menciona la presencia cercana de Nicolai Tomachevski, a quien conocí con Nekrasov en Florencia, en un congreso de la COMES: hijo de uno de los fundadores de la célebre escuela formalista de Brik, Jakobson, Chklovski y Tinianov, el joven Tomachevski ha sido lector

283

de ruso en Nápoles, domina perfectamente el castellano y es hombre de vitalidad desbordante y aficionado al trago, de una espontaneidad, franqueza y carácter a mil leguas de la reserva y oficialidad de la mayoría de sus colegas. Tomachevski veranea en una casa de las inmediaciones y ríe a carcajadas al enterarse de que nos alojamos con los cultísimos e inteligentes funcionarios de la literatura. Fuera de la familia de Boris, dice, ninguno de los huéspedes de la casa escribe otra cosa que informes burocráticos ni es aficionado tan sólo a la lectura: ¿qué malvado agente trotsquista ha tenido la perversa idea de mandarnos allí?

Pilotados por él, subimos a una hermosa zona montañosa y nos sentamos a beber en un merendero al aire libre. ¿El famoso vino blanco de Crimea?, pregunta Monique. El vino de Crimea ya no existe, dice él: antiguamente lo producían los tátaros pero, tras su deportación, fueron reemplazados por ucranianos y el secreto de su exquisitez se perdió. El actual tira a agrio y no nos lo aconseja. Mientras los catadores beben hoy vino del Cáucaso, el preferido en tiempos del zar pertenece exclusivamente a la leyenda. Acomodados en el claro del bosque, hablaremos largo rato de literatura. Tomachevski admira como yo la obra de Svevo y Gadda y habla con gran entusiasmo de dos escritores rusos que, recién salidos del largo purgatorio en el que permanecieron bajo Stalin y Zdanov, comienzan a publicarse a cuentagotas y no han sido traducidos todavía: Platonov, Bulgakov. Las creaciones de sus contemporáneos no le infunden en general excesivo respeto: Voznezenski ha escrito buenos versos, pero es víctima de su esnobismo provinciano y afán de notoriedad; la poesía de Bella Ajmadúlina, autora de una delicada evocación de Puschkin y Dantès cuya versión en Les lettres françaises *me ha impresionado, entronca según él con la mejor tradición lírica rusa sin alcanzar no obstante la hondura y desgarro de Tsvetaieva y Ajmátova. Con desgaire, procurando no dejar traslucir mi ironía, le pregunto por Evtuschenko. Bueno, dice sonriendo, es algo así como nuestro Zorrilla. Yo me acuerdo de la glosa de Eugenio D'Ors sobre éste y se la cito de memoria: "una pianola; y como el que se cansa pedaleando es él...¨ Oh, exclama Tomachevski, ¡lo malo es que ni siquiera se cansa! ¡Sus lectores sí, pero no él!*

La charla, el vino nos han puesto de buen humor: ninguno de nosotros tiene ganas de regresar y Tomachevski propone una visita a un viejo cementerio tártaro. Tomamos un camino de montaña con vistas súbitas al mar Negro, hasta desembocar en un pueblo de viviendas graciosas y rústicas, no desbaratado aún por la modernidad. El mezarlek otomano reproduce en miniatura los que después recorreré en Turquía: el cipo de las sepulturas, rematado con un turbante o sin él, indica el sexo de los enterrados y la simétrica disposición de las tumbas, orientadas conforme a la alquibla, ofrece un cuadro sereno, impregnado de calma y benignidad. Pero algo en él, junto a la astucia teatral del atardecer, acentúa la sensación de melancolía y añade subrepticiamente una nota patética y desolada: la ausencia total de los vivos. Trasterrados a miles de kilómetros de distancia, los tártaros no pueden venir a recogerse ante las tumbas de sus antepasados y éstas descaecen solitarias y abandonadas, cubiertas de hierba y de musgo. Privados de su comunidad, borrados del recuerdo, los difuntos viven allí su muerte segunda y definitiva: ningún visitante curioso alcanza a descifrar siquiera sus nombres grabados en caracteres arábigos. De vuelta a París, añadiré a las líneas garabateadas apresuradamente en el viaje, los versos sencillos de Luis Cernuda:

No es el juicio aún, muertos anónimos.
Sosegaos, dormid; dormid si es que podéis.
Acaso Dios también se olvida de vosotros.

19

Aunque nos hospedamos en otro hotel, la tercera estancia moscovita transcurre en un marco ya familiar, de acuerdo a las pautas de unos flamantes pero bien asentados ritos: cenas alegres en alguno de nuestros locales predilectos, ve-

ladas con Sartre y Simone de Beauvoir en el restaurante Praga o salones del Nacional, paseos en compañía de Agustín, Ángel y Dionisio.

Agustín me refiere una anécdota ilustrativa de la reciente lucha de tendencias en la dirección del PCE y su peregrina repercusión en el campo de la literatura: unos dos años antes, los responsables de la edición de una antología de autores peninsulares vertidos al ruso a quienes él asesoraba, recibieron la visita de un "cuadro" español; éste quiso examinar la lista de los seleccionados y les reprendió con severidad: ¡Cómo! ¿No figuraba en ella Jorge Semprún? ¡Pues había que incluirlo inmediatamente! Ninguno de los recopiladores sabía entonces quién era mi amigo, pero consiguieron que les mandaran de París las galeradas de su novela, tradujeron aprisa y corriendo un capítulo de Le grand voyage *y lo incorporaron al volumen. Cuando al cabo de unos meses el libro estaba listo, el mismo personaje apareció por segunda vez. Consultó de nuevo el índice y su rostro reflejó aún una contrariada sorpresa. ¿Qué diablos hacía allí Jorge Semprún? ¡Tenían que eliminarlo en el acto! Ni Agustín ni sus camaradas soviéticos habían comprendido aquella disparatada sucesión de órdenes antinómicas hasta que a través de militantes del PCE descubrieron la identidad del misterioso Federico Sánchez, levantado primero por su colega a los cuernos de la luna y arrojado después, con la misma convicción,* aux poubelles de l'histoire.

Con un grupo de españoles vamos a dar una vuelta por una de las travesías de la céntrica calle de Gorki en donde se reúnen más o menos furtivamente vendedores de libros de lance sin el nihil obstat *de las autoridades. Aquéllos circulan por el lugar con pinta de conspiradores y al cruzarse con un eventual comprador murmuran el santo y seña de su mercancía. A un joven rubio y romántico, ceñido en una gabardina raída, le oiré repetir en voz baja: Pasternak, Pasternak. La zona ofrece un curioso aspecto de ligue masculino callejero o venta clandestina de droga: pero allí, los autores* non sanctos *o aureolados del nimbo de lo prohibido sustituyen ventajosamente a la grifa. Según me dicen, el título más codiciado y caro es la* Vida secreta de Salvador Dalí. *¡Un dato que debería hacer meditar a nuestros futuros censores hispanos sobre las maravillas e imponderables de su benéfico y estimulante oficio!*

Como podremos observar por múltiples signos, el país vive un compás de espera desde la caída de Jruschov. La personalidad y designios de los nuevos dirigentes constituyen todavía una incógnita: los escritores con quienes hablo no saben si el tímido deshielo iniciado por aquél va a prolongarse o se encaminan al contrario hacia tiempos más duros. Curiosamente, mientras el nombre de Stalin sigue envuelto en un halo de temor y respeto, su sucesor acumula sobre sí los reproches y críticas más sorprendentes y absurdos: se le echa en cara su mala educación, su actitud vulgar del día en que golpeó con su zapato en la tribuna de las Naciones Unidas. Casi nadie parece guardarle reconocimiento por la liberación de centenares de miles de presos ni su denuncia de los crímenes y persecuciones de Stalin, un hecho del que deduciré con acierto que los vientos que soplan de arriba e inspiran los comentarios supuestamente personales de los colegas más o menos "oficiales" con quienes trato apuntan a una fase de mayor rigidez ideológica y retorno a los sacrosantos principios del leninismo.

20

A medida que se aproxima la fecha de partida, los camaradas de la Unión de Escritores y otras entidades culturales multiplican con nosotros su amabilidad y atenciones. Tanya —la eficaz consejera de la Revista de literatura extranjera—*, Irina —siempre cordial y llena de delicadeza—, los hispanistas y traductores de mis libros acuden al hotel, nos acompañan de compras, procuran facilitarnos las cosas mientras Boris sale a pasear con Carole y la inicia en el estudio del ruso.*

Las cuatro semanas compartidas con Monique han suavizado poco a poco el golpe que le infligió mi carta y, en los diversos escenarios y episodios del viaje, hemos rea-prendido unos gestos que creíamos muertos, recuperado la querencia comunicativa, alcanzado la intimidad física con la misma novedad turbadora de nuestro primer encuentro barcelonés. La Unión Soviética —modelo y espantajo de tantos escritores— no nos ha causado entusiasmo pero tampoco horror. La estancia en ella ha sido incitativa, cordial y a veces simpática. En cualquier caso, los atisbos y calas en la sociedad del futuro nos han inoculado un saludable escepticismo tocante a la programación estatal de la dicha y afinado, quizás involuntariamente, nuestro sentido del humor.

Catorce meses después, a fines del verano del 66, repetiría el viaje en circunstancias muy distintas. Convidado a las festividades conmemorativas del centenario de un titánico poeta caucasiano del que nunca había oído hablar antes de aquellos actos y a quien nunca volvería a oír mencionar después, formaba parte de un grupo de huéspedes extranjeros, en su mayoría franceses, simpatizantes o afiliados al partido comunista. El año transcurrido había sido pródigo en acontecimientos no sólo tocante a mi vida privada —primera estancia en Tánger, distanciamiento afectivo de España, regreso a París con Monique—, sino también a mis relaciones con la política y sentimientos de ambivalencia respecto a la URSS: sovietización del proceso revolucionario cubano, detención de los escritores Daniel y Siniavski, abrupto final de las esperanzas en un deshielo cultural paulatino. En agosto, Carole fue a pasar unas semanas al domicilio moscovita de Tanya y había hecho grandes progresos en ruso gracias a Boris y sus amigos. Yo pensaba al principio rehusar cortésmente la invitación, pero la insistencia amistosa de los soviéticos y breve duración del viaje me llenaron de dudas. Persuadido con razón de que aquélla sería la última visita si publicaba, como tenía el proyecto, una suerte de diario del recorrido anterior me pareció poco sensato desperdiciar la ocasión de contraponer mis impresiones con la realidad que las producía. Aunque meses después daría carpetazo a la idea, tanto por desinterés pasajero en el tema como por el temor de que mis críticas fueran utilizadas por el franquismo, el argumento de poner a prueba mi enfoque de voluntario subjetivismo me indujo finalmente a aceptar.

289

Mi afinidad con la naciente disidencia soviética, la condena de la ocupación militar de Checoslovaquia —adonde iré, inmediatamente después de la invasión, huésped de la Unión de Escritores checos, a fin de escribir un artículo que aparecerá en *Les Temps Modernes*— rematarán de modo inevitable mis relaciones un tanto ambiguas con el mundo oficial de la URSS. La certeza de que el aplastamiento de la «primavera de Praga» no difiere en nada del envío de los marines a Santo Domingo me impondrá en lo futuro una doble y más compleja militancia respecto a palestinos y afganos, víctimas de la dictadura castrista y de las Juntas criminales de Centroamérica y el Cono Sur. El descubrimiento cardinal de las últimas décadas, como ha visto muy bien Maxime Rodinson, es el de que las revoluciones son relativas y la lucha final se aleja indefinidamente conforme creemos acercarnos a ella en la medida en que el «socialismo existente» no acaba ni mucho menos con la explotación ni opresión sino que las transforma y a veces las acentúa; en consecuencia, los métodos, objetivos y programas de los Estados o movimientos revolucionarios reales o supuestos deberán ser examinados con lucidez y cautela: «La adhesión incondicional empuja siempre a aprobar errores y, a menudo, horrores.» Dicha experiencia, llena de tropiezos, desencantos, batacazos, caídas, me conducirá poco a poco a la conclusión que formularé años después, en un acto universitario, a los estudiantes de la facultad de Sevilla: la de preferir equivocarme por mi cuenta a tener razón por consigna.

Desde mi despedida de la Unión Soviética en 1966 he visto fugazmente a alguno de los amigos que han aparecido en estas páginas o he sabido indirectamente de ellos: Agustín Manso sigue en Moscú, ocupado en sus labores de traductor; Dionisio mantiene una existencia un tanto marginal, próximo, al parecer, a las corrientes ideológicas nacionalistas y antisemitas expuestas en la últimas y sobrecogedoras entrevistas de Alexander Zinoviev; Ángel regresó a España convertido en un anticomunista aguerrido y colabora o colaboró en las emisiones en ruso de Radio Europa Libre;

Lénina Zónina pasó breves temporadas en París, fiel a su vieja amistad con Sartre y el Castor y la noticia de su muerte en Moscú mientras redacto estas líneas me llena de tristeza y emoción; Vidas trabaja en la universidad y frecuenta a sus compañeros de siempre; Ruth Zernova emigró a Israel al fallecer su madre y la noche en que cenó en París con Monique y conmigo opuso argumentos extraños en boca de una ex voluntaria de las Brigadas Internacionales a mi defensa del derecho a la autodeterminación de los palestinos...

He soñado varias veces en los últimos años que visito de nuevo la URSS: la trama onírica no es opresiva ni angustiosa y discurre en términos generales en una atmósfera amable y un tanto irreal. Vaga conciencia del retorno a un pasado muerto e irrepetible que me proyecta con frescura al recuerdo de mis viajes y, de modo subliminal e indirecto, al tardío descubrimiento de lo absurdamente feliz que allí fui.

VII

NO ES MORO TODO LO QUE RELUCE

El recién llegado se ha dirigido a la portera del inmueble y han intercambiado unas frases de cortesía: ella, la anciana de pelo blanco recogido en moño, con marcado acento meridional. La señora la ha prevenido de su visita y confiado el llavero. El apartamento está en el primer piso; para un hombre joven como él, le dice, la escalera será preferible al ascensor. Ella se excusa de no acompañarle: no puede dejar la portería abandonada y el hipotético, conjeturable olor de algún guiso indica quizá que la vieja mantiene además encendida su cocina de carbón o de gas.

El forastero ha aceptado las excusas con una sonrisa comprensiva: a pesar de la amable o neutral expresión de su rostro, el desmemoriado recreador de la escena podría imaginar que incluso con una discreta satisfacción. Acaso prefiere que ningún extraño comparta con él la primera ojeada a la que será durante un tiempo su casa: la primicia exclusiva de la visión. Acaso quiere también guardar para sí aquellos ademanes que delatan su torpeza, la difícil relación de sus manos con los objetos más nimios de la vida diaria: inevitable confusión de llaves hasta dar con el agujero correspondiente al cerrojo y la cerradura, posible tropezón con un objeto al buscar el interruptor de la luz a tientas, forcejeo poco glorioso con la correa de una persiana combada por la humedad. El piso, según descubrirá, se compone de dos piezas holgadas, cuarto de baño y cocina. El mobiliario es cómodo, pero impersonal: tresillo tapizado quizá de verde, juego de comedor, cama matrimonial dispuesta, varias sillas, armario empotrado, nevera, cuadritos con dibujos y grabados, lámparas de pie, una mesa apta para escribir. El forastero inspecciona las cosas como para adaptarse a ellas y registrar su forma y dimensiones exactas antes de entrar en su posesión. Por primera vez en su vida se establece a solas en una ciudad que ignora y en la que es a su vez un perfecto desconocido. El anonimato del domicilio que alquilará horas más tarde le satisface: después de treinta y tantos años vividos en familia, la idea de acampar entre muebles carentes de historia le llena de alivio: La apropiación será cautelar, por etapas: verificar el funcionamiento de la caldera del baño, el buen estado de los enchufes y las bombillas. Los objetos y prendas de vestir que ha traído consigo caben en una maleta mediana: antes de que anochezca, acomodará chaquetas y pantalones en los colgadores, camisas y ropa interior en los anaqueles; tintero, pluma, libros, papeles, en la mesita. La nevera seguirá desconectada y vacía: el nuevo inquilino conoce sus límites y no le viene siquiera a las mientes la idea de servirse de ella. Vajilla, cacerolas, cubiertos permanecerán ordenados y limpios, apilados en los estantes del armario o alineados a lo largo de la espetera. Concluida la somera instalación, descubrirá que el piso no ha perdido el aspecto frío y destartalado: su presencia en él debe ser anodina y leve, la de un mero huésped de quita y pon. La ventana del comedor, en la fachada delantera, da a un bloque de inmuebles deslucidos del inconfundible estilo arquitectónico que marcó su niñez en los años cuarenta; un solar cercado de muros en ruina, cubierto de escombros y maleza, sirve de almacén o escondite, según advertirá luego, a chamarileros y rapaces europeos e indígenas; desde el balcón posterior contiguo a su cuarto, el recién llegado puede divisar, encajonado entre dos edificios, un pequeño retazo del puerto, con su escollera y grúas y, a lo lejos, como una cicatriz embrumada y blancuzca, la costa borrosa de su remoto y execrado país.

A primera vista, el nuevo inquilino es hombre de costumbres sobrias, esmerado y pulcro hasta la nimiedad: se levanta temprano, se ducha, se afeita e inmediatamente sale a estirar las piernas y adquirir por unos centavos algún desmirriado, esotérico diario local. Ha descubierto el café de un compatriota a cincuenta metros de casa y decide aparroquiarlo de momento en espera de mejor solución. A media mañana, luego de escribir una extensa carta y ponerle sellos, comprueba que todo está en orden y se pertrecha de lo necesario para su programado vagabundeo: un manual de conversación comprado en el quiosco del ateropuerto, una breve guía turística de la ciudad. Pese a que el manual no le procurará gran ayuda y la guía carece de plano indicativo de las callejas del barrio que le interesa, emprenderá cotidianamente su itinerario de rompesuelas armado de ellos, como una minúscula e irrisoria barrera de protección. Decisión tanto más absurda cuanto que el expatriado —como años después su mujer en Roscoff *— no quiere en verdad preservarse de nada y se abandona al contrario a la aventura con aguijadora disponibilidad. Por primera vez en su vida también no tiene horario ni planes de trabajo: su estadía en la villa es la de un ocioso cualquiera, atraído allí, como los grupos de turistas con quienes se cruza al bajar al paseo marítimo, por su típico, proverbial colorido o el disfrute azaroso de una esquiva, impregnadora luminosidad. De ordinario, se detiene en la terraza de algún café cercano a la estación y parada de autocares, pide la misma infusión aromática que sus vecinos, atiende discretamente a su plática y de vez en cuando garabatea un vocablo en la cajetilla de cigarrillos o los márgenes del manual de conversación. Más tarde, conforme pierda el apocamiento y se sienta en su territorio, dirigirá la palabra a los autóctonos aunque después de un intercambio elemental de frases sobre el tiempo, nacionalidad o procedencia se vea obligado a desistir en el empeño a menos que, como sucede a veces, su interlocutor

---

* Véase Monique Lange, *Las casetas de baño,* Seix Barral.

practique su lengua o, para mayor mortificación suya, le responda directamente en francés.

El expatriado parece en retrospección un topógrafo por su minuciosa domesticación de lo exótico. Día tras días recorre el dédalo de callejuelas, copia el rótulo trilingüe de cada una de ellas, traza y corrige planos, rehace itinerarios, se cerciora de su exactitud. Sus periplos serán a un tiempo obsesivos y errátiles, como si siguiera los pasos a alguien o fuera al revés seguido por otro y lo intentara desorientar. En realidad, se conduce en la ciudad con la misma circunspección con que se ha conducido inicialmente en el piso. A menudo da la impresión de sentir una oscura necesidad de abarcar y medir el espacio en el que se mueve para insertarse en él: antes de entrar en los cafetines que le seducen, sumidos en el silencio y penumbra de las callejas, explora las angosturas y reconditeces de éstas, establece de antemano una escueta composición de lugar. Su porfía en vencer su manifiesta inseguridad y timidez obtiene al cabo una recompensa: los bastiones más arduos e inexpugnables se rinden por turno a su curiosidad. Poco a poco se aclimatará en ellos, será reconocido por el mozo o el dueño, saboreará su infusión, fumará unas pipas, alternará lecturas y anotaciones con el acecho de cuanto acaece a su alrededor. A falta de la deseada comprensión del idioma, se consagrará como un sordomudo a la observación de ademanes y gestos. Su propósito es familiarizarse y confundirse con el medio, adquirir la impunidad y privilegio del camaleón.

La observación cotidiana del expatriado permite establecer un horario de sus actividades que, aun sujeto a modificaciones e imponderables, ratifica sin embargo su propensión liminar a la rutina: aguarda para salir de casa la hora en la que suele llegar el correo, baja minutos más tarde a la portería y, cuando la anciana le tiende la carta que espera, la separa de las otras, las que le importan menos, y la guarda en un bolsillo de la chaqueta a fin de leerla con calma en alguno de los locales del paseo en los que acostumbra a sentarse antes de subir la pendiente y afrontar las escaleras abruptas que llevan al casco antiguo de la medina. Si la respuesta de su corresponsal se demora y el cartero no le trae nuevas, en lugar de repasar éstas en el café, se encamina a la oficina central de Correos, se alínea en la cola del teléfono y, al tocar su turno, pide una conferencia a Saint-Tropez. Fuera de esa breve y esporádica incursión al barrio moderno, habitado en gran parte por europeos, sus caminatas le conducen exclusivamente a los cafetines y terrazas a los que se ha aquerenciado: almuerza a solas en un figón, saluda o sonríe tímidamente al camarero, se detiene a beber una infusión en la encrucijada de caminos del barrio viejo, se interna en el laberinto de pasajes que obstinadamente rastrea con creciente aplomo y seguridad. Su manual de conversación, de imprecisa e incluso desorientadora transcripción fonética, está ahora lleno de vocablos, correcciones y tachaduras. Este interés por dominar la lengua del país contrasta con su lentitud o dificultad para encontrar alguien con quien compartirla. Ya sea en los cafés con vista al mar engastados en la muralla, los tabucos sombríos en donde se acuclilla en la estera o el local desde el que disfruta en contemplar las azoteas y cúpulas de la ciudad, entra y sale sin compañía, fuma silenciosamente unas pipas y, ajeno a menudo a las voces de jugadores de loto y ruido de fichas de dominó, trata de memorizar una frase recién aprendida o la enrevesada conjugación de un verbo. La novedad de cuanto ve, oye, tienta, gusta, respira, le basta. A diferencia de otros viajes que ha hecho, no busca la confirmación de teoría alguna ni la validación de sus propios conocimientos. El monolitismo ideológico en el que vivía ha cedido paso a la feraz dispersión de las taifas. Lo vasto y mudable del ámbito excluye una asimilación fácil y prefiere anexionarlo gradualmente, como quien penetra por escalo en el interior de una fortaleza o recinto. Sólo la apropiación mental de aquel mundo puede facilitarle el olvido de viejos errores y aprendidaje de errores nuevos, la operación de desprenderse de un pasado y experiencia opresores, el proyecto de extender a sí mismo la indagación predicada hasta entonces a los demás. El expatriado convalece de una dolencia cuyo nombre no figura en los diccionarios y contra la que no se receta medicina alguna. Su rechazo de cuanto le identificaba toma proporciones alérgicas: la cercanía de sus paisanos le irrita y, en lo posible, huye de su presencia. Cuando se recoge a casa transcribe en un cuaderno el léxico adquirido durante el día y se esfuerza en expresar la efervescencia de sus ideas en las cuartillas que dirige a su mujer.

Aunque la correspondencia no esté fechada, el contenido de las cartas permitirá establecer sin lugar a dudas su correcta ordenación cronológica.

> *Con la habitación inundada de sol el calor es casi veraniego. Me siento feliz, paseo diez horas diarias, veo a Haro [Tecglen] y a su mujer, no me acuesto con nadie y miro a España de lejos, lleno de excitación intelectual.*
>   *Necesito estar aquí: no puedo permanecer en Saint-Tropez sin ideas ni ganas de escribir y presiento que en Tánger recobraré ambas. Esto es lo que me importa de verdad, no el sexo.*

> *Una observación que te interesará: mientras los homosexuales europeos se dan a conocer de ordinario imitando a las mujeres acá asumen al contrario un suplemento de virilidad exacerbada. Eso es lo que más me atrae en ellos y me ayuda a distinguirles sin error pues desde luego abundan quienes no lo son.*

> *Hace un rato, en un café moro, veía y escuchaba la televisión española [que se capta aquí]. Su cretinismo y la profanación de nuestra lengua me impresionaron de modo increíble.*
>   *Me muero de ganas de escribir, y no sé todavía sobre qué.*

> *Es cierto que te echo de menos, pero temo regresar a Saint-Tropez y fastidiarme. Admito que es difícil vivir conmigo y has encajado muchas cosas desde Moscú; mas en Saint-Tropez, sin algo concreto entre manos, simple-*

*mente no existo. Aunque aborrezco a España, este senti-
miento tiene algo positivo: es útil para mí pues me sirve
en el campo de la escritura. En Saint-Tropez, e insisto en
que ello no te concierne, no estoy en España ni frente
a España ni puedo mirarla como aquí de una manera
nueva. Sin trabajar, envejezco sin más en un clima ameno,
no hago ningún progreso intelectual ni moral.*

*Acabo de recibir tus tres cartas a un tiempo: te quiero
un poco-mucho-apasionadamente del todo. Como las he
leído en un crescendo amoroso, me sentía feliz. Pero
he visto después que el orden verdadero es el contrario. Dicho esto, tienes razón y trataré de ser más explícito. Debes creerme cuando te digo que si me demoro
aquí un poco ello no guarda ninguna relación contigo. Te
añoro y el tiempo sin ti me parece largo; con todo, no
quiero volver a Saint-Tropez para sentirme jodido, embo-
rracharme y echarte luego las culpas. Prefiero que te
cabrees conmigo a tenerte rencor. Mi idea de trabajo se
funda en la visión de la costa española desde Tánger:
quiero arrancar de esta imagen y escribir algo hermoso,
que vaya más allá de cuanto he escrito hasta hoy. Tánger
me resulta todavía indispensable [para] esta lucha diaria
con un tema todavía borroso. [De momento] estoy sumido
en la literatura del Siglo de Oro.*

*Me llega ahora mismo una carta de Luis. Eulalia murió
hace tres días y la enterraron el dos de enero.* Prefi-
rieron que no viniera ya que ella se acordaba de mi
llegada en la agonía de papá y el abuelo y pensaba que
si yo no acudía eso significaba que su enfermedad no
era grave y no estaba por tanto a punto de morir. Quizá
haya sido mejor así pero, no obstante lo previsible del
hecho, su noticia me ha causado un efecto terrible. Ni
a Luis ni a mí nos queda nada detrás —respecto al
pasado y familia— ni tampoco delante —en lo que toca
a la muerte. Cortado el cordón umbilical y en lista de
espera.*

---

* Véase *Coto vedado*, págs. 129-132. La carta fue posterior al
telegrama de mi cuñada recibido en Fez.

El expatriado ha encontrado a un amigo. Sus miradas se habían cruzado la víspera en la terraza de un café del Zoco y al atravesar la calzada camino de Correos ha topado de nuevo con él. El desconocido le ha saludado sin preámbulos en su trabucado castellano morisco: va tocado con un gorro azul marino de lana y viste pantalón y tabardo del mismo color. Parece pescador o navegante, pero no lo es; ha trabajado varios años en el muelle con los españoles, le explica, y allí aprendió a manejarse en el idioma de Joselito y Cantinflas. Después de beber un té juntos, han ido a comprar vino a la tienda de unos judíos y se han encerrado tranquilamente en el piso de la Rue Molière.

Aunque el gañán tiene una edad aproximada a la de nuestro hombre, su aspecto difiere en todo del suyo: el rostro macizo y agreste y una complexión ruda y fuerte le dan una apariencia pugnaz de remero, de membrudo y sólido luchador. Su tosquedad e inteligencia silvestre no excluyen el humor ni la picardía. Cuando conversa, ríe mostrando los dientes bajo el espeso bigote y el gesto entre zaíno y perplejo le recuerda al expatriado el de Alfredo, el difunto aparcero de Torrentbó. Para desvergonzarse con él, asegura, lo mejor es el vino: según pretende, no lo ha probado desde hace meses y lo bebe anchurosamente mientras contesta a sus preguntas, a tus preguntas, desnudo ya, pero sin quitarse el gorro.

A partir de entonces —fines de noviembre— el montaraz acudirá a menudo a tu casa y te escoltará con aires sombríos de guardaespaldas en el rastreo de la medina: de ordinario, sube contigo a los cafetines de la Alcazaba, te ayuda a deshebrar y mezclar la hierba, te inicia en una fecunda incursión al maaxún: gracias a él, arropado en su robusta presencia, has forzado los antros más duros y descubierto el placer de fumar unas pipas en el jardín colgante de la Jafita, avizorando la costa enemiga desde tu atalaya o acechadero. Pasada la cena, tu guía prefiere los atributos de la ciudad moderna y la visita sedienta a los bares ingleses, en alguno de los cuales sirvió tiempo atrás de portero o, más exactamente, de *bouncer*. Contagiado de su desmesura y furia noctívaga, barajarás también el alcohol con el maaxún y la grifa, compensarás la engañosa austeridad de los primeros días con la busca zahorí de la sima o derrumbadero. Has dado con el agente inductor perfecto y aguardas tan sólo la ocasión que le aguijará. La gravitación tenaz que te aspira es luminosa y cognoscitiva. Únicamente cediendo a ella alcanzarás la plenitud de la escena mental presentida: crudeza, cocedura, consumación paralelas a las del verbo en su ascesis a lo sustancial.

Es una velada como las demás, ni más ni menos que las demás, conforme a la inquietud voltiza de tu medineo: idas y vueltas de la Alcazaba, pipas de compartido kif, cátedra televisiva de españoleo, rauda colación en Hammadi, nocturno ajetreo en un taxi, desembarco alegre con tu guarda y mentor en el circuito habitual de bureo: guaridas recatadas y muelles, fondo musical de Rolling Stones, sonrisitas cónnives, contoneos de reina africana, maricas remilgadas, acento oxoniano de noble tronado o jubilado lord: risueñas libaciones en la penumbra, sed jamás satisfecha, euforia expansiva del montaraz aljamiado, repetición obsesiva de viejas historias de rezagado zegrí, de último abencerraje
gorro azul marino tal vez encasquetado, cejas hircinas y espesas, nariz tosca, mostacho silvano, labios voraces, mandíbulas trituradoras y enérgicas, resuelto a servir para siempre, jura y rejura, a un compadre tan comprensivo y bueno, guiarle por la ciudad, velar por su reposo y seguridad, atender día y noche al cumplimiento exacto de sus deseos, lavar y guisar para él, ir diariamente al mercado, acompañarle al baño, prevenir cualquier molestia, incidente o peligro, dispuesto a lo que sea con tal de satisfacer a su amigo, beber con él unos reconfortantes tragos de vino, liarle la grifa, dar una vuelta por los bares lejos de la suciedad y la morralla, de la gentuza sin fe ni religión ni palabra, atenta sólo a robar y dar por el culo a sus semejantes, un hombre de confianza, él, cuyo sueño es conocer algún día España, cruzar el maldito Estrecho, largarse para siem-

pre de Tánger y tanto ladrón e hijoputa suelto, viajar con
su amigo, saludar a los españoles tan buenecitos que faena-
ban con él en el puerto, carga y descarga de naranjas, cajas
de sesenta y hasta ochenta kilos sobre sus espaldas, basta
tentarle el cuerpo para ver que es verdad, que él no farolea
ni miente como los demás
ha elevado la voz, comenzado ya a desnudarse a fin de mostrar la recia trabazón muscular de sus brazos o será después, en otro decorado o, más probablemente, en la habitación?
no lo sabes ni sabrás jamás porque todo es neblinoso e
irreal y el discurso imaginado es el que has oído y oirás
después de sus labios, tartajosamente reiterado conforme
la noche avanza y las vacías botellas de Bulauán se acumu-
lan: quince años al servicio de esos cabrones, de sol a sol,
apechando con todo, para luego cerrar la empresa y dejarle
en la puta calle tirado como una colilla, sin indemnizaciones
ni primas, sólo una carta de recomendación, mírala, veinte
litros de aceite, un par de botas nuevas y un saco de harina,
cómo coño mantener y sacar adelante con eso a su madre
y hermanas, sosegado y tranquilo de golpe, escarmentado ya
con el recuerdo de lo sucedido esta noche, presto a reír o
llorar según se devana o deslía los sesos, sí, así es la vida,
hermano, el tiempo de apurar otro trago y mirarle fijamente,
al borde de la risa y las lágrimas
todavía en el bar, en el burbujeo acolchado del bar, rodeado
de presencias esquivas, inquietas criaturas lucífugas, conta-
bilizando quizá, para asirte a algo, la alarmante reposición
de los vasos, ginebra coñac vodka?, tal vez todo mez-
clado, extraviados ambos en densa y oscura frondosidad,
senderos meandros atajos simplemente borrados, ningún recuerdo de ellos tras la tormenta que sopla y os zarandea,
deshoja, arranca de cuajo, expulsa de allí, a pie o en taxi?,
pero en el piso al fin, sin saber cómo habéis llegado ni por
qué os disputáis, provocación tuya?, como dirá él después
al enfrentarse a las secuelas de la escena, afán soterrado de
atizar su furor hasta sacarle de las casillas?, de alcanzar la
cruda verdad de tu acerbo jardín de delicias?, imágenes

veladas, opacidad interrumpida por el fucilazo esclarecedor
de la violencia, vuestra fulgurante comunicación energética,
contundencia del golpe, caída, penosa incorporación, orden
brutal de tenderte en la cama, conciencia intermitentemente
alumbrada, acorchamiento, pesadez, modorra mientras él
recorre la habitación como fiera enjaulada, va a procurarse
alcohol a la cocina, bebe a caño, profiere amenazas y acusaciones sordas contra ti, contra la ciudad, contra la perra
vida, se planta sin quitarte la vista de encima sabueso y
torvo como un cancerbero, minutos u horas cabeceando en
el asiento hasta que el sueño te vence, os vence y, al despertar, le ves tumbado en el suelo, inerte, despatarrado,
roncando, en medio del interior devastado, ropa esparcida,
sillas volcadas, cama sucia y deshecha, percepción gradual
del encuadre encrespado que te rodea, cruel agresión diur-
na, horario acusador y revuelto, desorden material y mental,
esfuerzo trabajoso de levantarse, ir al baño, mirarse con
incredulidad en el espejo y descubrir un rostro que no es el
tuyo, transmutado también en el feroz remolino nocturno,
incapaz de reflexionar aún y entender qué ha ocurrido, el
chispazo casual de aquel brusco arrebato de virulencia
lavarse, afeitarse, ocultar la hinchazón tras misericordiosas
gafas de sol, abrir de par en par la ventana para que el aire
entre y tu anublado cancerbero despierte, se incorpore a su
vez, vaya a mear espaciosamente al lavabo, reaparezca con
semblante azorado, bigotón desvalido y contrito como un
niño que acaba de romper su juguete: musitando lamentos
y excusas, ansioso de reconciliarse y hacer las paces con
amigo tan formal y tan bueno, un verdadero hermano que
cuida de él y le socorre cuando está sin dinero, más fino
que el alquicel, más blando que el algodón, presto a llegar
al último confín del rebajamiento como el amante pillado
en falta tan bella y agudamente descrito por Ibn Hazm
pero tú quieres estar a solas, digerir lo acaecido, poner
tierra por medio, transformar humillación en levadura, furia
en apoderamiento: llegar a ese punto de fusión en el que la
guerra emprendida contra ti mismo simbólicamente tras-
cienda, augure moral y literariamente una empresa, vindique

la razón del percance, del cataclismo buscado y temido: recia imposición del destino cuyo premio será la escritura, el zaratán o la gracia de la creación.

El mismo día llegabas a Marraquech en un vuelo inicialmente planeado para los dos pero que sólo tú realizaste: desvaída imagen del atardecer en el palmeral y la tierra ocre, insensible, en su estado de entonces, a la belleza, facundia e irradiación de una ciudad que en lo futuro te concederá el don magnífico de la palabra. Encerrado en tu habitación del hotel, entre la Kutubia y Xemáa el Fna, vivías momentos de soledad, exaltación y de rabia, consciente de haber roto la corteza de tu centro ardiente, llegado a la entraña de la que brota a borbollones el magma de escorias, materias abrasadas. La brusca y violenta jubilación, el nítido ramalazo destructor presentidos desde la infancia habían dejado de ser una visión sigilosa, acechante para hacerse reales: fuerza ligada a tu vivencia peculiar del sexo, gravitación animal de los cuerpos que debías asumir e integrar en tu conjunto textual con la misma desengañada lucidez y tranquila fatalidad en las que el bachiller de la Puebla de Montalbán fundó, para los amantes de la tragicomedia, las leyes recónditas de su íntima, sustancial vulcanología.

A diferencia de lo acaecido en Madrid años atrás, la velada en la que te emborrachaste con Lucho, el descalabro moral se ha convertido en una fuente vital de conocimiento. Más allá de la esfera personal, diafaniza y revela los mecanismos latentes en la sociedad, exhuma y rescata de lo medular la energía que propulsará la vandálica invasión que proyectas: esa obra no escrita aún en nuestra lengua, contra ella, a mayor gloria de ella, destrucción y homenaje, profanación y ofrenda, agresión alienada, onírica, esquizofrénica, alianza integral de imaginación y razón, como dice del Gran Sordo Malraux, bajo la apariencia mendaz del delirio. Resoluciones en serie forjadas vertiginosamente a partir de tu huida a la ciudad en donde hoy evocas y fijas por escrito lo sucedido: calar en la historia auténtica del país del que te sentías inexorablemente proscrito; embeberte en el baño lustral de sus clásicos; espulgar la totalidad de su *corpus* literario con la misma frenética minuciosidad con la que rastreabas a diario el caos tangerino; poner el acervo humanístico de la época —lingüística, poética, historiografía— al servicio de dicha empresa; llegar a las raíces de la muerte civil que te ha tocado vivir; sacar a luz demonios y miedos agazapados en lo hondo de tu conciencia. Días, horas, instantes privilegiados, de riqueza y enjundia inigualadas después, rumiando tu cólera, agravios, sed de venganza contra esos molinos o gigantes llamados religión-patria-familia-pasado-niñez. El dispositivo mental puesto en marcha por el vejamen de tu cancerbero es alambicado y proliferante: presenta recovecos, umbrías, escabrosidades, un vasto campo de sondeo y exploración. Por un tiempo, la cercanía de tu iniciador será indispensable y, de vuelta a Tánger, te someterás al magnetismo de su ciega, revulsiva labor.

Paralelismos y esquemas antagónicos: apropiación topométrica del núcleo urbano en el que te refugias y distanciamiento ultramarino de la tierra vislumbrada en escorzo; torpe aprendizaje infantil del idioma nuevo e irresistible imantación del antiguo, arrobado y para siempre cautivo del esplendor incandescente del verbo; renuncia a un espacio ancho y ajeno e inmersión gradual en los estratos de su historia y cultura; alquitara, decantación, acendramiento de un lenguaje diamantino y extremo frente al monopolio esterilizador de una casta ensoberbecida y omnímoda.

Medineo ritual después de atisbar desde la ventana la llegada del mensajero con nuevas de Saint-Tropez o el cáncer de Eulalia, acompañado no sólo del manual de conversación y el plano paulatinamente enmendado, sino también de un modesto y sobado ejemplar de *Soledades*. La lectura atenta, ceñida, casi obsidional del texto, de sus arborescencias y sinuosidades, se entrevera provechosamente con pausas y ensoñaciones de kif. Sentado en alguno de los cafés que frecuentas, interrumpes el asedio al poema para levitar a tu aire, atalayar alminares, terrados y cúpulas blancos, escudriñar la esfuminada cicatriz de una patria repudiada y hostil. Góngora indisolublemente aunado en tu memoria al cielo versátil, caprichoso de Tánger como Juan Ruiz años más tarde al foro bullicioso de Xemáa el Fna: versos y versos trabados entre sí como cerezas, metáforas de aleve e insidiosa belleza, goce, beatitud sutil. Despertar a medianoche con su cita en los labios, como si hubieras encomendado tu sueño al Poeta: inmediatez, trasvase, impregnación de una escritura que suplanta ventajosamente el mundo, le sirve de punto de referencia y, como un faro, te dispensa sus señas en medio del caos.

Sólo más tarde, mucho más tarde, establecerás la existencia de una cartografía y espeleología comunes al místico y al amante que, por trascender y generalizar lo que creías privativo tuyo, te desculpabilizará pero despojará también de tu preciosa rareza: similitud de experiencias traducida en imágenes y pulsiones idénticas, apretura y anchura, dolor y gozo, crudeza, llama, consumación: ley universal del subsuelo, complementaria de los descubrimientos de Kant y Descartes, Marx y Bakunin, Humboldt, Rousseau gracias a San Juan de la Cruz y Mawlana, Eckhart y Al Hallax, el marqués de Sade y el oscuro Masoch.

Como Mlle. de Vinteuil en la escena amorosa junto a la foto paterna, incorporarás la temida, imaginada agonía de Eulalia a las cimas, altibajos, derrumbaderos de tu encuadre perverso: asunción iluminadora del centro y su realidad ígnea: extender, ahilar, intensificar el ludimiento hasta el vértigo asociándolo al nódulo original de tu angustia: contrapunteo de visiones opuestas, lenta devoración de fauces abiertas, rostro consumido y exangüe, santificado por el dolor: relación enigmática de la imagen intrusiva, inductora, de la cala tenaz en la pena gloriosa con el brusco, sincopado deliquio: eruptividad magmática, de abrasadas escorias volcánicas surgidas de tu propio gehena: dualidad, ambivalencia, zoroastrismo de amor y profanación, chispazo generador de una secreta corriente alterna.

Un día escueto y avaricioso de enero, recrudece el invierno, Eulalia ha muerto y el expatriado ha digerido a su modo la nueva, ha subido sin su cancerbero a uno de los cafetines de la Alcazaba, disuelto una buena dosis de maaxún en su vaso de hierbabuena, delirado sollozado gemido durante horas a culpa abierta, cumplido con el rito milenario, fúnebre y antropofágico, de la explicación final omitida. La estancia en la ciudad toca a su fin y ha enviado unas líneas a Saint-Tropez anunciando el regreso.* Su relación con el entorno es ya familiar: reconoce espacios y actores y, poco a poco, se siente a su vez aceptado y reconocido. Diariamente rehace el itinerario trazado con sus variantes posibles, se detiene a beber té o fumar unas pipas en los mismos lugares, lee algunos versos de *Soledades,* anota palabras o frases en los márgenes del manual de conversación.

El aire de Tánger, embebido de tenue luminosidad, le estimula. Bajo su caricia, personas y cosas adquieren vivacidad y relieve, el ajetreo callejero se desenvuelve en una atmósfera de intensa plasticidad. Envueltos en albornoces, almalafas o jaiques, mujeres y hombres discurren en la penumbra de un callejón dispuesto como un escenario, la salina humedad del Estrecho impregna los muros enjalbegados, luces y sombras combinan sus toques con armonía diestra y sutil. El desocupado puede pasar minutos u horas absorto en la contemplación de las nubes o seguir casi hipnotizado los cautelosos movimientos, en un patio o terrado

* Carta del 10-1-1966.

307

visibles desde el descubridero, de una viejecita arrebujada en una toalla alrededor de un minúsculo hornillo de carbón. El soplo matinal de la brisa transmite y esparce voces y mensajes: saludos, gritos, jirones de música, rumores y ecos artesanales, invocación simultánea de almuédanos llamando a los fieles a la oración. La dispersión y movilidad de las aves, su brujuleo inquieto, parecen obedecer a secretas e indescifrables consignas: las palomas que salpicaban el alminar de la cercana mezquita, lo abandonan con determinación rauda y vuelan en remolino de motas blancas a las murallas vetustas. Visiones inasibles, imágenes fugaces, empañadas de sol y de bruma: trompetas y atabales de nupcias serranas, procesión de cofrades con mustias oriflamas, vistosos rebaños políglotas tras el fez rojo de su pastor.

El expatriado ha orientado sus pasos por el laberinto de la Alcazaba, cruzado jardines y espacios verdes del Marshan, alcanzado la plaza de la Maternidad y zigzagueado hasta el mirador altivo de la Jafita. Un sol indulgente, cordial invita a sentarse en las mesas distribuidas en la pendiente a lo largo de las terrazas floridas: nidos de espeso verdor, a cobijo de toda mirada indiscreta, en los que solitarios, grupos, parejas fuman, leen, divagan, paladean un té con menta ovillados en la tibieza y ociosidad. La escarpa costera es abrupta y, desde la altura, puede atalayar el panorama del Estrecho de Tarifa a Gebel Tarik, la aguerrida sucesión de olas que en lenta cabalgata suicida rompen y mueren·entre espumas al pie del cantil: verificación reiterada de la distancia que le separa de la otra orilla, almendra de su ansiedad agresiva y vehemente afán de traición. Con el libro de su gerifalte mentor en la mano, acecha el conciso relámpago cuya nitidez le transfigurará; pero de Lermontov y no de Góngora, de una indigente traducción española casualmente leída meses atrás, saltará la liebre veloz del refrán en forma de unos versos que se impondrán con evidencia avasalladora: *adiós, Madrastra inmunda, país de siervos y señores / adiós tricornios de charol, y tú, pueblo que los soportas.* Un alborozo y emoción nuevos se adueñan al punto de él, le disparan a la embriaguez de quien da por resuelto el enigma. El poema que acaba de adaptar conforme a su tesitura es aurora de algo: la frase febrilmente anotada, inaugura e impulsa el surco genitivo de la escritura.

El que ve y el que es visto forman uno en ti mismo, dice Mawlana; pero el expatriado de quien ahora te despides es *otro* y cuando haga su maleta y desaparezca de la ciudad a la que discretamente llegó en el efímero dulzor otoñal podrá flaubertianamente exclamar en el fervor de su empresa, confundido del todo con el felón de la remota leyenda, don Julián *c'est moi*.

La memoria no puede fijar el flujo del tiempo ni abarcar la infinita dimensión del espacio: se limita a recrear cuadros escénicos, capsular momentos privilegiados, disponer recuerdos e imágenes en una ordenación sintáctica que palabra a palabra configurará un libro. La infranqueable distancia del hecho a lo escrito, las leyes y exigencias del texto narrativo transmutarán insidiosamente fidelidad a lo real en ejercicio artístico, propósito de sinceridad en virtuosismo, rigor moral en estética. Ninguna posibilidad de escapar al dilema: reconstruir el pasado será siempre una forma segura de traicionarlo en cuanto se le dota de posterior coherencia, se le amaña en artera continuidad argumental. Dejar la pluma e interrumpir el relato para amenguar prudentemente los daños: el silencio y sólo el silencio mantendrá intacta una pura y estéril ilusión de verdad.

ÍNDICE

Impreso en el mes de noviembre de 1986
en Romanyà/Valls
Verdaguer, 1
(Capellades)
Barcelona